KB267182

일본 경제
근대화의 발자취
서양의 개화는 내발적이며, 일본의 개화는 외발적이다.

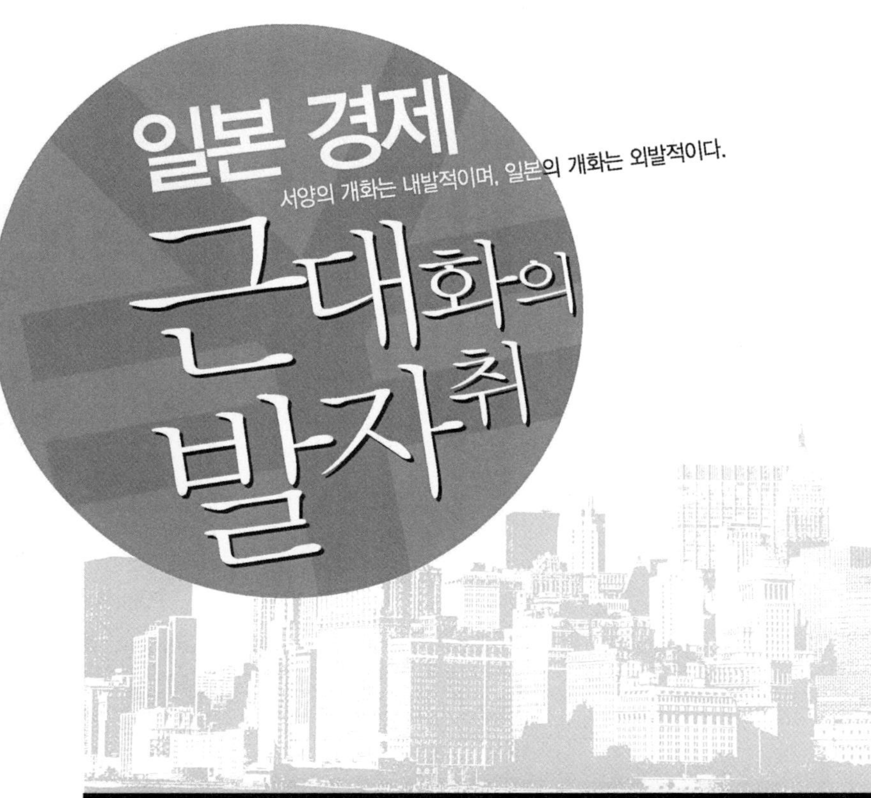
일본 경제
서양의 개화는 내발적이며, 일본의 개화는 외발적이다.
근대화의
발자취
이 균 지음
J·A·P·A·N
일본은 몇 번의 외래쇼크에 잘 대응하여, 그것들을 자신의 변혁과 성장을 위해 적극적으로 이용하여 왔다고 할 수 있을
것이다. 과거의 일본과 현재의 일본은 전혀 다른 모습을 나타내고 있는데도 불구하고, 일본인의 의식 가운데 민족적 아이
덴티는 결코 상실한 것은 없었다는 것도 특이한 일이다. 일본사회는 마치 양파와 같은 중층구조(重層構造)를 형성하고
있다. 거기에서는 낡은 요소와 새로운 요소가 유연하게 공존하고 있으며, 상황에 따라 상이한 성격이 표면화하여 온다.
한국학술정보(주)

일본의 아베(安倍晋三)는 총리로 당선되자마자 미래의 일본에 관한 이런 책을 발간하였다.

아름다운 나라로-자신과 자부심을 갖는 일본으로

(美しい國へ-自信と誇りの日本へ)

일본이 앞으로 어느 방향으로 흘러갈지는 지도자의 역량에 따라 달라질 수도 있을 것이다.

그러나 일본이 어느 방향으로 나아갈 것인지는 이런 명언을 명심할 필요가 있다.

"온 길을 알아야, 갈 길을 알 수 있다"는

그래서 이런 책을 집필하기로 하였다.

일본경제가 어떻게 발전하여 왔는가를 알아야 할 필요가 있기에.

따라서 과거의 에도시대(江戶時代)부터 현재의 헤세이시대(平成時代)까지의 근대화과정에 관한 발자취를 더듬어 본다.

무엇보다 일본경제는 어떻게 단기간에 근대화에 성공하였는가.

에도시대(江戶時代)부터 헤세이시대(平成時代)까지의 경제발전의 근대화에 관한 발자취를 이해할 필요가 있을 것이다.

일본에서 가장 인기있는 소설가인 나쓰메소세끼(夏目漱石)는 1911년 <현대일본의 개화>라는 유명한 강연에서

"막말개항(幕末開港) 이래 서양의 영향이 크게 유입하여 일본은 완전하게 변모한 것 같이 보인다. 또 그것이 진보라고도 생각된다. 그렇

지만 이들의 변화의 원천은 전부 구미(歐美)에 있고, 일본은 그것을 참된 의미에서 소화하여 내부화하는 것 없이, 단지 복사한 것뿐이다. 서양으로부터의 파도는 너무나 급하게 도래하였기 때문에, 일본에는 그것들을 자기의 것으로 소화할 여유가 없었다. 외국의 사상과 제도의 흡수가 강제적이었기 때문에, 일본인은 지나친 불안에 책망하고 있었지만, 이것을 해소하는 묘안은 미안하지만, 눈에 띄지 않았다. 이상이 그의 주요한 메시지이다. 이하에서 직접 인용하여 두고 싶다. 어떻던 그의 유모어 섞인 개탄을 느끼고 싶다. 여기에서 제기되고 있는 것은 일본인의 아이덴티에 흔들리는 근본적인 괴로움이다. 이 문제는 현대일본인에게 있어서도 해결되었다고는 반드시 말할 수 없다. 21세기에 들어서도 일본은 구미선진국의 참된 친구가 될 수 없음과 동시에 아시아의 가까운 여러 나라와의 사이에 참된 우호와 신뢰의 관계를 쌓았다고도 할 수 없는 것 같이 생각된다.

서양의 개화는 내발적(內發的)이며, 일본의 현대의 개화는 외발적(外發的)이다. 여기에 내발적이란 안쪽으로부터 자연스럽게 나와 발전한다는 의미에서, 바로 꽃이 피는 것과 같이 스스로 봉오리를 터뜨리고 꽃을 피워 밖으로 향하는 것을 말한다. 또 외발적이란 밖으로부터 덮어씌운 다른 힘으로 어쩔 수 없이 일종의 형식을 취하는 것을 말한다.

이 책을 집필하게 된 동기는 다음 두 가지이다.

첫째, 저자가 일본의 와세다대학교대학원에서 공부(전공은 국제무역이론)하였다고 하여, 가끔 일본경제에 대하여 질문을 받는 경우가 있다. 그러나 일본경제를 전공하지 않아 제대로 답변을 못한다.

둘째, 저자가 대학원수업으로 일본경제사과목(石井寬治 지음, <日本의 産業革命>이라는 교재로)을 수강한 바 있다,

어느 날 수업시간에 담당 교수님이 "李君! 일본이 한국을 식민화할

때, 경인지방은 경공업, 강원도지방은 지하자원, 대구지역은 섬유공장, 부산지역은 고무공장의 지대를 만들고, 그리고 호남지방은 곡물을 생산하여 목포항구를 통하여 일본으로 가져오는 전략을 세웠다네.”

이렇게 말씀하셨던 그 교수님을 가끔 생각나게 한다.

지금도 한국경제의 발전은 일본모델을 따라 모방하면 되겠구나 생각하면서도, 나도 일본경제의 근대화과정을 몰라 언젠가 그 개요라도 정리하고 싶었다.

이 책은 그동안 저자의 책장에 쌓여있는 일본경제에 관한 자료의 발췌임을 밝혀둔다.

이 책을 출판하는데 한국학술정보(주)의 관계자 제위, 특히 이명란 님의 노고에 그리고 저자의 연구실에서 원고정리와 교정에 수고한 오유리 조교(대학원 무역학과 석사과정)의 도움에 감사드린다.

이 책을 회갑을 맞이한 아내에게 회갑선물로 바친다.

2007년 6월

서울 서초의 서래마을 자택에서.
저자 이균 씀

차 례

제 1 장

개도국의 근대화란

金閣 鹿苑寺
THE GOLDEN PAVILION · ROKUON-JI TEMPLE
[世界文化遺産 / 세계 문화유산 / World Cultural Heritage]

1 사회의 내적 전개와 외래의 영향

어느 시대, 어떤 나라에 있어서도 역사는 내부의 힘과 외부의 힘의 상호작용에 의해 전개되어 왔다. 이 책에서 서술하는 일본경제근대화에서는 이 내외상호작용을 특히 중시한다. 일본의 근대화는 19세기의 구미열강과 충동적인 만남에 의해 시작하였다. 그 이후의 일본경제의 발자취는 정부, 산업, 언론, 개인 등이 외래의 쇼크와 영향에 필사적으로 대응하여 온 과정으로서 이해할 수 있다. 이러한 관점은 강한 세계화 압력에 처하면서 경제발전에 노력하고 있는 오늘날의 개도국을 고찰할 때에도 특히 유용하다. 이들 개도국의 개발과정은 역시 국내·외래의 두 가지의 시스템의 동적인 상호작용을 기조로 하기 때문이다.

이 상호작용에 있어서는, 국내사회가 기층(基層)이 되며, 그곳에 외래시스템이 도입되게 되는 것이다. 원래의 각 사회는 독자적인 생태계와 역사를 가지고 있으며, 그곳에서는 각각 독특한 성격과 구조가 각인되어 있다. 어느 사회에 포함되는 다양한 제도와 정신은 상호 의존하고 있으며, 전체로서 하나의 정리된 모습을 이루고 있다(이것을 '제도적 보완성'이라고 한다). 사회는 그 자체의 논리와 메커니즘에 의해 내적으로 전개하는 경향을 가지고, 실제로 밖으로부터의 영향이 비교적 적은 시대에는, 주로 내적인 힘(內力)만에 의해 역사를 진행한다. 이 진행은 보통 상당히 완만하며, 또 과거로부터의 연속성을 특징으로 하고 있다. 그렇지만 일단 이 사회가 밖으로부터의 강한 영향을 받게 될 때, 내적균형은 붕괴하여, 그 나라는 이전 진행하였던 코스로부터의 어쩔 수 없이 일탈(逸脫)하게 된다. 만약 외적인 힘에 대한 국내의 반응이 강인하고 적절하면, 그 사회는 새로운 생명을 불어넣어 다이내믹한 전개를 개시한다. 그렇지만 만약 그 반응이 미약 혹은 통일성을 결여할 때에는, 사회의 안정은 상실되어, 최악의 경우에는, 사회혼란과 외국지배에 의해 기층사회(基層社會) 그 자체가 해체되어 버릴 가능성조차 있는 것이다. 본래 개발 내지 발전(devloment)이라는 용어는 밖으로부터의 영향력의 존재를 반드시 전제로 하지 않을 것이다. 위에서 설명한 바와 같이, 사회는 내적으로 발전하는 경우도 있으며, 외부압력을 받아 발전하는 경우도 있다. 그렇지만, 21세기 초반의 세계에 있어서는, 개도국의 발전은 외적요인에 충격받아 움직이게 된다는 측면이 매우 강하다. 개도국은 대외접촉을 극력 회피하는 것이 아니라, 글로벌 시스템에 짜인 위에서 그것과 확실하게 부합하여 가지 않는 한, 건전하게 지속가능한 발전의 가능성은 불가능할 것이다.

20세기에는 많은 나라가 사회주의 계획경제 아래에서 자급자족을 목표로 하였지만, 이 전략은 자국의 경제활력을 도출하는데 완전히 실패하였다. 1991년 소련이 소멸한 이래, 세계경제에로의 참가를 거부하는 바와 같이 발전전략은 전적으로 상대가 되지 못하였다. WTO, IMF, 세계은행의 정책에는 다양한 문제가 있지만, 그래도 개도국이 이들 국제기구에 가맹하지 않는다는 선택은 있을 수 없다. 지금 문제는 국제적으로 통합해야 하는가 하지 않아야하는가가 아니라, 어떻게 통합하면 성공할 것인가에 있다고 할 수 있을 것이다.

국제통합이 발전을 자동적으로 약속하는 것은 아니지만, 적어도 그것을 수용하지 않는 한 발전의 길은 열리기 힘들게 되었다.

개도국의 발전은 지금 '선진국에로의 케치업' 혹은 '무역·투자·산업을 통한 근대화'와 거의 동의어가 되었다. 역사적 관점으로 본다면, 이것은 매우 특수적인 발전의 개념이라고 하지 않을 수 없다. 그렇지만 지금 우리가 다른 유형의 발전을 구상하는 것은 매우 어렵게 되었다. 좋든 싫든 이것은 우리의 시대가 직면하는 현실인 것이다.

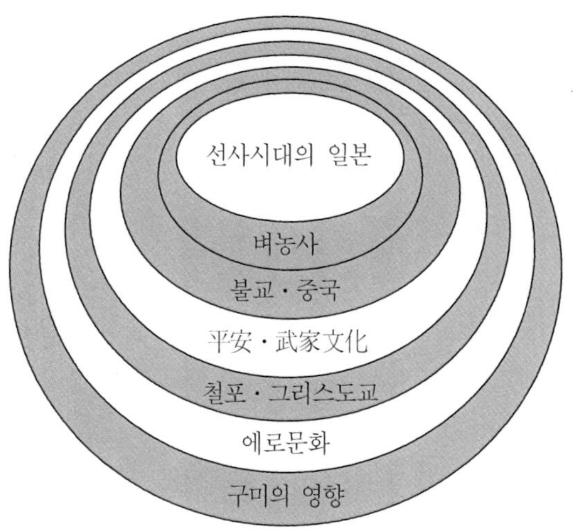

주: 원의 둘레는 외래의 영향을 나타낸다

<그림 1-1> 일본의 중층적 아이렌디티

일본의 역사를 되돌아보면, 역시 비교적 조용한 내적발전이 계속한 시대와 강한 외적 영향을 받아 수동적으로 변화한 시대가 상호 나타났다. 이 교호변천(交互變遷)의 중첩은 일본사회에 중층적(重層的) 성격을 부여하였다(<그림1-1>).

일본이 받은 밖으로부터의 영향에는 다음과 같은 것이 있다.

* 벼농사—기원전 3세기에 대륙으로부터 전해져 왔다고 알려져 있다. 단,

최근의 연구는 보다 일찍이 벼농사 전래(傳來)의 가능성을 시사하고 있다.
* 불교-6세기에 중국으로부터 한반도를 거쳐 전해졌다.
* 중국의 문화와 정치시스템-7세기부터 10세기 초에 걸쳐 수입되었다.
* 서양과의 최초의 만남-16세기에 철포와 그리스도교가 전해졌다.
* 근대화-19세기에 공업화된 서양과의 재회이다.

이밖에, 13세기에는 몽골제국이 두 차례에 걸쳐 일본을 군사적으로 침략하였다고 하였지만 실패로 끝났다. 그들의 함대는 일본 측의 저항에 더하여, 태풍으로 두 차례 모두 괴멸하였다고 알려져 있다. 만약 몽골의 침략이 성공하였다면, 일본은 다시 다른 큰 영향을 받았을지도 모른다.

다른 구미(歐美) 밖의 여러 나라의 역사와 비교할 때, 일본은 몇 번의 외래쇼크에 잘 대응하여, 그것들을 자신의 변혁과 성장을 위해 적극적으로 이용하여 왔다고 할 수 있을 것이다. 과거의 일본과 현재의 일본은 전혀 다른 모습을 나타내고 있는데도 불구하고, 일본인의 의식 가운데 민족적 아이덴티는 결코 상실한 것은 없었다는 것도 특이한 일이다. 일본사회는 마치 양파와 같은 중층구조(重層構造)를 형성하고 있다(<그림 1-1>). 거기에서는 낡은 요소와 새로운 요소가 유연하게 공존하고 있으며, 상황에 따라 상이한 성격이 표면화하여 온다. 이것에 대하여 중국사회의 상태는 상당히 다르다. 어느 중국인의 사회과학자는 중국은 딱딱한 돌 구슬과 같다고 하며, 그것을 바꾸기 위해서는 낡은 구슬을 폭파하여 전혀 다른 색의 구슬로 대치하지 않으면 아니 된다(이것을 '혁명'이라고 한다)고 설명하였다. 상호 모순되게 일어날 수밖에 없는 복잡한 요소를 아무렇지 않게 수중에 넣을 목적에 따라 적절하게 도출한다는 재주는 일본인에게 특징적인 성격이며, 어느 나라에서도 볼 수 있는 것은 아니다. 이것을 긍정적으로 평가하면, 유연성, 포용력, 프라그마티즘이지만,

반대로 부정적으로 평가하면, 원리의 결여, 무절제. 잡종성이라고 할 수 있을 것이다. 마루야마(丸山眞男, 1961年)는 일본인은 정서와 경험은 풍부하지만 일관된 논리의 사고전통이 부족하다고 개탄하였다. 서양적인 논리를 중요시하는 입장에서 본다면 이것은 더욱 비판적이다. 그렇지만 다른 면에서 보면, 글로벌화 한 세계 가운데 상이한 민족, 종교, 사상이 뭔가 공존해갈 수 있는 세계를 축조하기 위해서는, 일본인의 멋대로의 살아가는 방법이 전적으로 도움이 되지 않다고는 할 수 없다. 어떻던 일본적 발상은 서양적인 그것과 다른 것이 여기에서의 포인트이다. 어느 쪽이 훌륭한가를 단정하는 것은 중요한 문제가 아니다.

이 책은 외적인 힘에 의해 일본이 경험한 변혁 가운데, 마지막의 그리고 가장 극적인 변혁, 즉 19-20세기의 구미로부터의 압력 아래에 있어서 서양화와 공업화에 초점을 맞추고자 한다.

2 번역적 적응(飜譯的 適應)

번역적 적응(飜譯的 適應) 의 사고방식은 경제인류학자 마에가와(前川啓治)에 의해 제시되었다. 주변부(周邊部)에 위치하는 나라가 세계시스템에 참가하려고 할 때, 그 나라(예를 들면 가자흐스탄)은 그 시대에 우세한 국제질서(예를 들면, 글로벌시장시스템)에 포함되도록 생각할 것이다. 그것은 마치 '후진적'이라고 간주되는 자국의 전통문화·시스템·사회구조를 버리고, 훌륭하다고 보는 글로벌스탠다드(global standard)에로의 개종(改宗)을 강제될 수 있도록, 밖으로부터는 보일지도 모른다. 그렇지만 포함될 것 같은 나라의 내부에서 보면, 이 과정은 반드시 수

동적인 것이라고는 할 수 없다. 또 그렇게 되어서는 아니 된다.

마에가와에 의하면 이상적인 국제통합 과정에 있어서는 개도국이 이 니시어티브를 취하여 통합조건을 결정하여, 그 과정에서 자국의 주체성, 사회의 연속성, 국민의 아이덴티를 확보하지 않으면 아니 된다. 그 나라는 당연히 바뀌어 가겠지만, 그 변화는 외국기업과 국제기구가 아니라 그 정부와 국민에 의해 선택되고 관리되지 않으면 아니 된다. 외래의 개념과 시스템은 수입에 있어서 구미(歐美)의 오리지널이 아니라, 개도국의 필요에 맞추어 적절하게 수정된다. 만약 이러한 통합이 실현하게 되면, 변혁에 처한 나라는 실은 약하지도 않고 수동적이지도 않다. 그 나라는 외적 자극을 자신들의 성장을 위해 최대한 이용하고 있는 것이다. 이것이 번역적 적응의 의미이며, 마에가와에 의하면, 명치 이래의 일본은 진정코 이것을 실현한 나라라고 한다.

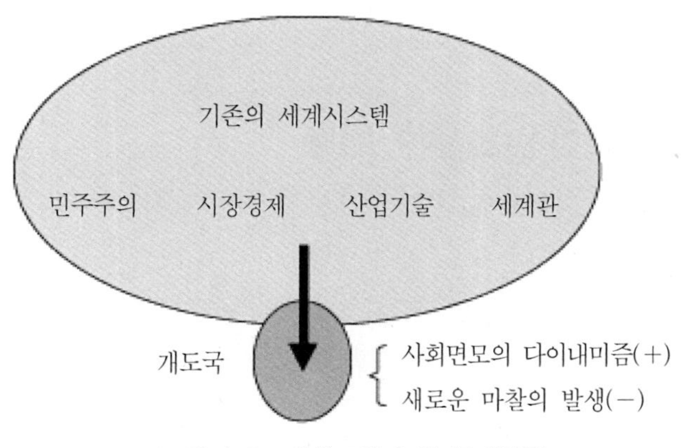

<그림 1-2> 외부로부터 본 국제통합

비서구사회가 강력한 서양문화의 체현자(體現者)로 조우하였을 때, 그 영향으로부터 피할 수 있는 것은 거의 불가능하다. 경우에 따라서는 접촉 뒤, 단기간에 소멸된 민족도 있다. 그러나 동시에 많은 민족 내지

사회는 자신들의 존속을 위해(혹은 자신들이 좋아서), 외래의 서유럽의
여러 제도와 상품을 수용하여온 것이다. 그러나 중요한 것은 그 때, 그
러한 서유럽 기원(起源)의 사물을 그대로 수용한 것은 아니라는 점이
다. 어느 문화의 사물은 상이한 문화시스템에 가져오게 된 경우에는 상
이한 의미를 담당하는 것이다. 그러한 현상은 세계의 민족지를 보면 상
당히 광범하게 볼 수 있다. 종교의 교의, 예의뿐만 아니라, 친족체계,
교환제도, 혹은 기업 등의 사회경제조직에 이르기까지 기존의 문화시스
템이 그 구조형식을 유지하면서, 외래의 새로운 여러 제도와 원리에 적
응해가는 것이다. 지금까지 '근대화'라는 용어로 알려져 온 것의 실제
는 이러한 기존의 문화의 형식의 연속성 가운데, 서유럽 기원의 문명에
대한 적응적 수용이었다. 말하자면 기존의 시스템의 담당자가 서유럽문
화=문명의 각 요소를 자신의 세계관 가운데에서 반대로 이해하고, 그
것들에 대응=적응하여 온 것이다. 이것을 '번역적 적응'이라는 개념으
로 파악하고 있다(마에가와, 1994, p.109-110).

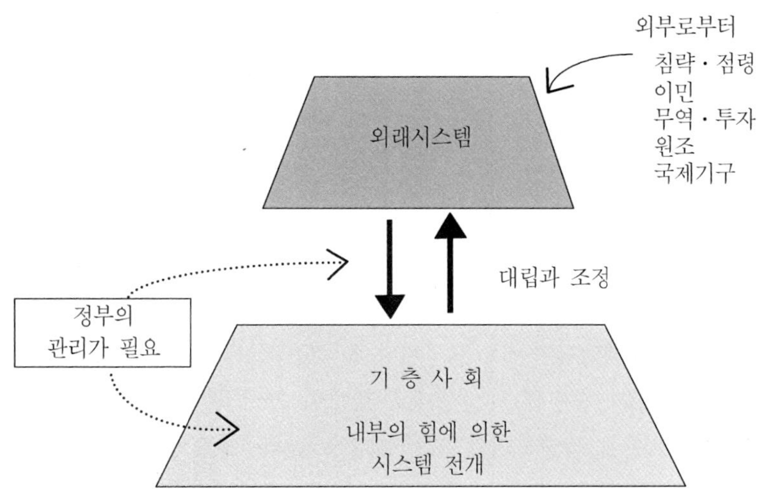

<그림 1-3> 내부로부터 본 국제통합(국내·외래시스템의 상호작동)

  그렇지만 국제통합은 위험을 수반하는 프로세스이며, 모든 나라가 번역적 적응에 성공하는 것은 아니다. 강력한 외압에 처한 개도국은 중대한 도전에 직면할 수도 있다. 이것은 그 나라에 있어서 결정적인 역사적 순간이다. 비교적 예측하기 쉬운 내적 전개의 시대에 비하여, 그 사회와 사람들의 운명은 오로지 그 나라가 외압에 대하여 어떻게 대처할 것인가에 관련된다. 국내능력은 아직 취약한 상태에서, 세계화의 요청은 높다. 그 나라는 전진을 할 것인가 암울하게 타락할 것인가에 관하여 긴장한 선택을 해야 한다. 이것은 예를 들면 아주 비슷한 실력의 축구선수가 감독의 갑작스런 명령으로 월드컵에 출전하는 바와 같은 것이다. 그가 흥분하여 능력을 급속하게 향상시켜, 멋지게 우승할 가능성은 있다. 그렇지만 아마 어쩔 수 없이 참담한 패배를 하게 되는 경우가 확률적으로 높을 것이다. 여기에서의 문제는 본인의 능력에 비하여 도전의 장애가 너무 높다는 점에 있다. 목표의 달성이 불가능한 것이라면, 노력을 하지 않을 수 없다.

  민간부문의 경쟁노력은 물론 필요하지만, 세계화에 대응할 때에 결정적으로 중요한 것은 중앙정부의 정책이다. 만약 정부가 국제통합과정의 통제를 상실하면, 거시경제의 파탄, 사회분열, 정치위기, 민족분쟁, 외국지배라는 중대한 귀결을 초래한다. 국내능력의 약함과 외압의 강함의 디렘마에 직면하는 정부 가운데에는, 외부세계와의 협상을 거절하여, 고립·경제통제·서양문명의 부정으로 달리는 경우도 가끔 볼 수 있다. 혹은 반대로 자국사회에 손상을 고려함이 없이, 자유무역의 원리와 구미민주주의를 전면적·광신적으로 수용하는 정부도 있다. 이 어느 반응도 천박하며, 극단적이다. 그리고 무모하다. 번역적 적응을 위해서는, 훨씬 깊은 사려가 정책담당자에게 요구된다. 이것은 실제 쉬운 일이 아니다.

  일본도 19세기 중반에 서양세계로 향하여 개국하였을 때에, 이와 같은 거대한 도전에 직면하였다. 그리고 1945년의 패전 직후에도, 마찬가지의 시련을 경험하였다. 이 어느 경우에도, 적어도 경제면에 관하여 말하면, 일본은 드디어 어려움을 극복하여 대성공을 거두었던 것이다.

3 일본이 성공한 이유

우리는 보통 구미열강의 압력에 직면하기 시작하였던 19세기의 일본은 기술이 뒤떨어진 빈약한 농업후진국이었다고 생각하고 있다. 그 뒤, 일본은 공업화에 열심히 노력하여, 어떻던 성공하였다고 할 수 있다. 그렇지만 수많은 여러 선진국 가운데, 왜 일본만이 그 정도로 빨리 성과를 거두었던 것일까. 이것은 일본근대사를 배운 사람에 있어서 최대의 의문이다. 이 물음에 대하여

우메사오 다다오
(梅棹忠夫, 1920년)

비교문명론의 우메사오 다다오(梅棹忠夫)는 명쾌한 답을 제시하고 있다. 그에 의하면, 일본은 비서구 공업국으로서 두각을 나타내는 것은 세계사의 필연이다, 거기에는 어떤 이상함도 없는 것이다.

그는 젊었을 때 몽골, 아프가니스탄, 동남아시아, 아프리카, 유럽 등을 방문하여, 인류학의 필드워크를 계속하였다. 그리고 그 성과에 기초하여, 1957년에 세계의 문명과 일본의 역사에 관한 새로운 이론을 발표하였다. 그러는 가운데 1974년에는, 오사까에 국립민족학박물관을 설립하여, 오랜 동안 그 관장을 역임하였다.

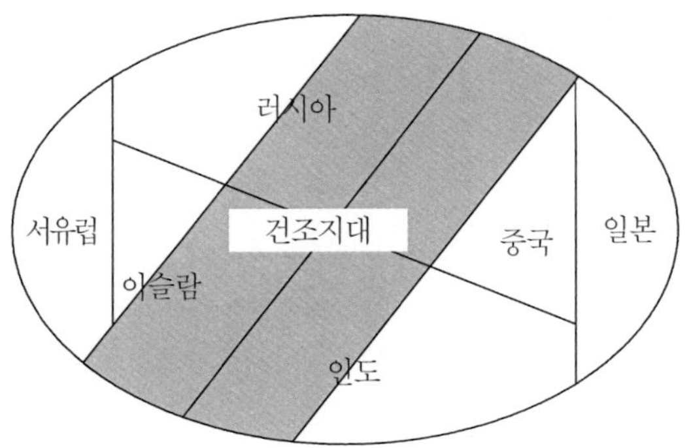

자료: 우메사오 다다오[1974, 1986]로부터 작성

<그림 1-4> 우메사오 다다오의 세계관:
유라시아대륙

그에 의하면, 에도시대의 일본이 후진국이었다고 하는 일반의 견해는 틀렸다고 한다. 그렇지 않고, 세계 가운데에서 일본과 서유럽은 아주 독특한 2지역인 것이다. 양자는 광대한 유라시아대륙의 동과 서의 양쪽 끝에 위치하고 있다. 기후도 온화하다. 그리고 중요한 것은 양자가 유라시아대륙의 중앙건조지대를 이동하는 유목민족의 격렬한 공격으로 부터 비교적 잘 격리되어 있었다는 점이다(<그림 1-4> 참조).

특히, 일본과 영국은 대륙으로부터 약간 떨어진 섬나라라는 특징을 공유한다. 이들의 지리적·기후적 조건은 사회가 자발적이며 연속적으로 발전을 이룩하기 위해 결정적으로 중요하다고 그는 말한다.

일본과 서유럽은 유라시아의 위대한 여러 문명(중국, 인도, 이슬람)으로부터 지나치게 멀거나 지나치게 가깝지도 않다. 실제 미묘한 위치에 존재한다. 양자는 이들 문명의 업적을 필요에 따라 흡수할 수가 있음과 동시에 대륙 위에 존재하는 사회에 비하여 침략과 파괴를 상당 정도 피할 수가 있었다. 이것이 누적적으로 유기적인 역사의 진행을 허용한 것이다. 침략을 받을 때에 제로(0)로부터 개선되지 않으면 아니 되는 사회에 비하여 일본과 서유럽은 국내의 문화와 외국의 영향을 적절하게 혼합하여, 그것에 기초하여 내적 발전을 일으키는 여유가 주어졌다. 이 비슷한 역사적 상황 가운데에서 일본과 서유럽은 각각 독립 그리고 병행적으로 발전을 이룩하여 왔다. 그것은 우선 봉건제를 성립시켜, 상공업의 발전은 브루조아지를 낳고, 최종적으로는 자본주의에 도달하였다. 산업혁명이 영국에서 일어난 것, 그리고 고도의 공업화를 달성한 유일한 나라가 일본이라는 것은 우연이 아니다. 그 밖의 지역에서는 역사는 연륜을 중복할 수가 없었기 때문이다. 그는 일본이 영국에 뒤쳐진 것은 쇄국이라는 이상한 정책을 실시하였기 때문으로, 만약 그렇게 하지 않았다면, 일본과 영국은 거의 동시에 산업혁명을 이룩하였을 것이라고 한다.

중국·인도·이슬람의 각 문명은 어느 것이나 빛나는 문화적 업적을 남겼지만, 사회구조에 관한 한, 그들은 뚜렷하게 정적이었다. 긴 역사를 통하여 제국과 전제(그리고 뒤에는 식민지주의)가 지배하였다. 하나의 왕조가 멸망한 뒤의 다음의 왕조에 걸쳐서도, 사회적 정치적 발전의 관점으로 본다면 큰 전개는 볼 수 없었다. 수 천 년의 사이, 현우(賢愚)의 차이는 있고, 어느 황제도 어느 왕도 기본적으로 같은 것이었다. 그에 의하면 공업화에 필요한 역사적 조건을 마련하고 있는 것은 서유럽과 일본뿐이다. 일본은 서양을 모방한 것이 아니라, 양 지역은 각각 자발적 그리고 독립하여 발전하여 온 것이다.

여기에서 그의 이론을 소개한 것은 반드시 필자가 그것에 전면적으로 찬동하기 때문이 아니다. 그러나 그의 학설에 흥미 깊게 자극적인 면이 있다는 점은 부정할 수 없다. 단, 그의 견해는 독특하며, 소수의 의견에 그친다. 실제, 이 견해는 일본인 사이에서조차 널리 알려져 있다고는 하기 어렵다. 공업화는 일정한 역사적 조건을 충족하는 지역에서만 진행하고, 다른 지역에서는 불가능하다는 주장은 역시 너무나 단순하여 결정론적으로 지나치다. 만약 경제발전의 길이 일부의 나라에 주어진 것만으로 새로이 개척할 수가 없는 것이라면, ODA도 직접투자도 개발경제학도 필요 없으며, 세계은행도 UN개발계획도 필요 없다는 것이다. 그렇지만 개도국은 영원히 공업국이 될 수 없을 것이라고 단언할 수 없을 것이다.

21세기에 있어서 공업화과정은 매우 다이내믹하며 학습 가능한 것으로 믿는다. 그의 이론은 가까운 과거에 이르기까지의 상황을 설명할 수가 있는 것 같이 생각되지만, 지금 우리들은 항공기와 인터넷의 시대에 살고 있다. 중심국으로부터의 물리적 거리가 그만큼 결정적이라고는 이제 말할 수 없다. 확실히 역사는 각 국민의 성격에 깊이 각인되어 있지만, 민족성도 또한 다이내믹한 것이다. 위대한 지도자와 적절한 아이디어를 조합하면, 미국·유럽·일본은 상이하다. 각 나라에 상응하는 새로운 개발의 길이 절대로 발견되지 않는다고는 말할 수 없다. 초기조건이 다르고 역사가 움직여 나가는 가운데, 개발의 길도 하나는 있을 수 없다. 다시 말하면, 그의 이론에는 기계, 기술, 투자라는 생산에 관련하는 물리적 여러 조건의 고찰이 빠져있는 것 같이 생각된다. 비교문명론의 전문가로서는 경제활동으로서의 공업화보다도 사회구조의 전개를 강조하는 것은 자연적이다.

단, 그의 이론이 설득력이 있는 경우도 있다. 예를 들면 그것은 왜 구미열강과 만나기 전의 일본이 다른 나라에는 없는 독특한 사회구조를 이미 실현하고 있었던 것인가를 해명하는 열쇠를 줄 것이다. 그것은 2천년에 이르는 일본사회의 유기적으로 연속적인 전개의 결과였다. 그것은 일본이 새로운 외래문화를 유연하고 중층적으로 수용하여, 구미사상과 구미기술의 번역적 적응을 하는 소지를 만들었다. 이것은 왜 일본만이 성공하였는가라는 물음에 대한, 적어도 부분적인 대답이 될지도 모른다.

다음 장에서는 에도시대에 이미 국내에 존재하고, 19세기 후반부터 20세기에 걸친 일본의 급속한 케치업을 가능하게 한 구체적인 조건을 검토한다.

4 일본사 개관

이 책은 일본경제의 근대사를 중심테마로 하지만, 일본사전체를 먼저 개관하여 두는 것도 유익할 것이다. 이하는 학술적으로 인정된 해석은 아니며, 일본사를 전혀 알지 못하는 독자들(한국인)의 편의를 위하여 제공하는 하나의 간략한 스케치에 지나지 않는다. 시대구분에 관한 상세한 검토는 전문가에 맡기기로 하고, 일본의 역사는 우선 이하의 네 개로 구분하는 것이 알기 쉽다. 즉,

(1) 제1기-천황이 실권을 장악한 시대,
(2) 제2기-사무라이(武士)정권의 시대,
(3) 제3기-근대화와 군사침략의 시대,
(4) 제4기-제2차 대전 뒤의 부흥과 성장의 시대 등이다.

1) 제1기-천황지배의 확립

선사시대의 일본인은 수렵채집민(狩獵採集民)이었다(그 민족적 기원에 관해서는 아직 완전하게 해명되어 있지 않다는 것이 정설이다.). 단, 얼마간의 농업도 경영하고 있었던 것이다. 그들은 각지에 분산되어 소규모의 집락(集落)으로 살았지만, 해상교통에 의한 장거리무역도 하고 있었다. 이것은 비교적 평화로운 시대였다.

대륙으로부터 벼작물이 전해지자, (기원전 3세기? 혹은 그 이전), 사회는 크게 변천하기 시작하였다. 이것은 논경작이 가족단위를 넘어 지도자의 아래에서의 집단적 계획적 노동을 필요로 하였기 때문이다. 촌

락규모는 점차 크게 되어, 사회질서가 생겨났다. 종교적·군사적 지도자가 소국가를 인솔하게 되었다. 이들 소국가 사이에서 전쟁이 빈번하게 발생하게 되었다. 그 전쟁의 상세한 자료부족으로 잘 알 수 없는 면이 많지만, 2-3세기 계속한 전쟁의 뒤, 일본은 처음으로 정치적으로 통일되었던 것 같다. 다시 수 세기를 거쳐 천황가족이 다른 호족(豪族)을 눌러 실권을 장악하였다(大和의 改新, 645년). 강력한 천황 아래, 중국으로부터 모방한 중앙집권국가와 관료·징세시스템이 도입되었다. 수도는 몇 번 건설되어 다른 지역으로 옮겼지만(이를 위해 어느 정도의 자원이 낭비되었을 것이다), 최종적으로는 794년에 교또(京都)로 낙착하였다(천황의 거소라는 의미에서는, 교또는 1868년까지의 수도의 지위를 유지하였다. 교또는 즉 수도라는 것이다). 소수민족의 군사적 정벌이 실행되었다. 불교는 천황의 권력을 과시하고 국가를 통치하기 위한 정치적 수단으로서 이용되었다. 이 시기가 일본사 가운데에서 천황이 실제의 정치권력을 장악하였던 유일한 시대이다.

2) 제2기 – 사무라이(武士)의 시대: 내란으로부터 안정으로

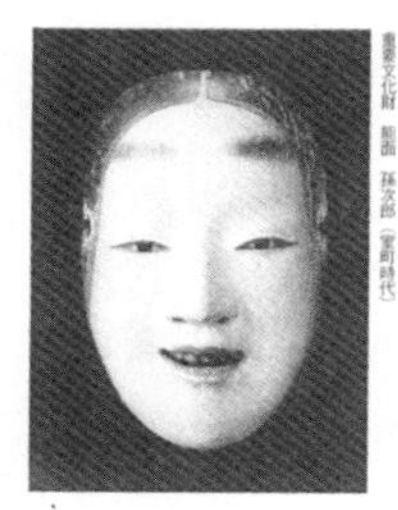

그렇지만 천황의 중앙집권은 오래 지속하지 못하였다. 지방의 유력자와 사사(寺社)는 중앙정부로부터 점차 독립적이 되어, 납세를 회피하거나 명령에 따르지 않거나 하게 되었다. 그들은 장원(莊園)을 보유하여 독립한 경작을 하게 된다. 장원의 방위를 위해, 전투전문가로서의 사무라이(武士)계급이 탄생되어왔다. 자신들의 토지의 확보와 방위는 사무라이에 있어서 명령을 해야 할 최대의 임무였다. 그 한편으로 귀족계급의 정치권력은 점차 형해화(形骸化)하여 저하하여 갔다. 그들은 대개 수도에 있고, 시가(詩歌)를 음미하고 의식을 집행하고, 중정에서 축구를 즐기고 있었다.

12세기말 이후 사무라이의 지도자가 정권을 담당하게 되었다. 단, 권력을 정당화하기 위해서는 정권설립을 할 때에 천황의 명목상의 허가를 필요로 하였다. 최초의 사무라이정권은 1192년에 교또(京都)로부터 350㎞ 떨어진 가마꾸라(鎌倉)에서 성립하였다. 천황의 거소라는 의미에서 교또는 수도로 계속 존재하였지만, 실제의 정치권력은 가마꾸라의 사무라이들에게 장악되었던 것이다. 사무라이계급의 최고위에 군림하는 자를 쇼군(將軍)이라고 불렀다. 가마꾸라막부(鎌倉幕府)는 여러 나라 사무라이의 토지소유의 권리를 보증하거나 동시에 전공(戰功)이 있는 사무라이에게 신소령(新所領)을 주었다. 일본은 1275년과 1281년의 두 차례에 걸쳐 몽골제국의 공격을 받아, 크게 동요하였지만, 두 차례의 몽골군의 대선단(大船團)이 규슈(九州)연안을 습격하였지만, 일본 측의 저항과 태풍에 의해 쫓겨난 것이다. 몽골군에 의한 침략은 실패로 끝났지만, 그것에 관계없이 이 사건은 가마꾸라막부를 붕괴시켰다. 막부는 몽골군과 용맹하게 싸운 사무라이들에게 보상으로서 나누어준 토지를 가지지 못하였기 때문이다. 토지의 보증과 제공이 될 수 없는 정부는 사무라이들의 지지를 상실하였다.

이 이후, 다이묘(大名: 사무라이의 지방수령)들에 의한 오랜 내란의 나날이 계속하였다.

이 혼란은 다이묘의 한 사람인 도꾸가와 이에야쓰(德川家康)가 일본을 재통일하여, 1603년에 에도바꾸후(江戶幕府)를 설립함으로써 드디어 수습되었다(에도는 현재 동경(東京)으로 일컬어지고 있다). 전국시대(戰國時代)는 종말을 맞이하여, 일본국내는 안정기를 맞이하였다.

에도막부는 봉건제·신분제에 기초하여 보수적인 정부였다. 막부는 엄격한 사회질서를 강제하고, 또 외국과의 접촉과 무역을 금지하였다. 이러한 확고한 계급적 지배 아래에서 평화가 도래한 것이다. 단 최근에서는, 에도시대를 정체적인 암흑시대로 보기보다는 사회안정 아래에서 활력 있는 발전을 보였다고 하는 적극적 견해의 쪽이 유력하다. 대외적 고립을 관철한 쇄국시대(鎖國時代)는 1639년부터 1854년까지의 2세기 이상에 이르지만, 그 사이에 농업생산성은 향상하여, 상품작물과 국내거래가 비약적으로 확대하고, 일본 독자적인 문화가 개화하였다. 즉, 공업화의 조건이 준비되어 있었던 것이다.

3) 제3기 - 명치유신, 공업화, 그리고 침략전쟁

<사진> 日光東照宮陽明門

구미제국(歐美諸國)은 고립한 일본을 개국시키고자 하였다. 먼저 러시아가 쳐들어왔다. 다른 유럽도 접근하였다. 그렇지만 에도막부는 그들과 협상하려고 조차 하지 않았다. 마지막으로, 미국해군의 페리제독이 네 척의 군함을 끌고 에도만(江戶灣)에 도래하여, 군함에 탑재한 강력한 대포를 보이면서 일본에 양보를 요구하였다. 에도막부 - 그리고 일본전국 - 는 혼란에 빠졌다. 막부는 어쩔 수 없이 개항하여, 뒤에 구미 열강과 통상조약을 체결하였다. 국내에는 외국배척의 주장이 들끓었지만,

막부는 개국반대파를 탄압한 위에서 통상조약에 조인한 것이다. 막부에 대한 비난이 확대되고, 정치투쟁이 개시되었다. 그것은 가끔 무력항쟁으로 발전하였다. 이 투쟁의 결과, 에도막부는 1867년에 붕괴되었다.

메이지(明治)의 새로운 정부는 오랫동안 실권(實權)을 상실하고 있던 천황을 국가권력의 중추에 다시 두어, 구미화(歐美化)·근대화·군비강화의 정책을 급속하게 추진하였다. 정치면에서는, 1889년에 최초의 헌법이 기초되어, 의회정치체제가 정비되었다. 경제면에서는, 구미기술의 흡수와 국내산업의 진흥이 가장 중요한 과제였다. 드디어 면공업이 일본을 대표하는 산업으로서 경쟁력을 강화하였다. 군사 면에서는 1894년-95년의 청·일전쟁으로 중국에 승리, 조선반도를 침략하기 시작하였다(1910년에 식민지화). 다시 일본은 1904-05년의 노·일전쟁으로 러시아에 승리하였다.

그 뒤, 일본경제는 제1차 대전기(大戰期)에 수출주도형으로 대호황을 경험한다. 1920년대에는 불황, 관동대지진, 은행위기를 맞이하였지만, 그럼에도 불구하고 중공업화가 진전되어 갔다. 1920년대에는 정당정치와 국제협조(특히, 미국과의 협조)가 기조로서 진행하였지만, 1930년대가 되어 일본은 군국주의로 크게 기울었다. 1931년의 만주사변 이후, 중국동북부를 점령하여, 1937년에는 중국과의 사이에 전면전쟁이 개시되었다. 그것은 1941년 태평양전쟁에로 확대한다. 중·일전쟁 개시 이후, 전시경제통제가 도입되었다.

4) 제4기 — 전후부흥과 경제성장

1945년에 일본은 패전을 맞이하였다. 국민생활은 궁핍하였다. 경제활동은 정지상태에 빠졌다. 미국의 점령통치 이래, 1947-8년에는 계획경제의 정책에 기초하여 부흥전략이 실행으로 이행되었다. 또 재정금융통제에 의해 전후 인플레이션은 1949년에 끝났다. 1950년대 중반부터 1970년 초에 걸쳐, 일본은 고도성장과 공업화의 시대를 맞이한다. 제조업은 크게 신장, 1960년대 말에는 일본은 미국에 이어 제2의 경제대국이 되었다. 강력한 민간부문을 배경으로, 미국에 의존한 안전보장체제, 세계무역의 확대, 외환안정 등이 이 기적적인 성장을 뒷받침하였다.

그 뒤, 일본경제는 성숙하여, 성장속도는 저하하였다. 1970년대에는 오일쇼크와 환율의 변동(변동환율제)이행이 성장률 저하의 배경이 되었다. 1980년대 후반에는 토지와 주식의 자산거품이 발생하였다. 그것이 1990-91년에 시작한 뒤, 일본경제는 현재에 이르기까지 매우 낮은 성장을 하게 되었다.

<표 1-1> 일본사 간이년표

1.천황지배의 성쇠

시 대	국내사건	대외사건
조몬(繩文, -전3세기 야요이·고훈(弥生·古墳, 　전3세기-5세기) 아스까·하꾸호우(飛鳥·白 　鳳, 5-7세기) 나라(奈良, 710-794년) 헤이안(平安, 794-1192년)	수렵채집, 약간의 농업 내란을 거쳐, 일본의 통일 호족의 세력다툼 천황이 권력을 장악 법령제도-천황을 정점으로 하는 중앙집권, 법률을 기초로 하는 통치, 국가종교로서의 불교 귀족에 의한 궁정정치 장원의 발생(권력의 지방분산 시작) 사무라이의 발생	벼작물의 전래 중국에 조공 조선반도에 개입 불교의 전래 (조선반도경유) 중국의 정치 시스템의 수입 대중국외교의 정지

2. 사무라이(武士)정권, 내전에서 안정에로

시 대	국 내	대외사건
가마꾸라(鎌倉, 1192-1333年)	최초의 무사정권성립 신불교의 등장	몽골의 2회에 걸쳐 공격실 패로 끝남
무로마찌(実町, 1338-1573年)	사무라이(武士)정권 남북조(천황가의 분열) 내전·반란의 발발	일송무역, 감합무역 일본의 해적, 중국연안을 공격 동남아시아와의 활발한 무역
센고꾸(戦国, -1603年)	다이묘v간의 내전 다이묘(大名)에 의한 영지의 직접지배 德川家康에 의한 일본재통일	최초의 서양접촉(화약과 그 리스도교의 전파)
에도(江戸, 1603-1867年)	德川幕府의성립－武士의 지배 농업세, 계급사회 開国派와 攘夷派와의 대립 列藩의下級武士에 의한 討幕	쇄국－무역·외교의　금지 (중국, 네덜란드, 조선, 류 구는 예외임

3.근대화와 대외침략

시 대	국내사건	대외사건
메이지(明治, 1868-1912년) 다이쇼(大正, 1912-1926년) 쇼와초기(昭和初期, 　　1926-1945년)	천황을 수장으로 하는 중앙 집권정부 국제통합 아래에서 서구화·근 대화를 추진 식산흥업(면공업발달),　입헌 정치의 도입, 대외침략의 개시 大正민주주의(持続하지못함) 1920년대의 不況, 重工業化 銀行危機, 昭和恐慌 軍部·파시즘의 擡頭, 軍国化 敗戦	(구미에 접근필요성) 일·청전쟁(1894년) 일·로전쟁(1904년) 조선의 식민지화(1910년) 중국(만몽)이권의 추구 중국동북부(만주)의 침략 일·중전면전쟁(1937년) 태평양전쟁,　동남아시아침 략(1941년)

4.전후부흥과 경제성장

시 대	국내사건	대외사건
쇼와초기(昭和初期, 1945-1989년) 헤세이(平成, 1989년-)	민주화와 비군사화 경제부흥-경사생산방식, 터치라인 고도경제성장 민간경제의 강함과 산업정책, 국제재통합, 무역자유화. 성장의 둔화(1970年代以後) 거품의 붕괴와 불황의 지속	미국에 의한 점령 (1945-1951년) 자본주의진영 IMF', 세계은행, OECD가입 세계제2위의 경제대국 (1970년경) ODA최대공여국

〈경제발전과 정치사회의 지연〉

도미나가 겐이찌로(富永健一)는 사회학의 입장에서 일본의 근대화와 사회변동의 모습을 포함시키고 있다. 스케일이 큰 전망의 연구를 제시하고 있다. 명치(明治) 이래의 일본의 근대화는 구미에 뒤쳐져 출발하면서 따라붙는 대성공을 거두었다고 하는 경제면의 플러스평가와, 반대로 천황제 국가와 군국주의 아래에서 인민의 억압과 대외침략으로 세월을 보냈다고 하는 마이너스평가가 예리하게 대립하여 왔다. 전자에 의하면 일본은 현대의 개도국가 가운데 개발의 모범이며, 후자에 따르면 일본은 반면교사(反面敎師)로서 비판의 대상이 된다. 그는 이 한편만이 올바르고 다른 편이 전면적으로 잘못이라고 하는 단순한 2분법을 가지고 논쟁을 계속하여도 얻을 것은 적다고 한다. 근대화라는 복잡한 현상을 학문으로서 연구하기 위해서는, 개념과 모델이라는 분석도구가 필요하다. 그의 저서 <일본의 근대화와 사회변동, 1990년>는 그것을 제시하는 하나의 시도이다.

그가 먼저 강조하는 것은 비서양의 근대화와 서양이 과거에 걸었던 길을 그대로 걷는 것은 아니라는 점이다.

비서양(非西洋) 여러 나라가 근대화에 성공한다는 것은 그들이 자신들의 전통적 문화를 서양문화와 비교하여, 그 훌륭한 점을 선택적으로 배워, 그것을 자신들의 전통문화와 결합하여 이것을 바꾸어 만든다고 함께 양자의 사이에 생긴 충돌을 처리하여 간다라는 창조적인 행위이다. 일본의 근대화는 진정으로 그와 같은 것의 하나였으며, 현재 아시아NIESs 여러 사회에서 진행하고 있는 근대화도 또한 그와 같은 것이라고 생각하는 것 같다(도미나가의 저서 pp.38-39).

이것은 본문에서 취급한 마에가와(前川)의 '번역적 적응'의 개념과 동일하다고 보아야 할 것이다. 이 관점을 출발점으로 한 위에서, 도미나가는 사회를 다음의 네 가지의 서브시스템으로 분류하여 각각의 근대화과정을 구체적으로 서술하는 방법을 제안한다.

* 경제의 근대화－공업화를 통한 경제성장
* 정치의 근대화－민주화
* 사회(협의)의 근대화－지연·혈연적 집단(게마인샤프트)으로부터 기능적 집단(게젤샤프트)에로의 이행, 및 폐쇄적 촌락으로부터 개방적 도시에로의 이행
* 문화(협의)의 근대화－비합리적인 미신·관습 등으로부터 과학적·합리적인 사고에로의 이행

도미나가 논의를 요약하면 다음과 같이 된다. 유럽의 근대화는 정치·사회의 내적 변혁을 거쳐 산업혁명이 개화하였지만, 후발국은 이러한 순서를 답습할 수가 없다. 비서양 여러 나라에 있어서 경제의 근대화는 쉽지만, 정치의 근대화는 어렵다. 사회·문화의 근대화는 더 어렵다. 그 이유는 기술과 산업의 모방에 비하여, 사람들의 생활을 지배하고 그 내면의 깊은 곳까지 침투하고 있는 구조를 변혁하는 데는 훨씬 많은 시간과 에너지를 필요로 하기 때문이다. 그래서 후발국의 근대화에는 경제의 선행과 다른 분야의 지체라는 파행성(跛行性)이 필연적으로 발생한다. 그

러면서 경제와 비경제의 서브시스템은 상호 의존하고 있기 때문에, 이 차이는 사회전체에 충돌을 발생시켜, 그 나라의 근대화를 왜곡시켜 버린다. 고도의 산업과 기술을 가지면서, 고대천황제와 낡은 개념을 합쳐 만들었던 '국체(國體)'를 국민에게 강제한 전전 일본은 그 현저한 예였다는 도미나가의 견해는 방법론적으로는 사회학의 개념을 도입하면서, 일본의 근대화에 관한 널리 지지된 해석에 속하는 것이라고 할 수 있다.

그는 또 다음과 같은 주장도 전개하고 있다.

* 에도시대까지의 일본에는, 근대화의 원동력이 되어야 할 사상도 제도도 태어나지 않았다. 때문에 명치(明治) 이후의 근대화는 원칙으로서, 구래(舊來)시스템으로부터 외래시스템에로의 이동을 필요로 하였다.
* 지연·혈연집단, 촌락의 폐쇄성, 비합리적 사고 등은 근대화의 요청과 맞지 않다. 때문에, 그것들이 해체되지 않고 남아있는 사회의 근대화 과정은 모순과 마찰이 많을 수밖에 없다.
* 일본의 근대화의 극단적인 파행성은 전후 점령 아래에 단행된 여러 개혁에 의해 대개 타파되었다. 그렇지만 전통적 요소는 현대에 있어서도 다소 남아 있고, 그것들을 일소(一掃)하지 않는 한, 참된 의미에서의 일본의 근대화는 끝나지 않은 것이다.

도미나가는 일본사회의 내부에서 자라온 사상과 전통을 매우 부정적으로 보고 있고, 그것들은 근대화의 방해에 도움이 될 수 없다고 하는 뉘앙스로 관철되어 있다. 이 점은 일본사의 연속성·누적성의 적극적인 면을 강조하고, 일본은 영국과 마찬가지로 자연적이고 자립적으로 발전하여 왔다고 하는 우메사오 다다오 이론과는 전적으로 대조적이다. 또 마에가와의 '번역적 적응', 즉 자국시스템을 토대로 하여 외래시스템을 잘 접합하였다는 일본의 근대화의 해석과도 다르다. 어느 견해가 타당한가는 독자들의 판단의 몫이다.

제 2 장

에도시대(江戸時代)
―공업화 조건의 준비

1 에도시대(江戸時代) - 1603-1867

에도시대(江戸時代) 이전의 12세기말부터 16세기까지, 일본은 사무라이에 의해 지배되어 있었지만, 이 사이의 정치정세는 불안정하였다. 특히 15세기부터 16세기의 전국시대(戰國時代)에는, 내전과 정권교대가 빈번히 일어났다. 이 사태를 최종적으로 수습한 것은 미가와(三河)출신의 다이묘(大名), 도꾸가와 이에야쓰(德川家康)이다. 그는 1600년의 關原의 전투에서 승리하고, 그리고 1615년에는 라이벌의 도요도미 히데요시가(豊信秀吉家)를 오오사까성(大坂城)에서 공략하여, 이어서 일본을 재통일하였다. 1603년에 도꾸가와는 에도(江戸)에 막부(幕府)를 수립, 그 초대쇼군(初代將軍)이 되었다. 당시의 에도는 작은 어촌이었지만, 해안의 매립, 운하와 상수도의 건설 등의 대규모 토목공사가 감행되어, 드디어 거대한 정치도시로 탈바꿈하게 되었다. 도꾸가와 家는 약 264년(1603-1867)동안 15대의 장군을 통하여 일본을 통치하게 된다. 도꾸가와 이에야쓰는 사망한 뒤, 신격화되어, 현재에도 닛꼬(日光) 동조궁(東照宮)에 모셔져있다.

전국시대부터 에도 초기에 걸쳐 특히 중요한 사건은 권력자와 농민 사이에 개재하고 있던 고대·중세 이래의 여러 조직(寺社 등의 宗敎勢力, 莊園領主, 在地領主 등)이 일소되어, 그때까지의 분산할거에 대신하여 다이묘에 의한 영국(領國)의 직접일원지배가 확립된 것이다. 이것은 노부나가(織田信長), 도요도미 히데요시(豊臣秀吉) 등 전국의 다이묘들에 의한 영국의 정책-반대세력의 토벌, 상업의 자유화(樂市, 樂座), 지방세관(關所)의 철폐, 검지(檢地), 도수(刀狩), 성하정(城下町)건설, 무사의 성하정집주(城下町集住), 정기시(定期市)의 성하정(城下町)에로의 흡수 등-에 의하여 달성되었다. 이 이후 사무라이(武士)와 농민은 신분적으로나 거주적으로나 명확하게 분리되어, 토지로부터 단절된 사무라이는 관리화(官吏化)하고, 다이묘가 영국의 토지·농민·가신(家臣)을 직접 통치하는 형태가 되었다. 전국시대에 개시된 이 움직임을 에도막부(江戸幕府)는 계승하여 완성시킨 것이다.

<표 2-1> 에도시대(江戸時代)의 기본용어

---

* 에도(江戸) - 동경(東京)의 옛 이름. 에도란 만(湾)의 입구라는 정도의 의미이다. 이를테면, 동경이란 동쪽의 수도의 의미이다.
* 다이묘(大名) - 영국(領国)에 있어서 사무라이지배자. 에도시대에는 각 한(藩, 지방정부)의 장(長)을 의미하였다.
* 쇼군(将軍) - 원래는 원정군의 최고사령관을 의미하였지만, 일반적으로 군사정권의 최고위에 있는 인물을 말한다.
* 바꾸후(幕府) - 최고사령부의 숙영지(宿営地), 뒤에 바뀌어 군사정권 그 자체를 의미한다.
* 한(藩) - 에도시대의 지방정부를 의미한다(省, 懸에 상당하는 단위).

이 책의 일본경제의 근대화에 관한 설명은 에도시대부터 시작된다. 왜냐하면, 이 시대에 메이지(明治) 이후의 공업화·근대화를 위한 조건이 사회내부의 변화를 통하여 준비되었기 때문이다. 에도시대에 준비된 조건이란 일단 무엇인가. 우선 그것을 열거하면 다음과 같다.

(1) 정치적 통일과 안정
(2) 경작면적과 생산성의 양면에 있어서 농업의 발전
(3) 운수교통시스템의 발전과 전국통합시장의 성립
(4) 상업·금융의 발전 및 그것에 수반하는 부유한 상인층의 대두
(5) 수공업의 발전
(6) 지방정부에 의한 산업진흥
(7) 교육의 보급

이들은 이미 많은 연구자에 의해 지적되어 있는 에도시대의 특징의 최대공약이다. 이 절에서는 이것들을 차례로 검토하기로 한다. 여기에서 중요한 것은 오늘날 이들의 조건을 충족시키지 못하는 나라가 세계에 수 없이 많다는 점이다. 실제 이들의 조건을 전부 마련한 개도국은 매우 적다고 할 수 있다.

2   바꾸한체제(幕藩體制)

에도시대의 특징은 다음과 같이 정리할 수가 있다.

첫째로, 그것은 계급사회였다. 지배계급은 칼을 휴대(帶刀)하는 권리를 갖는 사무라이(武士)이다. 그 다음으로 농민, 직인, 상인으로 이어진다. 이 서열을 '사농공상(士農工商)'이라고 한다. 지배계급의 사무라이(士)와 피지배 3계급(農·工·商)의 사이에는 큰 차이가 있었다. 농민은 특히 존경받고 있었다고는 할 수 없었지만, 년공(年貢)을 부담한다는 의미에서 과세(課稅)의 기반이었기 때문에 제2위에 위치한다. 이들 계급 아래에는 다시 에다·히닌이라고 일컬었던 피차별계급이 존재하였다.

둘째로, 정치권력에 관해서는 중앙집권이었다. 중앙의 바꾸후(幕府)는 지방의 한(藩)에 대하여 절대적인 권한을 장악하고, 명령·규칙에 따르지 않는 한(藩)을 전봉(轉封)·개역(改易, 이전·축소)하거나, 때로는 폐지하는 일조차 할 수 있었다. 쇼군(將軍)은 각 다이묘(大名)에 영국(領國)을 나누어주어, 그것에 대하여 각 다이묘는 쇼군에 충성을 맹서한다. 바꾸후에 대한 반항은 허용되지 않으며, 그와 같은 거동을 보이는 자는 할복(切腹)·집 단절(お家斷絶)을 포함하며 엄한 형벌에 처하게 된다.

셋째, 경제활동에 관해서는 보다 분권적이었다. 대개 바꾸후의 경제정책은 근시안적으로 수미일관하는 것이 많다. 경제운영 전반에 대한 관심도 그렇게 강하다고는 할 수 없었다. 한편 각 한은 바꾸후의 금지사항에 언급하지 않은 범위에서 하는 조건부였지만, 영국 내에서의 행정, 징세, 교육, 산업진흥, 여러 규제, 지폐발행 등의 권한이 부여되어 있다.

넷째, 바꾸후(幕府)는 여러 한에 대하여 다음과 같은 부담·의무를 부과하였다.

(1) 참근교대(參勤交代)-한주(藩主)는 격년으로 영국(領國)과 에도에 교대로 거주하는 것이 의무로 되어 있고, 때문에 두 지역 사이를 매년 왕래하지 않으면 아니 되었다. 그 때에는 가신단(家臣團)이 대거 이동하였기 때문에, 이것에는 막대한 비용을 필요로 하였다.

(2) 바꾸후로로부터 명령되는 공공사업-필요에 따라 성(城)·석담(石坦)·굴(堀)·운하·수로·도로·저수지, 상수도 등의 건설·보수가 각 한에 할당되었다.

(3) 기타에도, 부정기적으로 자의적(恣意的)인 과세와 기부가 요구되었다.

이들의 부담이 의무화되어 있어서 여러 한의 재정은 어려웠기 때문에 그들이 바꾸후에 대하여 반기(反旗)를 들기 위한 군사예산을 확보하는 것은 어렵게 되었다.

3 농업의 발전

에도사회는 농경사회였다. 이것은 인구의 약90%가 농민이었던 에도 초기에 특히 현저하였다. 뒤에 이 비율은 서서히 낮아졌지만, 농업생산의 기본단위는 항상 소농가족이었다. 에도 이전의 중세에서는, 하나의 집(家)에는 복수의 가족과 그 종사자들로 구성되어 있었다. 그렇지만 전국다이묘(戰國大名) 및 에도바꾸후(江戶幕府)가 실시한 수차례의 경작지 조사에 의해 대가족제는 해체되고, 그것에 대신하여 각 가정에 경작지를 부여한 소가족이 에도시대의 농업의 담당자가 되었던 것이다.

　법령에 한정하는 한, 에도시대의 농민에게는 이주의 권리가 없고, 경작노동자 및 과세기반으로서 토지에 묶여있었다. 그렇지만 실제로는 새로운 토지로 이동하는 농민도 있었던 것 같다. 여기에는 가혹한 세금과 부조리한 정책에 견딜 수 없어 도망치는 농민도 속출하였지만, 보다 좋은 생활을 찾아 적극적으로 이동하는 농민들도 있었다. 뒤에 농촌소득이 점차 향상함에 따라, 생활의 여유가 있는 농민들은 마을축제(村祭) 등의 이벤트를 즐기게 되고, 또 이세징구(伊勢神宮)참배와 후지개천(富士溝)을 비롯한 순례의 여행을 왕성하게 하게 되었다. 그 대부분은 종교적이라기보다도 관광여행이었던 것 같다.

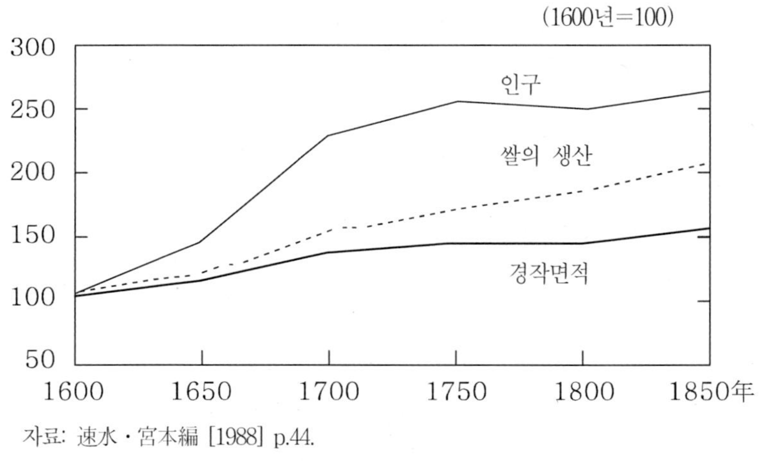

자료: 速水·宮本編 [1988] p.44.

<그림 2-1> 인구와 쌀의 생산

　일반적으로 에도시대의 농촌은 보다 조직화 되어있어, 년공쌀(年貢米)을 규정대로 납부하고 있는 한, 자치권이 부여되어 있었다. 년공(年貢)은 개개의 농민이 아니라 마을 전체에 대하여 부과되었기 때문에,

마을 책임자(그들 자신 농민이라는 경우가 많았다)가 마을사람 사이에 할당하고 있었던 것이다. 그런 의미에서, 그들은 정부의 징세조직의 가장 아래 부분을 대행하고 있었다고 할 수 있다. 이것에 의해 바꾸후와 여러 한은 행정코스트를 거의 부담하지 않고 세수(税收)를 확보할 수 있었다. 에도사가(江戸史家)의 다나까(田中圭一)는 당시의 농민은 매우 다이내믹하며 독립심이 강한 사람들이어서, 바꾸후의 비합리적인 정책과 관리에게 가끔 저항하였다고 한다. 그에 의하면, 바꾸후의 정책에는 장기비전이라고 할 수 있는 것이 없고, 그 법령과 규제는 중지하기 어려운 시대의 흐름에 대한 사후적으로 비공식적인 대응밖에 없었다.

년공(年貢)을 결정하는 방법에는 두 가지였다.

첫째는, 정부에 파견된 검사관이 매년의 수확상황을 조사한 뒤에 결정하는 '검견법(検見法)'이다. 당연하지만, 마을책임자들은 검사관에게 가능하면 향연(饗宴)을 베풀고 선물공세를 하였다. 검사관 가운데에는 경작지를 둘러보지도 않고 주연(酒宴)에 빠지는 사람도 많았다고 한다. 수뢰(収賂)라도 하지 않았던 검사관은 수확량을 가끔 과소 보고하였기 때문에, 마을의 세금부담은 크게 경감되었던 것이다. 역사가의 오오이시(大石愼三朗)는 정부의 조세수입이 항구적으로 부진하였던 것은 하급관리들이 이러한 부패·오직에 의한 것이 많았다고 설명한다. 단, 그와는 반대로, 검사관이 자의적이며 비협력적인 경우에는, 년공의 액수는 오히려 인상할 수 있어, 그들은 농민들을 괴롭힌 일도 많았다고 한다.

둘째는, 년공결정방법은 과거3년 내지 5년의 평균수확량에 기초하여 세금부담을 고정하는 '정면법(定免法)'이다. 이 방법으로는 정부는 보다 안정된 세수를 확보할 수 있고, 또 검사관의 비용도 절약할 수 있다. 농민의 입장에서 본다면, 그들은 수확의 불확실성의 리스크를 직접 부담하게 되지만, 동시에 수확을 높이려고 하는 인센티브도 크게 된다. 보다 많이 일하여 얻은 수확증가분은 전부 그들의 손으로 돌아가기 때문이다. 다나까에 의하면 농민은 검견법보다도 정면법을 선호하는 경향이 있었다. 부패한 검사관과 매년 어울리는 것을 싫어했기 때문이다.

　에도시대의 농업생산은 양적 확대로부터 질적 향상으로 두 가지 과정을 거쳐 발전하였다. 15세기 중반부터 17세기말에 걸쳐(이 시기는 에도시대에 앞선 전국시대를 포함), 경작면적 특히 논 면적의 비약적인 확대를 볼 수 있었다. 그 이전에는, 논 경작은 산의 경사가 끝나 평야가 시작하는 곳의 좁은 계곡에서 이루어져 있다. 벼 농작에 불가결한 물의 안정공급이 확보되는 장소인 그런 곳 밖에 없었기 때문이다. 그렇지만 전국시대부터 에도 초기가 되면, 다이묘와 유력 농민의 손에 의해 대규모적인 치수·관개공사가 전국적으로 이루어지게 되었다. 이것은 경작면적의 극적인 확대를 가져와, 지금까지 거주가 불가능하였던 평야의 습지대는 개간되어 차례로 논으로 전환되어 갔다. 이것에 수반하여 인구도 급격하게 증가하였다. 전근대사회에 있어서 그와 같은 인구증가는 아주 진귀한 현상이다. 오오이시는 이것을 '대개발(大開發)의 시대'라고 하고 있다.

　17세기 후반 이후가 되면, 경작지의 확대가 끝난다. 그런데, 그때까지의 경작지의 급격한 확대는 노동력부족, 삼림파괴, 빈번한 수해(水害)라는 마이너스의 효과도 초래하게 되었다. 이 시기 이후, 현대에 이르기까지, 일본의 농업은 경작지의 외연적 확대가 아니라, 노동과 기술을 집중적으로 투하하는 집약적 생산을 특징으로 하게 된다.

　18세기 이후는, 경작면적이나 인구도 안정하는 한편으로, 생산성향상으로 쌀의 수확량은 지속적으로 증가해 간다. 수확증가를 뒷받침한 요인은 2모작, 품종개량, 비료(특히 干魚)의 투입, 새로운 농기구의 보급 등이다. 또 미야사끼(宮崎安貞)의 <농업전서, 1697년> 등 농작물을 효과적으로 만들기 위한 가이드북이 농민을 위하여 수많이 출판되었다.

　에도 초기(17세기)에는, 농민은 주로 자가소비를 위해 경작하고 있었다. 각 호(戶)가 생산한 식량은 가족에 의해 소비되어, 생활수준도 약간 연명할 수 있는 정도였다. 그렇지만 에도 중기를 거쳐 생산성이 향상하자, 농업생산에 잉여가 발생하게 되어, 농민은 쌀과 기타의 작물을 시장에 판매하게 된다. 드디어 전국적으로 통합된 농산물시장이 형성되어, 농업생산에 점하는 상품작물의 비율이 비약적으로 높아졌다. 판매하기 위해, 이익을 얻기 위한 농업이 차례로 확대해가는 것이다.

공문서에 의하면, 모든 농민은 지정된 경지에 속해 있어야 하였다. 그렇지만 19세기에 접어들어, 토지 없는 농민이 발생하게 되어, 농민 사이에 빈부격차의 확대 및 지주·소작관계를 볼 수 있게 된다. 즉, 농민반란도 가끔 발생하여, 특히 기근(饑饉)의 해 및 바꾸말기(幕末期)에는 격심하게 되었다. 주된 원인은 세금의 부담에 대한 불만, 물가등귀, 기근, 부패공무원, 정부정책에 대한 항의 등이었다.

4 재정과 화폐

에도시대의 재정은 분권적이었다. 바꾸후 및 여러 한(藩)의 재정은 원칙적으로 각각 독립적으로 운영되어 있으며, 세입은 각각 영국(領國)으로부터 얻어지는 여러 수입에 의존하고 있다. 이 점은 바꾸후(幕府)나 한(藩)이나 마찬가지였으며, 재정에 관한 한 바꾸후는 중앙정부가 아니라, 다수의 다이묘(大名) 가운데 하나에 지나지 않았다. 단 천령(天領, 幕府直轄地)은 막말(幕末)에 가까운 1842년의 추계로 전국 생산량의 13%를 점하고 있고, 일본전체로 한다면 일부이지만, 여러 한 가운데 두드러진 크기를 과시하고 있다. 또 바꾸후는 여러 한에는 없는 몇 가지의 특별수입도 독점하고 있다. 바꾸후의 세입원은 다음과 같다.

① 천령(天領)으로부터 얻어지는 년공수입(年貢收入).

② 광산, 외국무역, 화폐주조의 독점이익.

③ 에도·교또(京都), 오오사까(大坂), 나가사끼(長崎), 사까이(堺) 등의 주요도시의 직할.

④ 상공업의 영업허가·칼텔승인에 대한 과징금(課徵金).

여기에 더하여, 앞에서 설명한 대로, 바꾸후는 여러 한에 명령하여 토목사업을 추진하게 한다. 권한을 가지고 있었기 때문에, 자신들의 공공투자예산을 보유할 필요가 없었다. 한편, 여러 한의 수입은 영국으로부터 얻어지는 년공수입 및 상공업 활동으로부터 파생하는 수입(산업진흥이 성공하게 되면)이었다.

에도시대의 재정시스템의 기초는 년공쌀(年貢米)이며, 재정단위는 약 180리트의 쌀에 상당하는 '돌(石)'이었다. 한의 경제규모는 돌로 표시되어, 사무라이의 급여도 쌀로 지급되었다(물건을 구입하기 위해서는 우선 현금으로 대신할 필요가 있었지만). 쌀은 장부상의 대체뿐만 아니라, 실제로 전국 각지로 운반되었다. 마을의 년공쌀은 쌀시장에 집하되어, 그곳에서 전국으로 배송되었던 것이다. 그 가운데에서도 오오사까(大坂)는 최대의 쌀시장이었다.

이 쌀을 기초로 하는 경제시스템이 의미하는 바는 다음과 같다.

첫째로, 쌀의 물리적인 이송(移送)을 전제로 하는 세제(稅制)는 전국적으로 통합된 운수유통시스템의 존재를 불가결하게 하였다. 이 서비스를 실제로 제공한 것은 민간의 상인·유통업자이지만, 바꾸후와 한도 그들을 관리·지원하였다. 화물운반에 있어서 육상운송(傳馬)은 매우 고가이며 비효율적이었기 때문에, 물류의 대부분은 해상·하천·호수(湖)·늪(沼)의 수운(水運)이었다.

둘째로, 경제활동의 무게는, 시간의 흐름과 더불어, 자급농업으로부터

상품작물로, 다시는 수공업으로 이동해갔다. 그렇지만 에도시대를 통하여 정부의 세입원은 기본적으로 쌀 그대로였다. 상업에 대한 과세도 때때로 실시되었지만, 그것은 쌀로 대신하는 주요한 과세베이스가 되는 것은 아니었다. 이 결과, 농민과 상인이 차례로 소득과 부를 높여갔음에도 불구하고, 바꾸후와 많은 한은 항구적인 재정위기에 처하게 되었다.

셋째로, 항구적인 재정위기에 직면한 바꾸후는 화폐개주(貨幣改鑄), 긴축재정, 증세, 물가통제, 행정개혁 등으로 대응하려고 하였다. 이 가운데 화폐개주란 액면의 일정액 그대로 귀금속성분을 감소시킨 금화·은화를 주조하는 것이며, 이것은 현대의 지폐증쇄(紙幣增刷)와 마찬가지로 인플레이션을 초래하였다. 특정상인에 판매독점권을 부여하는 대신에 기부·헌금을 요구하는 일도 가끔 이루어졌다. 이들은 장기비전에 기초하는 경제정책이라고는 할 수 없을 것이다.

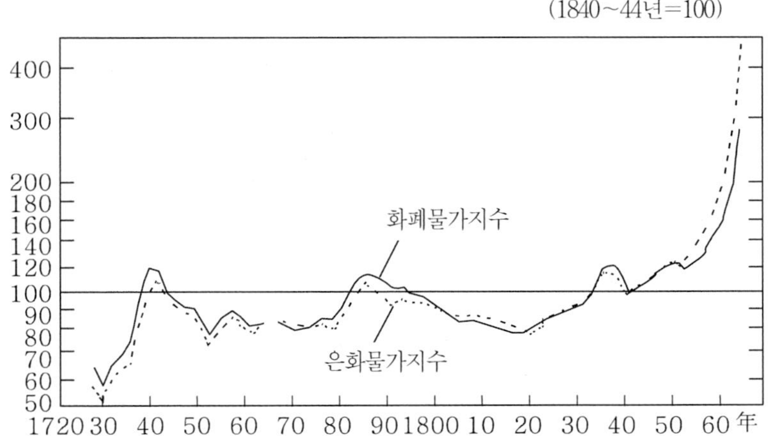

주: 京坂一般物価指数 (5개년 이동평균).
자료: 新保·斉藤編 [1989] 71頁.

<그림 2-2> 일반물가의 동향

화폐는 금화(金貨)와 은화(銀貨)로 구성되어 있다. 금(金)은 에도(江戶: 東日本)의 기본화폐이며, 은(銀)은 오오사까(大坂;西日本)에서 선호되었다. 이밖에 소액거래에는 동전(銅錢)도 사용되었다. 그리고 이것과는 별도로, 한에는 영국 내에서만 통용하는 한찰(藩札)의 발행이 부여되었다. 에도시대의 인플레이션은 기근(饑饉)의 해에 되풀이 되고, 또 국제무역이 재개된 막말(幕末)에는 물가등귀의 가속경향을 보였다.

5   운수와 상업의 발달

바꾸후는 다섯 가도(5街道: 東海道, 中山道, 日光街道, 甲州街道, 奧州街道)를 지정·정비하고, 다시 서회항로·동회항로 등의 주요 해로를 개설하였다. 단, 이들 육로·해로에 있어서 숙박·식사·운송 등의 서비스를 제공한 것은 민간업자이다.

가도(街道)에 가까운 마을에는, 사람과 말이 부족할 때에 그것을 제공할 의무가 부과되었다(助鄕). 참근교대(參勤交代)에 의해, 모든 다이묘는 다액의 비용을 수반하면서, 에도와 영국을 어쩔 수 없이 빈번하게 왕래하게 되었지만, 이것은 모든 가도에 경제적 번영을 초래하였다. 그렇지만 동시에, 바꾸후는 방위적 이유에서 사람과 상품의 자유로운 이동에 제한을 가하였다. 교통의 요소에는 세관(關所)을 설치, 몇 개의 중요 하천에는 가상적(假想敵)의 에도침공을 방어하기 위하여 의도적으로 다리를 세우지 않았다. 또 모든 한(藩)에는 조선의 자유와 해군의 보유가 허용되지 않았다.

이미 설명한 바와 같이, 에도세제(江戶稅制)는 전국적으로 통합된 쌀시장에 의존하고 있었다. 이에 더하여, 상품작물과 수공예품의 생산 증가는 전국적인 상업활동을 자극하였다. 다수의 호상(豪商: 부유상인)과 금융대부를 옹호하는 오오사까는 일본경제의 중심도시였다. 한편 에도는 정치와 소비의 도시로서 거대화하였다. 이 때문에 두 도시를 연결하는 해로는 많이 붐볐다. 오오사까에서는 이미 쌀의 선물시장까지 형성되었지만, 이것은 세계에서 최초의 선물시장이라고 일컬어진다.

상공업에 대한 바꾸후의 정책은 일관성이 없었다. 바꾸후는 정책의 지침이 되는 명확한 경제사상은 갖지 못하였다고 해도 좋다. 어느 때에는 민간거래에 대하여 규제·개입하고, 다른 때에는 자유로운 매매와 참여가 허용되었다. 동업 칼텔(주식중간상)은 어느 때는 강제되고, 다른 때에는 금지되었다. 현대의 역사연구자 사이에는 자유방임기와 칼텔기의 어느 시기에 에도경제가 보다 활성화 하였는가에 관한 논쟁이 있다. 미야모도(宮本又朗 1995년)는 시장경제를 발전시키는 데에는 수표, 신용을 포함하였고 다양한 거래제도·관행이 필요하다고 하는 관점에서, 그것을 제공하는 사적기구로서 주식중간상을 긍정적으로 평가하고 있다. 그리고 오까사끼(岡崎哲二, 1999)도 역사제도분석의 입장에서 칼텔이 금지되고 있던 시기보다도 그것이 용인되고 있던 시기의 쪽이 GDP 추계성장률이 높다고 한다. 때문에 그는 에도경제의 발전에 있어서 주식중개상의 존재는 저해요인이 아니라 오히려 플러스요인이었다고 주장한다. (이 지적은 대단히 흥미 깊은 것이지만, 이 결론을 수용하는 데에는 데이터의 불확실성 및 회귀분석의 낮음의 문제를 극복할 필요가 있어야할 것으로 생각된다.)

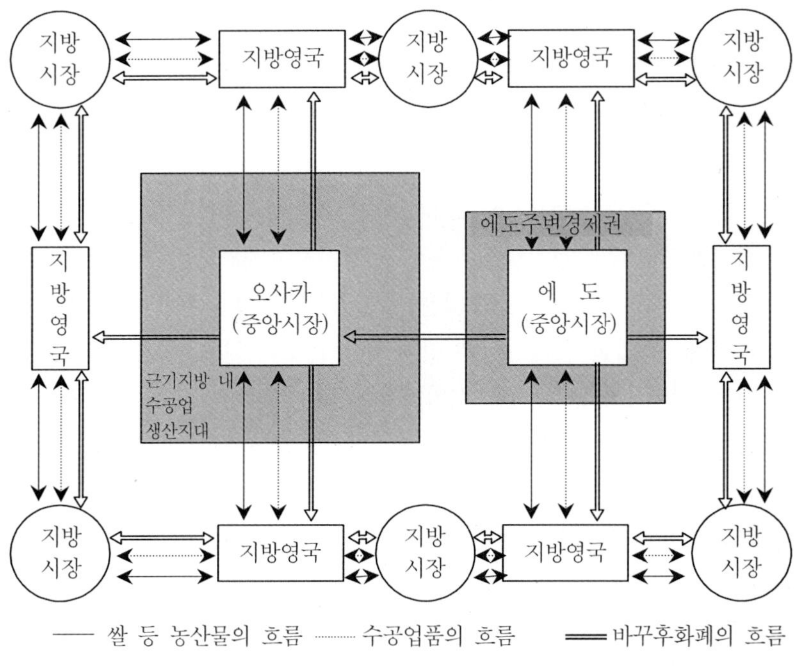

자료: 宮本·上村 [1988] 285頁

<그림 2-3> 에도 후기의 지역경제순환

바꾸말기(幕末期)가 되어, 많은 한과 지방도시는 상당한 경제발전의 수준에 도달하였다. 그 결과, 오오사까 상인의 개입 없이, 지방의 시장끼리 직접 거래하고자 하는 움직임이 활발하게 된다. 일본경제의 중심도 오오사까·교또 등의 서일본에서 에도를 중심으로 하는 동일본으로 서서히 이동하여 갔다. 또 쌀뿐만 아니라, 거의 모든 상품에 관하여 전국적으로 통합된 시장이 성립하였다.

6 수공업(手工業)

농업과 상업이 발전함에 따라, 식품·수공예품이라는 전근대적 제조업도 전국적으로 발달하였다. 각지에서 특산품을 생산하여, 그 특산품들은 전국적으로 유통하게 된다. 구체적인 품목을 열거하면, 차(茶), 담배, 건조식품, 밀랍, 쪽(藍), 소금, 설탕, 칼, 검도, 의류, 간장, 술, 종이, 석재, 약품, 도자기, 칠기, 목공품 등이다. 영국(領國)의 국민을 부유하게 하고, 동시에 세입을 증가시키기 위하여, 많은 한이 산업진흥에 노력하였다. 그 가운데에는 큰 성공을 거둔 한도 있다. 몇 가지의 예를 들자(西川·天野, 1989년).

* 도꾸시마한(德島藩)의 쪽(藍) − 시꼬꾸(四國)의 요시노가와(吉野川) 유역의 농민은 이전부터 쪽(청색의 염료)을 생산하여, 그 생산은 점차 증가하였다. 그렇지만, 쪽(藍)의 유통은 오오사까상인에 의하여 독점되어 있어, 그들은 대부를 할 때에 농민에게 고금리를 부과하였다. 자국의 농민을 보호하고, 또 지방상인을 지원하기 위하여, 도꾸시마한은 상업금융기능을 포함하여 한의 쪽알(藍玉)매매소를 설치하였다. 그렇지만 바꾸후는 공영거래소를 금지한다는 조치를 하였다. 바꾸후의 중요한 자금원인 오오사까상인을 보호하려고 한 것이다. 이에 대하여 도꾸시마한은 쪽알매매소와 그것에 부수하는 서비스를 민영화함으로써 대처하였다.
* 다까시마한(高島藩)의 설탕 − 다까시마한(高島藩)은 수입대체·국산진흥을 목표로 하여 다양한 산업을 조성하였지만, 그들은 모두 실패로 끝나, 한찰(藩札)개혁과 남발에 의한 재정난과 인플레이션에 빠졌다. 이것에 의해 한정개혁(藩政改革)과 한찰정리(藩札整理)를 하게

되었다. 이러한 시행착오의 과정을 거쳐, 한은 드디어 새로운 설탕생산법의 개발·상업화에 성공하여, 한경제의 중심에 설탕을 두게 되었다. 설탕생산이 궤도에 오름에 따라, 한은 다른 한과의 직접 거래를 지향하였지만, 도꾸시마한(德島藩)의 경우와 마찬가지로, 바꾸후는 오오사까상인을 개입시키지 않는 그와 같은 지방거래에 중지를 요청한 것이다.

  * 사쓰마한(薩摩藩)의 밀무역과 군사기술―미나미규슈(南九州)에 위치하는 사쓰마한(薩摩藩)은 서양으로부터의 신기술을 도입하여, 반사로(反射爐), 대포, 선박 등을 건조하였다. 또 류규(琉球, 지금의 오끼나와)와의 밀무역에도 종사하여, 그것에 의해 많은 이익을 올려, 궁핍화하고 있던 한재정을 바로 수립하였다. 부와 군사기술을 함께 갖게 됨으로써, 사쓰마한(薩摩藩)은 뒤에 도막(倒幕), 그리고는 메이지(明治)신정부 수립에 있어서 중요한 역할을 수행하게 된다.

이상은 하나의 예에 지나지 않는다. 다른 데에도 쪼슈(長州藩)의 종이·밀랍, 요네사와한(米澤藩)의 홍화(紅花)·칠(漆), 아끼다한(秋田藩)의 견직물, 고에마에한(肥前藩)의 도자기, 석탄, 목재, 실크 등, 많은 한이 한정개혁(藩政改革)과 통일된 산업진흥에 착수하고 있었던 것이다. 단, 이러한 성공의 그림자에는, 그리고 많은 한이 눈부신 성공도 없이 차금지옥(借金地獄)에 빠졌던 경우도 있었다. 그러한 한은 민간상인으로부터 다액의 돈을 차입한 뒤, 그것을 상환하는 것이 상투적인 수단이었다.

7 교 육

에도시대에 있어서 교육의 광범한 보급은 그 뒤의 일본의 급속한 공업화를 뒷받침한 중요한 요인의 하나로서 가끔 언급된다. 당시의 교육은 공영학문소(公營學問所)에 있어서 고대중국의 철학·문학의 연구로부터 민간에 있어서 어린이의 습관까지 다양한 형태로 이루어졌다. 또 그것은 에도, 오오사까, 교또 등의 대도시뿐만 아니라, 일본전국에서 나타난 현상이었다. 여기에서는 그 가운데 4종류의 교육조직을 소개해둔다.

(1) 바꾸후의 학교-바꾸후의 학교에서는 주로 유학(儒學), 즉 공자를 시조로 하는 기원전5-6세기의 중국사상(유교)이 연구되어 전수되었다. 유교는 사회질서, 의식(儀式)의 방법, 통치자가 갖추어야할 자세, 연장자에 대한 예절 등을 중요시하는 사상이다. 에도바꾸후는 계급사회를 정당화하여 유지하기 위한 이데올로기로서 유교를 강력하게 촉진하였다. 후지하라(藤原惺窩), 하야시(林羅山), 아라이(新井白石) 등이 공의유학(公儀儒學)의 권위자이다. 학생에게는 고대중국의 책을 읽고 외우고 해석하는 것이 요구되었다. 이 외국의 낡은 사상을 어떻게 일본의 현실에 적응시켜야 하며 수정해야 하는가가 당시의 유학자에 있어서 중요한 이론적 과제였다. 바꾸후의 학문소에는 이밖에도 네덜란드어, 서양학문(의학, 항행술, 군사기술 등)을 가르치는 곳이 있었다.

(2) 한교(藩校)-여러 한도 젊은 사무라이를 교육하기 위하여 학교를 설치하였다. 그 교과과정은 기본적으로 바꾸후의 학교와 동일하며, 유학(儒學)이 그 중심을 점하였다. 에도말기가 되어, 한교의 수업은 군사교련과 외국어라는 보다 실천적인 과목이 늘어났다. 몇 개의 한교는 사

무라이 이외의 학생에게도 입학을 인정하였다. 한교에는 명치유신을 거쳐 새로운 교육기관에 설치된 것도 많다.

(3) 민간의 학문 학원 – 학자는 가끔 스스로 학교를 창설하고, 학생을 모집하였다. 교사의 전문분야에 따라 가르키는 과목도 유학, 국학(고대 일본문학의 연구. 뒤에 내셔널리즘과 양이운동(洋夷運動)의 모체가 된다), 외국어(네덜란드어, 뒤에는 영어도), 의학, 과학, 기술 등 다양하였다. 일반적으로 이들 학원은 사무라이인가 아닌가를 구별하지 않고 학생을 리크루트하였다. 막말기가 되자, 학문학원에는 조국에 봉사하려고 희망하는 총명하고 정열적인 젊은 사람들이 모여들게 되었다. 그들의 눈은 국제정세와 거기에서의 일본이 처한 위험한 입장에 대하여 개방되어 간다. 막말기 및 명치초기의 국가지도자의 대부분은 이러한 학문학원으로부터 배출된 사람들이다.

<표 2-2> 민간학문학원의 예(에도후기-막말)

학원명과 장소	교사와 설립년도	커리큘럼	주요 졸업생
宋下村塾 (長州藩萩	吉田松陰 (1855년-1857년까지)	社会·政治思想	高杉晋作(倒幕의志士) 久坂玄瑞(倒幕의志士) 伊藤博文(総理大臣) 山懸有朋(総理大臣)
適塾(大坂)	緒方洪庵(1838년)	네덜란드語, 西洋医学	福沢有吉 (慶応大学創立) 大村益次朗(軍事改革) 橋本佐内(洋学) 大島圭介(幕府·明治 政治家)
鳴湧塾(長崎)	시볼트(독일인) (1824년)	西洋医学	高野長英(洋学) 伊東玄博(西洋医学) 伊藤圭介(西洋医学, 植物学)
咸宣塾 (豊後藩日田)	広漱淡窓(1817년)	儒学, 中国古典 등	高野長英(洋学) 大村益次朗(軍事改革)

(4) 서당(寺子屋) - 서당이란 지역의 아동들에게 읽고·쓰고·주산을 가르치기 위한 사설학원을 말한다. 당초는 지방의 독지가가 자선사업으로서 이루어진 형태가 주류였지만, 점차 수업료를 받는 직업적 경영이 되었다. 보통 선생은 한사람으로 수십 명의 아동에게 각각 과제를 주어 개별적으로 지도하였다. 입학·퇴학은 자유로웠지만, 7-8세부터 12-13세까지의 사이의 재학생이 많았다. 서민이 문자와 계산의 학습의 필요성을 자각함에 따라, 이러한 학원은 도시로부터 농촌으로 전국적으로 보급하여, 국민의 높은 문맹율(文盲率)을 낮추어 가는데 뒷받침하였다.

〈프로트공업화와 인구동태〉

경제사가는 벨지움의 프란다지방과 영국의 랑카샤지방 등의 유럽의 특정지역이 영국산업혁명이 개시되기 이전의 17-18세기에 이미 공업화하고 있다는 것에 주목하고 있다. 이 공업화는 농촌지대에서 발생하여, 섬유제품을 근대기계를 사용하지 않고 가족단위로 생산한다는 특징을 가지고 있다. 또 그 생산활동은 도시의 상인에 의해 중개되는 것이 많았다.

왜 본격적인 산업혁명 이전에 이와 같은 공업화가 어떻게 발생, 또 왜 그것은 특정지역만이었는가 라는 물음에 답하기 위하여 제시된 것이 '프로트공업화'의 개념이다. (프로트(plot)란 원초, 초기라는 의미이다). 거기에서는 농촌지역의 공업화가 농업, 인구, 상업의 독특한 상호작용을 통하여 발생하였다는 가설이 제시된다. 일반적으로 경제분석으로는 인구는 주어진 변수로서 취급하는 것이 많지만, 프로트공업화 가설 아래에서는 인구동태는 모델의 상호작용의 가운데에서 결정되는 내생변수가 된다.

이 가설의 창시자인 멘델(F.F. Mendel)과 데이욘(P.Deyon)은 프로트공업화를 다음의 세 가지 조건을 충족하는 현상으로서 정의한다.

① 자가소비가 아니라 시장판매를 위한 생산활동이라는 것.

② 농촌지역, 특히 소규모 농지를 특징으로 하는 지역의 농민이 종사하고 있는 것.

③ 가까이에, 대규모 농지와 고생산성을 특징으로 하는 상업용작물의 생산지가 존재하는 것.

프로트공업화는 농업생산이 낮은 마을에 있어서 농민의 부업으로서 개시된다. 그들은 의류를 근린의 생산성이 높아 풍요로운 마을로 판매할 수가 있다. 풍요한 마을이 농산물을 생산, 가난한 마을이 공산품을 생산, 그것들을 교환하는 구도(構圖)는 비교적 좁은 지역에 있어서 일종의 특화 혹은 생산의 분업이라고 할 수 있다(단, 그들은 외부시장에도 판매하고 있다).

그리고 프로트공업화의 가설은 인구동태에 관하여 다음과 같은 전개를 상정한다.

① 어떤 이유로 빈약한 토지의 마을이 인구증가를 경험하여, 그 때문에 식량부족에 직면한다.

② 인구압력을 경감하기 위하여, 가난한 농민은 의류생산·판매에 종사한다.

③ 그들의 소득은 증가하여, 그 결과 그들은 보다 빨리 결혼, 보다 많은 아이를 낳게 된다.

④ 인구증가의 계속으로 농민은 '공업화'에도 불구하고 이전과 같은 가난한 상황에서 벗어나지 못한다.

⑤ 이와 같이 하여 저렴한 노동력이 계속 공급되기 때문에, 풍요로운 토지의 마을과 도시상인은 부를 계속 축적한다. (이 소득격차는 드디어 자본가와 토지 없는 농민을 탄생시켜, 본격적인 자본주의 아래에서의 공업화에로 연결되어 가는 것이다. 프로트공업화 가설은 이 물음에 대한 명확한 해답을 하고 있지 않다)

사이또(齊藤修, 1985)에 의하면, 에도시대의 일본의 데이터는 프로트공업화 가설을 지지하고 있지 않다고 한다. 즉, 전근대적인 제조업이 일어났던 지역에 있어서 조직적인 인구증가를 볼 수 있었다는 증거는 없다. 오히려 반대로, 에도시대의 농민은 인구압력을 조정하기 위하여 가끔 산아제한을 하여, 거기에는 '솎아내다' 라는 아기죽임도 포함되어 있다. 어느 것으로 하든, 프로트공업화 가설은 상당히 특수한 인구동태 메카니즘을 가정하고 있는 것이 분명할 것이다. 이와 같은 메카니즘은 유럽의 특정지역인 시기에 성립하였을지도 모른다. 세계 각지 혹은 모든 시대를 통하여 가정할 수는 없는 것 같이 생각된다. 그렇지만 초기의 공업화에 인구성장이 반응한다는 사고방식 그 자체는 흥미 깊은 것이라고 할 수 있을 것이다.

제 3 장

메이지(明治) – (1)
– 신정부의 정책목표

크로프네, 페리의 기함
사스케하나를 묘사한 와판

1 개항(開港)과 바꾸후(幕府)의 붕괴

1639년 이후, 에도바꾸후(江戸幕府)는 일본인과 외국인과의 접촉을 금지하였다. 유일한 예외는 나가사끼(長崎)의 데지마(出島, 작은 인공섬)에 있어서 바꾸후 관리 아래에서의 제한된 외국무역이다. 바꾸어 말하면, 바꾸후는 외국무역을 독점하고 있었다는 것이다. 조선과 유구(琉球, 현재의 오끼나와)는 일본과 외교관계를 계속하고, 중국과 네덜란드의 상인에게는 일본과의 무역이 허가되어 있었지만, 이밖의 거래관계는 엄격하게 금지되어 있었다. 일본인은 외국에 도항하거나 귀항하는 것이 허용되지 않았다. 때문에 서양으로부터의 지식-특히 의학·과학에 관한 정보-을 흡수하는 데에는 네덜란드의 서적과 사물을 통할 수밖에 없었다.

18세기말 즈음부터, 무역관계를 희망하는 외국선은 일본에 가끔 접근하게 되었다. 러시아와 영국은 특히 일본과의 무역재개에 열중하였지만, 바꾸후는 그들을 추방하였다. 그렇지만 1840-42년의 아편전쟁의 뉴스는 바꾸후에 큰 충격을 주었다. 이 전쟁은 영국이 청(중국)을 굴복시켜 홍콩을 할양시킴과 아울러 개국을 강제한 것이었다.

1853년에는, 이어서 페리(Mattew Calbraith Perrty)사령관이 인솔하는

4척의 미국의 군함(크로프네)이 에도만에 침입하였다. 바꾸후는 그들의 도래에 관하여 사전정보를 얻지 못했을 뿐만 아니라, 어떤 대책도 수립하지 못하였다. 이 미국해군의 원정은 주도한 계획에 기초한 것이어서, 페리는 일본을 잘 연구하여 협상전략을 다듬고 있었다. 그는 일본에는 평화외교가 아니라 함포외교가 유효하다는 확신을 가지고 있었다. 페리는 크로프네의 강력한 대포로 일본 측을 위협하면서, 미국이 일본의 항구의 사용을 허가해야 한다고 하는 '우호조약'의 체결을 요구하였다. 그 위에, 다음 해의 회답을 기다린다면서 사라졌던 것이다. 이 사건은 일본 전국을 혼란에 빠뜨렸다. 항구를 개방할 것인가, 외국과의 전쟁을 할 것인가에 관하여 격렬하게 논쟁하였다. 다음해 페리가 다시 오자, 미국의 강경한 자세에 눌린 바꾸후는 이어서 우호조약(일·미화친조약)의 조인을 결정하여, 시모다(下田)와 하꼬다데(箱館)의 개항을 약속한 것이다.

1858년에 바꾸후는 보다 광범한 통상조약을 구미열강과 체결하기 위한 허가를 천황에게 올렸다. 그렇지만 그 허가는 부여되지 않았다. 그럼에도 불구하고, 바꾸후는 천황의 허가없이 통상조약을 체결하였다. 정치적으로 보면 바꾸후는 조약조인에 앞서, 국내의 여러 세력, 특히 유력한 다이묘들의 의견을 충분히 들어야했다. 바꾸후의 일방적 결정은 당연한 일이지만, 반대세력으로부터의 격렬한 비판을 받았다. 이것에 대하여 대노(大老, 바꾸후의 고위직 각료 혹은 수상에 상당하는)의 이이 나오스께(井伊直弼)는 반대세력을 처벌하고 혹은 처형한다는 대탄압으로 대처하였다(安政의 大投獄). 그렇지만 이이 나오스께는 다음해의 1859년에 바꾸후의 압정에 분격한 사무라이들에 의해 암살되었다.

이들의 조약의 체결에 의하여, 외국의 외교관과 상인이 일본에 거주하게 되었다. 단, 그들은 지정된 거류지 및 그 주변지역에서만 행동이 허용되었다. 외국인에게는 국내여행의 자유는 없고, 일본인과 자유로이 교제할 수도 없었다. 거류지 가운데에서 최대의 것은 그 목적을 위하여 새로이 건설된 요코하마의 거리였다.

개국은 일본의 경제사회에 큰 화를 초래하였다.

① 외국인은 새로운 사상, 기술, 산업, 제도를 가져왔다. 일본인은 그것들을 급속하게 흡수하기 시작함과 아울러, 구미의 강력한 군사력에는 경계심을 가졌다.
② 생사와 차는 갑작스럽게 많은 수출시장을 획득하였다. 이들의 상품의 수요증가와 가격상승은 생산자인 농민에게 많은 이익을 가져왔다.
③ 부를 얻은 농민은 영국제의 수입의복을 구입하게 되었다. 그때까지 그들은 낡은 옷 아니면 자가제품의 의복를 입고 있었던 것이다.
④ 요코하마상인이라고 일컬어지는 새로운 상인층이 탄생, 국내생산자·국내시장을 외국상인과 결부시키는 역할을 수행하였다. 앞에서 설명한대로, 외국상인은 거류지의 밖에서의 자유로운 국내구매·판매가 허용되어 있지 않았다.
⑥ 인플레이션이 가속하여, 사무라이와 도시민의 생활을 압박하였다. 개국에 의하여 국내가격체계와 수요구조에 큰 변동이 발생, 그것이 초래하는 시장도태에 의하여 종래의 산지와 상인의 대부분이 몰락하고, 동시에 새로운 산지와 상인이 대두하였다.

바꾸후가 구미와 체결한 통상조약은,

① 자국의 관세를 결정하는 권리가 일본에는 주어져있지 않다.
② 일본에서 죄를 범한 외국인을 재판할 권리가 주어져 있지 않다,

라는 두 가지 점에서 불평등한 조약이었다
　일본의 수입관세는 모든 품목에 약5%로 균일하게 부과되게 되었다. 이 상황은 관세자주권의 회복이 시작하는 1899년까지 계속되었다. 또 외국인 범죄자를 재판하지 않는 것은 큰 국가적 굴욕이라고 간주되었

다. 반정부세력은 결함조약을 체결한 바꾸후를 엄격하게 비판하였다.

그리고 그들은 인플레이션 등의 경제혼란 및 국내의 합의와 천황의 허가 없이 이들의 조약을 체결한 전횡(專橫)에 대해서도 바꾸후를 격렬하게 공격하였다.

개국 이후, 격렬한 정치투쟁이 15년 계속하였다. 그 투쟁을 지배한 주요 테마는 다음 세 가지이다.

(1) 개국을 인정할 것인가, 외국인배척(攘夷)을 주장할 것인가.
(2) 천황을 지지할 것인가, 바꾸후를 지지할 것인가.
(3) 정치권력을 둘러싼 열반(列藩)사이의 경쟁(특히 薩摩·長州)

당초는 양이(洋夷)를 규탄하는 소리가 압도적이었지만, 시간의 흐름과 더불어, 사람들은 무력으로 외국을 타도하는 것이 불가능하다고 생각하게 되었다. 서양은 너무나 강하다고 생각하였다. 드디어 정치투쟁은 어떻게 하여 바꾸후를 타도, 새로운 정부를 수립할 것인가, 그 과정에서 누구가 주도권을 장악하는가 라는 문제로 수렴하여갔다. 그 최종국면의 1868년에는, 일련의 비교적 소규모인 내전이 발발하여(戊辰戰爭), 그 전투의 하나는 현재 동경의 우에노공원(上野公園)의 지역에서 싸웠다. 이 전투에 의하여 바꾸후 세력은 패퇴하고, 신정부가 수립되었다. 천황은 교또(京都)에서 에도(江戶)로 이전하여, 에도는 동경으로 개명되었다.

2. 메이지정부(明治政府)와 그 정책목표

메이지정부(明治政府)는 서일본의 열번(列藩(薩摩, 長州, 土佐, 肥

前)출신의 젊은 사무라이와 일부의 공가(公家)에 의해 구성되어, 창설되어, 운영되었다. 신정부의 정통성 및 국가통합의 상징으로서, 천황이 국가수장으로 위치매김되었다. 메이지정부가 게양한 정책목표는 매우 명쾌하다. 그것은 일본을 가능한 한 빨리 서양화·근대화해야 한다는 것이었다. 초기의 대외목표는 구미에 의한 식민지지배를 회피하여 독립을 고수하는 것이었다. 그렇지만 일본이 국가의 통일과 아이덴티를 유지하면서, 서양의 제도와 기술을 급속하게 도입하기 시작함에 따라, 식민지화의 걱정은 메이지 초기까지 멀어져갔다. 그 이후는, 문명의 모든 측면에서 구미에 추종하는 것, 즉 가능한 한 빨리 '일등국'이 되는 것이 국가의 가장 중요한 목표가 되었다.

길었던 '태평의 잠'(국제적 고립 아래에서의 국내평화)에서 깬 일본은 구미의 과학·기술·산업이 장족의 진보를 이룩하고 있어, 일본은 세계로부터 뒤쳐진 후진농업국에 지나지 않는 것에 신경 쓰였다. 이것은 일본인에 있어서 큰 충격이었다. 자신들은 세계에 뒤쳐지고 있다고 하는 엄연한 인식과 상처받은 프라이드는 일본이 메이지시대를 통하여 산업화를 과감하게 추진하기 위한 심리적 원동력이 되었던 것이다.

메이지의 슬로간은 부국강병, 즉 나라를 부유하게 하여 군사력을 증강하는 데에 있었다. 일본을 근대화하기 위하여, 메이지정부는 다음의 세 가지의 목표를 설정하였다.

(1) 경제의 근대화(식산흥업(殖産興業))
(2) 정치의 근대화(헌법과 의회의 설치)
(3) 군사의 근대화(대외진출)

이들 목표는 대개 모든 정치가, 관료, 지식인, 그리고 국민수준에까지 침투하고 있었다. 실제, 당시의 일본인에 있어서 각 목표의 중요성은 거의 자명한 것이었다. 메이지의 정치가는 가끔 내분을 일으켰지만, 그들이 대립한 것은 목표의 시비(是非)에 관해서가 아니라, 그것들을 달성하는 방법과 순서를 둘러싼 것이다. 예를 들면 어느 정치가는 조선에 침공해야 한다고 주장하는 동료에 반대하고, 그를 정부로부터 추방한 뒤에, 다음해에는 대만에 군대를 보냈다(이것은 1873-74년에 실제로 일어난 사건이다). 이와 같은 정치가들의 언행불일치와 방침의 변경은 외교뿐만 아니라, 다양한 정치·경제의 문제를 둘러싸고 빈번하게 볼 수 있었다.

초기의 메이지정부에 있어서 머리 아픈 문제는 급격한 개혁에 반대하는 보수세력의 존재였다. 쌀 급여(禄)와 칼의 휴대(帶刀)의 권리를 둘러싼 사무라이계급은 신정부에 대하여 특히 반감이 많았다(이상한 일이지만 신정부는 젊은 사무라이들에 의하여 수립 된 것이지만). 그렇지만 신정부는 그들의 영향을 약화, 정권을 안정시키는 것에 서서히 성공하여 갔다. 사무라이계급은 폐지되어, 그들에게는 쌀급여의 대신에 정부공채가 주어졌지만, 그 실질가치는 인플레이션 아래에 급속하게 상실해갔다. 새로운 중앙집권제도를 구축하기 위하여 한(藩)도 폐지되었다. 대신에 현(縣)이 지방행정단위로서 설치되어, 중앙으로부터 임명된 지사가 각 현을 통치하게 되었다. 매년의 쌀 수확량 혹은 평균으로 과세되고 있었던 종래의 년공(年貢)에 대신하여, 토지가격의 일정률(처음은 3%)에 과세하는 새로운 토지세 제도가 도입되었다.

1871년부터 1873년에 걸쳐, 장관(에 상당하는 고관)의 약 반 수를 포함한 고수준의 정부파견단(岩倉外交使節)이 조직되어, 2년 가까이 미국과 유럽을 방문하였다. 출발시의 단원은 전부107명, 여기에는 해외로 파견된 유학생도 포함되어 있다.

파견단의 목적은 첫째로, 불평등조약의 개정을 위한 예비협상을 하는 것, 둘째로, 서양의 기술·제도를 시찰하는 것이었다. 단, 구미는 아직 후진적인 제도밖에 없는 일본을 동등하게 취급하지 않았기 때문에, 첫째의 목적은 이루어지지 못하였다. 그렇지만 파견단 단원들은 제2의 목적인 구미시찰에 의해 많은 자극을 받아, 나라건설을 위한 많은 견문을 넓힌 것이다. 파견단은 가는 곳마다 따뜻한 환영을 받았다고 한다.

3 식산흥업(殖産興業)

이와꾸라(岩倉)파견단의 주요 단원 가운데에서도, 오오구보(大久保利通)는 특히 서양의 기술과 산업에 감명을 받았다. 귀국한 뒤, 그는 재무장관(大藏卿, 뒤에 내무장관)으로서 산업진흥에 정력을 쏟았다. 그의 정책은 외국인 고문의 고용, 국내박람회의 개최, 도로·철도의 건설, 농업연구소의 설치 등 다방면에 걸쳤다. 제사(製絲), 조선, 군수(軍需), 광산 등의 분야에서 다수의 국영기업(관영공장)이 설립되었다. 단, 국영광산은 대부분이 에도시대부터의 광산을 개수한 것이다. 그리고 신도량형, 서양력(西洋曆), 신화폐제도, 은행제도, 주식회사 등도 도입되었다. 오오구보는 1878년에 암살되었지만, 그의 산업정책은 구로다(黑田淸隆)와 오오꾸마(大隈重信) 등에 의하여 인계되어 추진되었다.

대부분의 국영기업의 경영은 적자였지만, 구미의 기계와 기술자를 채용한 신공장은 일본경제에 강한 혁신효과를 초래하였다는 것은 틀림없다. 국영기업에서 연구를 축적한 일본기술자는 가끔 다른 공장에 이동하거나 스스로 공장을 설립하였다. 뒤에 국수공장 이외의 국영기업은 민영화되어, 그 때에, 국가자산이 일부의 유력한 비즈니스맨(五代友厚 등)에게 저렴하게 불하하였다는 비판이 있었다. 1881년에는 그것이 정치스캔달로까지 발전하였다. 그렇지만 민영화 뒤의 대부분의 기업은 혁신과 신투자에 의해 적자로부터 흑자로 전환한 것이며, 그것을 고려하면 국영기업을 저렴하게 매수한 민간사업가를 비난할 수는 없다고 생각된다.

　미숙한 메이지정부의 경제정책의 부정합·불안정이 기업경영에 있어서, 때로는 마이너스로 작동하였다는 측면은 있다. 그렇지만 보다 신중한 것은 메이지정부는 국내산업을 육성하여 외국기업을 구축하였다는 강한 의지를 가지고 있어, 이를 위하여 민간기업을 많이 지원하였다는 점이다. 이것을 수입대체(당시의 용어로 '輸入防渴') 라는, 드디어 정부의 지원을 받은 비즈니스그룹이 형성되게 된다. 정치가와의 연줄을 구사하여 사업 확대하는 비즈니스맨을 정상(政商)이라고 불러, 그들이 형성한 기업군을 재벌(財閥)이라고 한다. 재벌에는 에도시대의 호상(豪商)이 발전한 스미도모(住友)와 미쓰이(三井)도 있지만, 대부분은 메이지시대에 새로이 발흥한 그룹으로, 미쓰비시(三菱), 후루가와(古河), 야스다(安田), 아사노(淺野) 등이 그 대표적이다. 몇 몇의 정상과 재벌을 소개해 두자.

<사진> 샌프란시스코에서의 岩倉外交使節

① 이와사끼야다로(岩崎彌太朗) – 도사한(土佐藩)출신.　미쓰비시재벌의 창시자. 모체는 해운회사. 오오구보(大久保利通)의 정부는 그에게 지원과 독점권을 부여, 외국의 해운회사를 일본으로부터 구축시키는 것에 성공하였다. 1874년의 대만출병의 때에는, 군사수송계

약을 독점하여 거액의 이윤을 확보하였다. 드디어 그의 사업은 탄광, 조선으로 확대하여. 뒤에는 거의 대부분의 산업에 진출한다.

② 시부사와에이이찌(涉澤榮一)-사이다마(埼玉)출신. 처음에는 막신(幕臣)이었지만, 뒤에 신정부의 재무관료(大藏官僚), 마지막에는 일본의 산업의 수퍼 프로모터가 된다. 그는 몇 백의 주식회사의 설립을 도와, 경제·사회·문화의 각 분야에서 수많은 조직을 설립하였지만, 이와사끼와 달리, 다른 사람의 기업을 철저히 지원하였을 뿐, 자신의 재벌을 형성하는 것은 없었다.

③ 고다이도모아츠(五代友厚)-사쓰마(薩摩)출신. 그도 관서를 중심으로 수많은 주식회사와 경제조직의 설립에 분주하였다.

④ 미쓰이(三井)재벌-기모노의 유통과 환전으로 재산을 형성한 에도시대의 호상. 메이지에 들어와서, 정부의 공금취급업무를 하였다. 또 미노무라(三野村利左衛門)라는 출중한 경영자를 만나 내부조직개혁에 성공하였다. 은행, 탄광, 상업(미쓰이물산(三井物産))이 주요한 사업분야로 되었다.

⑤ 스미도모(住友)재벌-에도시대에 시꼬꾸(四國)의 뱃시(別子)광산을 운영하고 있었다. 메이지시대에 광산은 근대화되었다. 탄광, 은행, 전선, 비료 등의 사업으로 확대하였다.

간사이(関西)의 政商,
고다이 도모아츠(五代友厚)

三菱財閥의 아버지,
이와사키 야다로(岩崎弥太郎)

이와 같이하여, 현대 일본에까지 계속한 대부분의 재벌·기업이 메이지시기에 탄생되었다. 그것과 동시에, 얼핏 모순되는 것 같지만, 막말(幕末)부터 명치에 걸친 기업의 성쇠는 매우 격렬한 것이었다. 무역의 개시, 수요변화, 신제도·신기술의 도입, 가격체계의 격변이라는 경제변동은 신·구 기업의 교대를 촉진하였다. 이전의 부호와 대생산자도 대담한 개혁과 새로운 상인층과의 연대 없이는 생존하지 못하는 것이 속출하였다. <그림3-1>은 미야모도(1999년)의 데이터를 사용하여, 전국적인 자산가의 생존율을 나타낸 것이다. 막말부터 명치전기에 등장한 새로운 부호는 그 뒤, 급속하게 도태되어 갔던 것을 알 수 있다. 또 몰락속도는 뒤에 탄생한 부호 정도로 빠른 것 같이 보인다. 에도기 장자(長子) 231명 가운데, 반세기 뒤의 메이지 후기까지 생존한자는 20명에 지나지 않는다. 적어도 수치 위에서는, 에도기의 호상이 명치산업화의 주된 담당자는 아니었던 것이 분명하다.

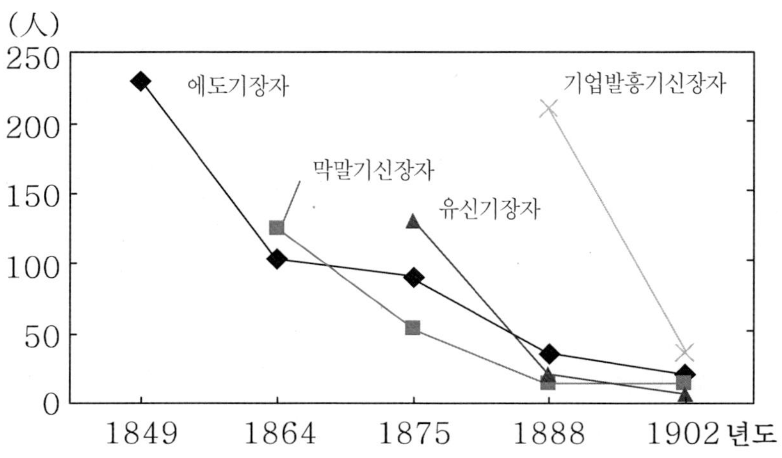

자료: 宮本[1999] pp.53에서.

<그림 3-1> 幕末·明治의 富豪의 생존상황

4 헌법과 의회

정치에 있어서 메이지 정부의 목표는 서양모델의 의회와 헌법을 창설하여 기능시키는 것이다. 이것은 구미로부터 대등한 취급을 받기 위하여 불가결한 조건으로 간주되었다. 그렇지만 헌법의 타이밍과 내용을 둘러싸고는 다양한 의견이 제안되어, 그것이 많은 대립을 불러일으켰다.

헌법제정의 타이밍에 관해서는 1873년 이후, 재야의 정치그룹의 대다수는 가능한 한 빨리 헌법기초를 정부에 요구하였다. 반정부세력, 지식층, 부농이라는 사람들이 '자유민권운동'이라는 국민운동에 참가하여, 그 수는 전국적으로 확대하였다. 정부는 이것을 엄격하게 탄압하고, 또 일시적으로는 자유민권운동의 쪽도 폭력적 수단으로 호소하는 일도 있었다. 중앙정부의 대부분의 지도자들은 입헌정치를 자유민권파의 주장보다도 느린 속도로 도입하는 것을 희망하고 있었다. 그들은 일본인을 발전도상의 '반개(半開)'의 국민으로 간주, 신제도로 향한 주도한 준비가 필요하다고 생각하고 있었다.

헌법의 내용에 관해서는, 영국형의 선진적인 의회제도를 도입해야 하는가, 아니면 독일식의 민주주의로서는 보다 구식의 입헌군주제를 채택해야 하는가가 최대의 쟁점이었다. 많은 지식인층과 진보적 정치가는 영국모델인 민주주의를 갈망하였지만, 정부 내의 보수적인 다수파는 독일모델을 선택하였다. 그들은 국민의 정치식견이 아직 유치할 때에 많은 자유가 부여되면, 프랑스혁명과 그 뒤에 보였던 폭력과 불안정을 초래하는 것이 아닌가라는 위험한 것으로 생각하였다.

이 점에 관하여, 오오꾸보(大久保利洞)와 후꾸자와(福澤諭吉)의 의견의 차이가 흥미롭다. 구미시찰에서 귀국한 오오꾸보는 <입헌정체에 관한 의견서, 1873년>에서 다음과 같은 의견을 전개한다. 민주주의와 군주정치에는 각각 득실(得失)이 있다. 이념상은 민주정치가 훌륭하다는 것은 말할 것까지도 없지만, 현실의 민주제는 당파당리의 폐해를 초래하기 쉽다, 최악의 경우에는 다수파의 학정에 빠질 위험조차 있다. 한편 군주정치는 민중이 무지몽매로 군주가 영리하면 좋지만, 폭군오리(暴君汚吏)가 권력을 사물화(私物化)하면 국민들의 비참은 끝이 없을 것이다. 영국과 비교하였을 때, 일본은 지금 반개(半開)로 봉건의 관습이 제외되지 않은 상태에 있다. 군주제는 이미 과거의 것이지만, 민주제를 곧 실현할 준비는 되어있지 않다. 또 모든 개혁을 단행하는 데에는, 당분간 중앙정부에 강력한 권한을 부여하지 않으면 아니 된다. 거기에서 취해야할 현실적인 길은 사회변화의 속도에 맞춘 점진주의에 기초한 입헌정치, 즉 입헌군주제이다.

이에 대하여, 후꾸자와는 <문명론의 개요, 1875년>에서 다음과 같이 논하였다. 나라의 종류에는 문명, 반문명, 야만이 있고, 일본은 반문명의 나라이다. 또 군주제와 민주제에는 각각 득실이 있다. 그리고 일본의 최대과제는 외국에 의한 식민지지배를 회피하여, 자국의 독립을 갖는데 있다. (여기까지는 오오꾸보와 마찬가지로, 특이한 점은 없다). 거기에서 후꾸자와는 이 큰 목적을 달성하기 위해서는 지금까지의 전통과 관습에 의하지 않고, 구미문명을 적극적으로 도입하지 않으면 아니 된다고 주장한다. 단, 문명에는 사물면과 정신면이 있지만, 사물은 닮기 쉽고 정신은 닮기 어렵다. 이것을 구하는데, 그는 "어려움을 먼저 하고, 쉬운 것을 뒤에 하여, 우선 사람의 마음을 개혁하여 정령(政令)에 미치게 하여, 이어서 유형의 것에 이르게 해야 한다"라는 것이다. 말하자면 오오꾸보와 같이 국민의 뒤쳐진 정신구조를 주어진 것으로 하여 제도를 설계하는 것이 아니라, 정신구조 자체의 변혁을 최우선하여, 제도와 사물은 그것에 따라 적응시키도록 해야 한다는 것이다. 오오꾸보는 정부고관답게 현실주의를, 후꾸자와는 계몽사상가 답게 이상주의를 주장, 비교가 선명하다. 이 의견대립은 후발국의 개발전략－특히 경제발전과 민주화의 순서선택-에 있어서 근본적인 문제를 포함하고 있고, 현재에도 결코 낡은 논의라고는 할 수 없다.

헌법제정과 의회구성을 요구하는 국민압력의 고양에 직면한 메이지정부는 1881년에 명치천황을 통하여, 10년 이내에 국회를 개원한다는 법령을 발표하였다. 그 직후, 일본에 상응하는 헌법의 내용을 조사하기 위하여, 이또 히로부미(伊藤博文)는 유럽에 1년여 체재하여, 독일과 영국을 중심으로 법률전문가의 의견을 들었다. 귀국 뒤, 이또와 그의 팀은 외국인 고문의 의견도 참고하면서, 군권주의(君權主義)를 기초로 하는 독일모델의 헌법을 기초하였다. 헌법 최종안은 비공개의 추밀원에서 상세하게 심의되었다. 이와 같은 절차를 답습하여, 메이지헌법은 천황이 국민에게 부여하는 흠정헌법(欽定憲法)이라는 형태로 1889년에 발표되어, 첫 선거를 거쳐, 1890년에 제1회 제국국회(帝國國會)가 개원되었다. 이어서 일본은 구미 이외에서 최초의 헌법에 따른 정치를 하는 나라가 된 것이다(비 구미 나라에서는 터키도 헌법을 제정하였지만, 곧 정지되었다.).

5 외교정책

메이지외교의 최대의 현안은 관세자주권과 치외법권의 두 가지이다. 결함이 있는 구미와의 불평등조약을 개정하는 데에 있었다. 이 실현은 자국의 존엄을 회복하여 '1등국'과 같은 나라에 진입하기 위하여 절대 불가결하였다. 그렇지만 그것을 성공시키는 데에는, 일본사회가 서양화하는 것이 필요하다고 생각되었다. 일본의 서구화(西歐化)로 하기 위하여, 메이지정부는 국영 댄스홀까지 설치하여, 구미외교관을 화려한 무도회에 초청한 것이다. 그렇지만 극단적인 서구화주의(西歐化主義)는 애국주의자와 반정부세력으로부터 격렬하게 비판받게 되었다. 드디어 일본의 근대화·산업화가 착실하게 진전함에 따라서, 조약개정도 서서히 성공을 거두게 되었다. 관세자주권은 1899년에 일부 회복되어, 1911년에는 완전하게 복귀하였다. 외국인범죄자를 일본의 법정에서 재판할 권리도 1894년부터 1899년에 걸쳐 단계적으로 회복하였다.

메이지외교의 또 하나의 특징은 대외확장주의이다. 일본의 독립을 유지하고, 구미의 개입으로부터 자국권익을 유지하기 위해서는 국토의 주변에 '이익선' 즉 일본의 세력이 미치는 지역을 확보하지 않으면 아니된다는 것이 야마가다아리도모(山縣有朋)를 비롯한 일본정부의 인식이었다. 당시의 일본에 있어서 최대의 위협은 러시아의 동진정책이며, 이익선 확보의 초점은 조선반도에 있었다. 정부는 당시 쇄국을 계속하고 있던 조선을 개국시키려고 하고, 이를 위하여 일본측에 일방적으로 유리한 불평등조약을 체결하고자 하였다. 과거에 구미가 일본에 하였던 것을, 이번은 일본이 조선에 강요한 것이다. 조선이 이것에 저항하였기 때문에, 1873년에는 정부내부에 무력으로 조선을 개국시켜야 한다는 정한론(征韓論)이 대두하였다. 이 주장은 가까스로 각하(却下)되었지만, 다음해에 정부는 대만에 표착한 오끼니와어민의 살해사건을 둘러싸고 대만출병을 단행하였다. 이러한 대외원정은 가끔 옛날의 권리와 급여를 빼앗겼던 원래의 사무라이들(土族)의 불만을 국외로 돌리기 위하여 계획된 것이다.

1880년대가 되어 일본외교는 다시 공격적이 되어, 조선을 자국의 영향 아래 두기 위한 공작이 시작된다. 일본은 조선의 국내정치에 개입하여, 군사적인 도발도 왕성하게 일으켰다. 일본의 라이벌은 자국을 조선의 종주국으로 간주한 중국(清朝)이었다. 조선을 둘러싼 중·일의 대립은 1894-5년의 청·일전쟁을 불러일으키게 된다.

〈나쓰메소세끼(夏目嗽石)의 강연〉

나쓰메소세끼(夏目嗽石, 1867-1916년)는 아마 일본에서 가장 인기있는 소설가이다. 그의 생애는 메이지시대와 중복된다. 그는 영어와 한문(중국고전문학)에 능통하다. 그의 초기의 소설에는 <우니는 고양이다>, <도련님>등의 작품, <산시로(34郎)>로 대표되는 청년소설, 예술론을 다룬 현학적(術學的)인 <풀베개(草枕)> 등이 포함된다. 그렇지만 후기작품은 <그리고나서>, <門>과 같이 일본의 근대화에 남아있는 어두운 측면, 특히 인간의 허약함을 극복할 수 없는 시정(市井)의 사람들이 가끔 묘사되게 되었다. 그가 좋아하며 사용한 테마는 연애에 있어서 절망적인 삼각관계이다.

그는 <현대일본의 개화>라고 제목을 붙인 1911년의 유명한 강연에서, 당시 머리를 들기 시작한 일본인의 자기만족에 대하여 경종을 울렸다. 이 강연이 있었던 메이지말기, 일본은 이미 헌법과 의회를 가지고, 노·일전쟁에 승리하여, 산업혁명은 순조롭게 진전하기 시작하였다. 그렇지만 그는 일본의 개화(발전)는 표면적인 것에 지나지 않는다고 한다.

바꾸말개항(幕末開港) 이래, 서양의 영향이 크게 유입하여 일본은 완전하게 변화해 버린 것 같이 보인다. 또 그것이 진보라고도 생각된다. 그렇지만 이들 변화의 원천은 전부 구미에 있고, 일본은 그것을 참된 의미에서 소화하여 내부화하는 것 없이, 단지 복사한 것뿐이다. 서양으로부터의 파도는 너무나 급격하게 도래하였기 때문에, 일본에는 그것들을 스스로 수용할 여유는 없었다. 외국의 사상과 제도의 흡수가 강제적이었기 때문에, 일본인은 지나친 불안에 책망하고 있지만, 이것을 해소하는 묘안은 눈에 띄지 않는다. 이상이 그의 주요한 메시지이다. 이하에서 직접 인용해 두고 싶은 것으로, 어떻던 그의 유모어를 섞은 깊은 개탄을 느끼지 않을 수 없다. 여기에서 제기되고 있는 것은 일본인의 아이덴티티에 흔들리는 근본적인 괴로움이다. 이 문제는 현대 일본인에게 있어서도 해결되었다고는 반드시 말할 수 없다. 21세기에 들어서도, 일본은 구미선진국의 참된 친구가 될 수 없음과 동시에, 아시아의 가까운 여러 나라와의 사이에 참된 우호와 신뢰의 관계를 구축하였다고는 말할 수 없는 것 같이 생각된다.

서양의 개화는 내발적(內發的)이며, 일본의 현대의 개화는 외발적(外發的)이다. 여기에서 내발적이라는 것은 안쪽으로부터 자연스럽게 나와 발전한다라는 의미에서, 바로 꽃이 피는 것과 같이 스스로 봉오리를 터뜨리고 꽃을 피워 밖으로 향하는 것을 말하며, 또 외발적이란 밖으로부터 덮어씌운 다른 힘으로 어쩔 수 없이 일종의 형식을 취하는 것을 말하는 것이다.

서양의 개화는 행운유수(行雲流水)와 같이 자연스럽게 작동하고 있지만, 유신 이후, 외국과의 협상을 한 이후의 일본의 개화는 대부분 이전과는 다르다. 물론 어느 나라라도 친하게 지내는 이상은 그 영향을 받는 것이 물론 있는 것이기 때문에, 일본이라고 해도 옛날부터 그렇게 초연하게 자신만의 활력으로 발전한 것은 아니다. 어느 때는 삼한(三韓), 어느 때는 중국이라는 바람에, 대부분 외국의 문화에 씌웠던 시대도 있을 것이지만, 긴 세월을 전후하여 계산하여, 대충 언급해 보면, 비교적 내발적인 개화로 진행해 왔다고는 말할 수 있을 것이다. 적어도 쇄항배외(鎖港排外)의 공기로 2백년이나 마취하여 열린, 갑자기 서양문화의 자극에 튀어올랐을 정도로 강렬한 영향은 유사 이래 아직 받지 못하였다고 하는 것이 적당할 것이다. 일본의 개화는 어느 때부터 급격하게 왜곡되기 시작한 것일까. 또 왜곡하지 않으면 아니 될 정도의 충격을 받은 것일까. 이것을 앞의 용어로 표현하면, 지금까지 내발적으로 전개하여 온 것이 급격하게 자기본위의 능력을 상실하여, 밖으로부터 무리하게 눌려 그대로 하지 않으면 나아갈 수 없다고 하는 모양이 되었던 것이다.

일본의 현대의 개화를 지배하고 있는 것은 서양의 조류로, 그 파도를 넘은 일본인은 서양인이 아니라는 것이기 때문에, 새로운 파도가 몰려올 때에 자신이 그 가운데에서 식객으로 신세지는 것 같은 기분이 된다.

이러한 개화의 영향을 받은 국민은 어딘가 공허한 감이 없으면 아니 된다. 또 어딘가에 불안한 걱정을 회개하지 않으면 아니 된다.

제 4 장

메이지(明治) – (2)

– 수입기술의 내부화

1 메이지(明治)의 공업화 개요

메이지의 공업화과정의 특징으로서 다음의 세 가지 점을 들 수 있다.

① 왕성한 민간활력 및 정부의 지원정책.
② 면공업에 있어서 수입대체의 성공.
③ 근대부문과 재래부문의 병행적 발전

이 장 및 이하의 여러 장에서는 위의 내용을 보다 상세하게 검토하고자 한다. 메이지시대의 중요한 정책목표의 하나는 공업화의 추진이었다. 이것을 실현하기 위하여, 정책은 인프라정비, 외국인 고문의 고용, 교육·훈련, 각종 연구소·국영기업의 설치, 산업박람회, 재벌지원 등 많은 시책을 수립하였다. 그렇지만 여기에서 강조하고자 하는 것은 이들의 정책을 거슬러 올라가면서, 메이지의 공업화에 있어서 결정적이었던 민간부문의 다이내미즘이었다는 점이다. 위로는 강렬한 에너지를 마련한 시부사와 에이이찌(渋澤榮一), 이와사끼 야다로((岩崎彌太朗), 고다이 도모아츠(五代友厚) 등의 비즈니스 리더가 새로운 일본경제를 구축하고 있었다. 아래로는 옛날의 상인, 신흥의 상인, 유능한 기술자, 자부심 높은 직인, 부농, 지방의 명사 등 수많은 사람들이 일본 전국에서 새로운 기술과 지식의 담당자로서 활약하고 있었다. 이러한 민간부문의 활력 없이는 아무리 좋은 지원정책도 주효하지 못하였을 것이다.

그리고 제2장에서 설명한 바와 같이, 공업화를 위한 여러 조건이 에도시대에 이미 준비되어 있었던 것도 잊어서는 아니 된다. 특히, 중요한 요소는 통합된 국내시장, 운수·유통시스템, 상인의 전통과 정신, 전국적인 교육의 보급, 여러 한(藩)에 의한 산업육성의 경험 등이다.

면공업은 19세기의 최첨단산업이었다. 당초, 세계시장을 석권하고 있었던 것은 영국제품이다. 아시아에서는 인도가 면제품의 주요생산국이었다. 그렇지만, 늦게 출발한 일본은 섬유산업의 기술을 급속하게 발전시켜 갔다. 막말(幕末) 개항 뒤, 일본은 우선 영국의 면제품(완성품의류)을 수입하는 것에서부터 출발한다. 그 뒤, 일본은 면사를 수입하여 제품을 생산하여, 국내시장에 판매하게 되었다. 이때부터 면사의 국내생산이 발달, 1900년경에는 면화를 수입하여 면사를 수출하게 된다. 이리하여 20세기 초기에는, 일본은 면제품의 주요수출국으로 성장한다. 오늘날의 개발경제학은 수입대체(수입하고 있던 상품을 국내생산으로 대치하는 것)를 추천하지 않는다. 그것은 거의 성공할 전망이 없는 정책으로서 부정되지만, 이전에 메이지가 면공업에서 훌륭한 수입대체를 성취하여, 그것을 축으로 산업혁명을 달성한 사실은 어떻게 평가하면 좋을까.

일본이 서양기술을 필사적으로 도입한 것은 에도시대부터 전통적인 기술이 구축되어 사라지는 것을 의미하지 않았다. 면공업을 포함한 많은 산업에서, 전통적인 생산은 근대적인 공장과 병존하고 있었던 것이다. 근대공업과 재래공업은 차별화된 제품을 공급함으로써 시장을 분할하고 있었다. 혹은 한편의 생산물을 다른 쪽이 재료로서 사용한다는 수직적인 관계를 유지하였던 경우도 있다. 그리고 신기술의 도입이 전통적인 생산방식에 영향을 주는 것과 동시에 일본 특유의 조건이 수입기술을 수정하는 일도 있었다.

메이지 말경, 즉 제1차 세계대전의 발발 직전에는, 일본의 공업화는 경공업-특히 섬유산업-에서 크게 발전을 이룩하였다. 그 반면, 중화학공업과 기계공업은 아직 미숙한 단계에 머물러 있었다. 이들이 본격적인 발전을 시작한 것은 제1차 세계대전 및 그에 계속되는 시대이다.

2 거시경제상황

여기에서, 막말(幕末)의 개항기(開港期)부터 메이지말(明治末)에 걸친 일본경제의 발자취를 검토하기로 한다.

(1) 외국무역의 충격(1850년대 이후)-서양의 기술·제품의 수입과 수요의 변화는 국내가격체계에 큰 변화를 초래하여, 여러 산업의 재편을 촉진하였다. 한편, 인플레이션이 발생하였다.

(2) 화폐적 혼란과 인플레이션 계속의 시대(1870년대 후반)-산업육성과 서남전쟁(1887년에 사이고 다까모리(西鄕隆盛)가 규슈(九州)에서 일으킨 반란)의 비용을 염출하기 위하여 정부지폐가 남발되어, 인플레이션의 가속을 초래하였다. 쌀가격을 포함한 농산물 가격의 상승은 농민·지주의 소득을 높이는 한편, 사무라이(士族)는 궁핍화하였다.

(3) 마쓰가다(松方)디플레이션(1880년대 전반)-재무장관(大藏卿)에 취임한 마쓰가다 마사요시(松方正義)는 인플레이션의 종식과 근대적인 금융제도를 구축하기 위하여 재정금융긴축을 실시하였다. 1882년에는 중앙은행으로서 일본은행을 설립. 그의 의도적인 디플레이션

정책은 농촌소득을 저하시켜, 토지 없는 농민을 발생시켰다.

(4) 제1기 기업발흥(1880년대 후반)-물가가 안정된 시기에 근대적인 은행제도가 성립되어, 민간부문에서 주식회사의 설립붐이 일어났다. 외환감가, 금융완화, 저금리도 이 기업발흥을 뒷받침하였다.

(5) 기업발흥의 파도의 계속(1890년대-1910년대)-1890년대 후반, 1900년대 후반 및 제1차 세계대전기에는, 그 사이에 불황이 있었지만, 주식회사의 설립붐이 파상적으로 발생하였다. 초기의 기업발흥은 섬유업과 철도업이 중심이었지만, 뒤에는 모든 업종에 걸쳐 주식회사가 설립되게 되었다.

(6) 청·일전쟁(1894-95년)과 노·일전쟁(1900-05년)의 전후경영-이들 전쟁이 끝날 때마다 적극적 재정이 채용되었다. 평화시에 있어서도 군사지출은 유지되어, 동시에 철도·전화망을 비롯한 공공사업이 확대되었다. 청·일전쟁의 결과, 일본의 식민지가 된 대만에서는, 대만경영이라고 일컬어지는 공공투자와 경영제도의 도입이 개시되었다. 지방정부는 외채발행에 의한 자금에 의존하면서 수도·도로·교육의 지방인프라에 대한 투자를 적극화시켰다. 그 결과, 중앙과 지방을 합친 일반정부예산의 규모가 확대하고, 동시에 국제수지의 적자경향이 현저하게 되었다. 금준비(외화준비)가 상실되어, 정부의 채무잔고는 추정GDP 비율로 40%에까지 상승하고, 그 가운데 약 절반이 외국통화기준으로의 채무였다.

메이지 후기 이후, 적극적 재정을 지지하고 실행한 것은 정우회(정식명칭은 입헌정우회)를 여당으로 하는 정부이다. 정우회는 1900년대 이또 히로부미(伊藤博文, 명치헌법을 기초하여, 초대수상을 지낸 인물)를 당수로 하여 결성된 정당으로, 그 지지기반은 지방의 부농·지주 및 도시의 상류층이었다. 그렇지만 공공지출의 지속은 국제수지적자를 만성적으로 하여, 거시정책은 긴축에로의 전환이 점차 불가피하게 되었다.

그렇지만 메이지말기의 거시경제위기로부터 일본을 구출한 것은 긴축재정이 아니라 제1차 세계대전의 발발이었다. 구미제국이 전쟁을 시작하자, 그들은 세계시장에로의 수출을 중단하였다. 이 공백을 메우기 위하여 세계는 일본제품을 수요하기 시작하여, 일본경제는 이전에 경험한 적이 없는 수출격증과 그것에 수반하는 호경기로 돌입한다(단 이것은 다이쇼(大正)시대의 일이며, 제7장에서 상세하게 설명하고자 함).

메이지시대의 경제성장률은 어떠하였을까. 당시의 GDP통계는 없지만, 몇 가지의 추계는 있다. 그 추계에 의하면, 메이지의 성장률은 상당히 불안정하여, 평균은 대개 년2-3% 정도였다. 이것은 현재의 개도국 기준으로 보면 상당히 낮지만, 데이터의 질적인 문제가 있으므로 정확한 것은 언급하기 어렵다. 고용구조를 보면, 메이지 초기에는 농업종사자가 70%가 넘어, 일본은 기본적으로 농업국이었다. 이 비율은 서서히 저하하여 갔지만, 경공업의 산업혁명이 종료하였다고 일컬어지는 메이지 말이 되어서도 국민의 60%가 농민이었다.

3 무역구조

국제무역의 구조를 보자. 수출은 실크(제품이 아니라 생사)가 가장 중요한 품목이며, 그 밖에 차(茶), 해산물, 광산물, 석탄 등이 있었다. 말하자면 일본은 1차산품수출국이었던 것이다. 생사는 수출제품의 톱의 위치를, 메이지뿐만 아니라 다이쇼, 쇼와 전기를 거쳐 제2차 세계대전에 이르기까지 장기적으로 유지하였다. 일본의 생사의 최대수입국은 미국이었다. 일본제 실크로 만들어진 스타킹은 특히, 미국여성에게 인기가

높았다. 당시 미국은 국내견직물산업을 45-50%라는 높은 관세로 보호
하고 있었지만, 재료인 생사는 국내생산에 성공하지 못하여, 그 공급을
일본으로부터의 수입에 의존하게 된 것이다. 당시, 젊은 개도국이었던
미국은 실크뿐만이 아니라, 19세기를 통하여 대부분의 공산품에 높은
관세를 부과하고 있었다(마지막 장 박스 참조).

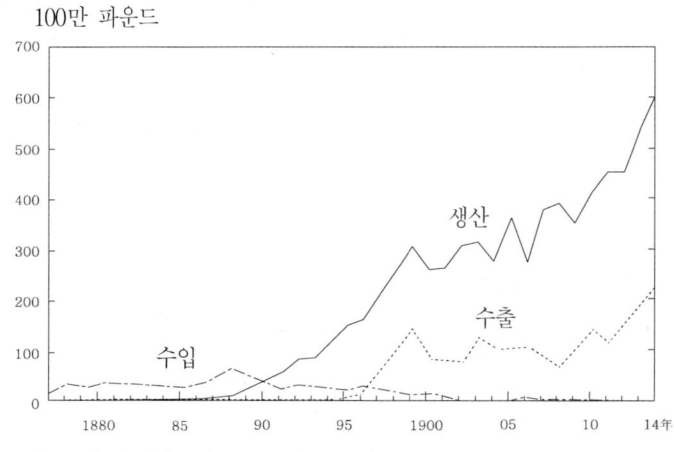

자료: 東洋経済新報社編 『明治大正国勢総覧』 1975年, より).

<그림 4-1> 면사방적의 발전

한편, 수입에 관해서는, 면공업에 있어서 수입대체의 성공을 반영하
여, 패턴에 큰 변화를 보였지만, 당초, 주된 수입품은 완성품의 의류였
다. 그것이 점차 중간재인 면사수입으로 이동하여, 마지막으로는 원료
인 면화수입이 된다. <그림4-1>은 면공업의 프로닥트 사이클(product
cycle, 수입에서 국내생산, 그리고 수출에로의 추이)을 나타내고 있다.
이에 대하여, 국내생산에 있어서는 방적으로부터 직포로, 혹은 저품질
로부터 고품질의 제품으로 변화를 보였다. 메이지 초기에는 영국이 의
류·기계를 주로 일본으로 수출하였지만, 시간의 흐름과 더불어, 일본은

경쟁력을 높여, 아시아시장으로부터 영국의 섬유제품을 구축(驅逐)하여
버린 것이다.

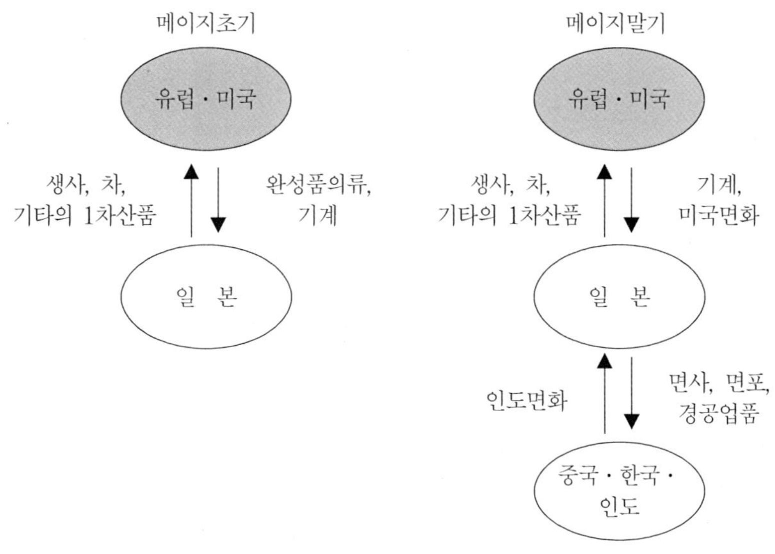

<그림 4-2> 무역패턴

　　메이지 초기의 일본의 무역구조는 대부분의 개도국과 마찬가지로 수
직적이었다. 즉, 생사를 비롯한 1차산품을 구미에 수출하여, 완성품인
의류와 기계를 이들 나라로부터 수입하고 있었다. 그렇지만 메이지 후기
의 무역구조는 보다 복잡하게 된다. 구미에 대해서는 수직적인 무역이
계속하고 있었지만, 중국, 한국, 인도 등의 아시아 여러 나라에 대해서
는 면사, 면의류, 성냥, 우산, 시계, 램프, 유리제품, 닛트 등의 경공업품
을 수출하게 되어, 그것들에 필요한 원재료를 수입하게 되었다. 특히 인
도면화의 수입은 일본의 면공업에 있어서 중요한 투입원료가 되었다. 또
일본은 미국면화도 수입하였다. 인도에 관하여 언급하면, 일본의 면공업
이 급속하게 대두함으로써, 아시아에 있어서 면제품수출국으로서의 지

위를 일본에 빼앗겨, 드디어 원면공급국으로 전환되었던 것이다.

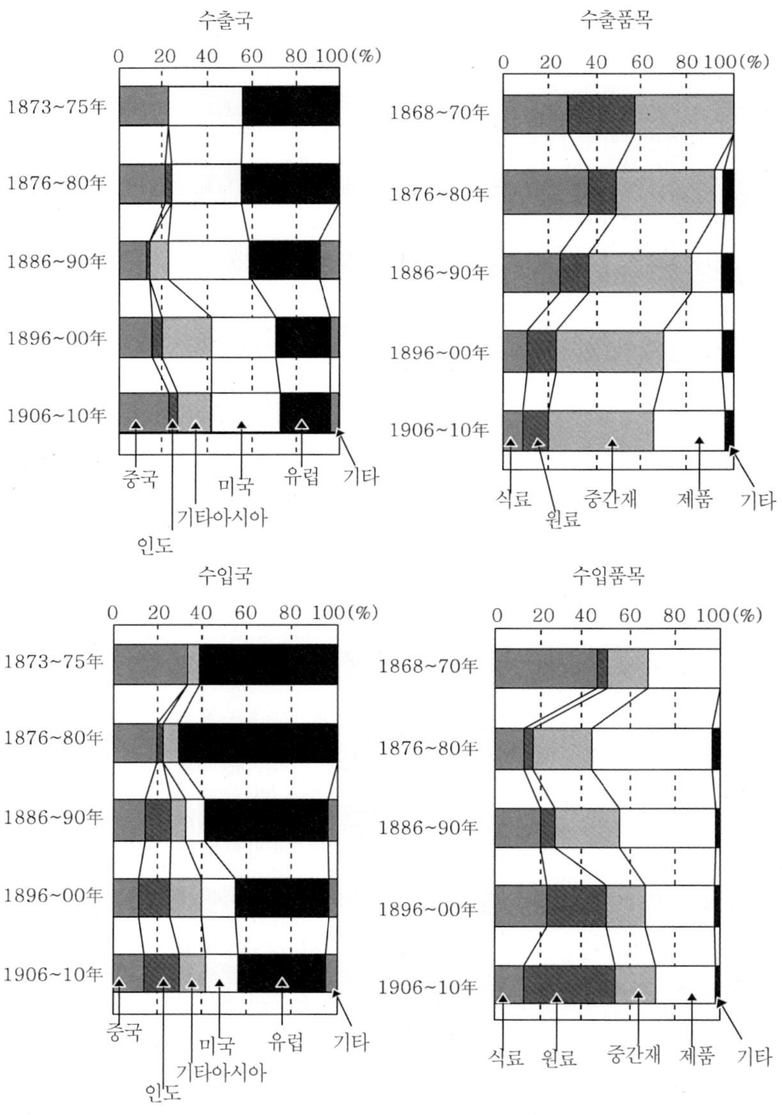

<그림 4-3> 수출입구성

면사수출이 신장하고, 또 면화수입이 확대함에 따라, 정부는 면사방적업계의 요청에 따라 무역정책을 개정하였다. 1894년에는 면사수출세의 철폐, 1896년에는 면화수입세의 철폐가 실시되었다. 이것은 인도면화를 사용하는 근대적인 방적공장에 있어서 유리한 조치였지만, 국내면화를 사용하는 전통적인 생산자에 있어서는 타격이 되었다. 또 일본의 방적회사는 외국의 기선회사에 대항하기 위하여, 1893년부터 일본우선회사(日本郵船會社, 三菱係) 및 면화상사와 협력하여 폼페이항로를 신설하여, 인도면화의 일본수입루트의 독점을 도모하여, 이것이 일본의 방적회사에 원료를 저렴하고 안정적으로 공급하게 된 것이다.

4 서양기술의 도입 · 이전

서양기술의 도입과 그 내부화는 세 가지의 상이한 방법에 의하여 달성되었다.

첫째로, 외국인의 고용.

메이지 초기의 대부분의 공장과 하부구조는 외국인 기사와 외국인 관리자의 도움에 크게 의존하면서 건설되었다. 외국인의 급여는 매우 높아, 총리대신보다 높은 급여를 받는 사람도 있었다. 그것은 정부예산의 큰 압력이 되어, 예를 들면 1874년에 있어서 공업부(工業部)의 경상예산 가운데 외국인 기사의 봉급은 34%를 점하기에 이르렀다. <그림 4-4>는 중앙·지방정부가 고용한 외국인 수를 나타낸 것이지만, 메이지 초기에 많았던 고용외국인-특히 기술계-이 그 가운데 급격하게 감소하고 있는 것을 알 수 있다. 메이지 중기 이후는, 여기에는 표시되어 있지 않은 민간고용의 교사(어학교사를 포함)가 외국인고용의 중심이 되어간다.

외국인으로부터의 기술이전의 방식으로서는 턴키계약, 경영계약, 기술원조 등이 있었다. 단, 현재의 개도국에서 주류가 되어있는 직접투자는 외자이든 합병이든 메이지에 있어서 거의 허가되지 않았다. 광산·철도·조선소 등의 국가프로젝트를 수행할 때, 외국인에게 소유권과 경영권을 주게 되는 직접투자를 거절하는 방침을 관철, 특히 메이지 초기에는 외국으로부터의 자금차입 조차도 일본의 자립성을 탈취한다는 우려에서 회피하고 있었다. 그리고 외국인과의 계약은 기한부의 프로젝트 단위로 체결되어 있어, 계약이 종료한 시점에서 대개의 외국인은 귀국하였다. 19세기 말에는 영국 철도망이 대개 정비되었기 때문에, 많은 영국인 철도기사가 직장을 구하려 해외로 이동하는 경우가 많았다고 한다.

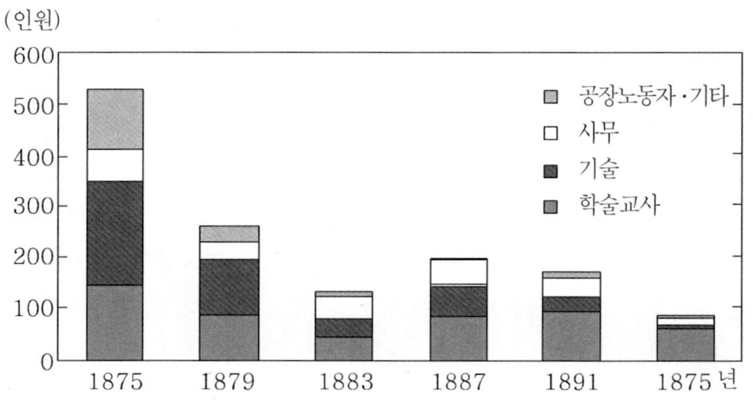

자료: 鹿島研究所出版会 『お雇い外国人』 1968年. 民間雇用お除く.

<그림 4-4> 메이지정부의 고용외국인

<표 4-1> 고용 외국인과 정부고관의 봉급 비교

성명(국적)	소　　　속	월급
카길(英)	工部省鉄道局	2,000円
킨들(英)	大蔵省造幣局	1,045円
모레일(英)	工部省鉄道局	850円
게브론(米)	開拓使	833円
岩倉具視(日)	右大臣(総理大臣に相当), 岩倉遣外使節団長	600円

자료: 坂本賞三・福田農産監修『新選日本史図表』第一学習社, 1998年.

둘째로, 일본인 기사의 육성.

고용된 외국인은 너무 많았기 때문에, 정부는 일찍이 일본인 기사에 의한 '수입대체'에 노력하였다. 젊고 우수한 엘리트들은 정부로부터 지명된 국비유학생으로서 구미의 일류대학에 파견되어, 그곳에서 최신의 지식과 기술을 흡수할 임무가 부과되었다. 또 국내에서는 1877년에 기술이전을 위한 최고학부로서 공과대학교가 설립되어, 외국인교사가 영어와 독일어로 강의를 하게 되었다. 공과대학교는 현재의 동경 가스미가세끼(霞が關)의 재무부 가까이 있었지만, 뒤에 동경대학교 공학부로 합병된다. 이밖에 중급수준의 엔지니어를 다수 양성하기 위하여, 전국 각지에 고등공업학교가 설립되었다. 이들 학교가 일본의 신기술 흡수능력을 높인 것은 의심의 여지가 없다. 단, 오다까(尾高煌之助)는 메이지 시대의 공장에서는, 신기술을 배운 기사보다도 전통적인 직인의 쪽이 작업자의 수로서는 많고, 또 일의 장소로서 널리 이용하였다고 한다.

셋째로, 복사생산. 라이센스생산 및 기술협력계약.

공과대학교의 졸업생은 신기술을 선택하여 수입하는데 있어서도 중요한 역할을 수행하였다. 경제관청과 민간기업에서, 그들은 정보수집, 설비구입, 그리고 일본의 실태에 맞는 수입기계의 조정 등에 근무하였다. 구미제품의 대부분은 복사생산되었다(오늘날 이렇게 하면 지적재산권의 침해가 된다). 미쓰이물산(三井物産)과 다까다상회(高田商會) 등의 종합상사도 고객에게 제품정보와 기술지원을 제공하고 있었다. 그리고 20세기 초기가 되어, 자동차·전기기계의 분야에서 구미기업과의 라이센스계약과 기술협력계약이 체결된다. 그렇지만 그 경우에서도, 일본측은 신기술을 비교적 빨리 흡수해버려, 구미파트너와의 관계를 바로 해소하는 경우가 많았다.

일본은 '물건만들기'의 나라라고 한다. 영국을 포함한 대개의 유럽제국에서는, 깨끗한 사무실에서 일하는 변호사와 회계사에 비하여, 공장에서 기름투성이로 일하는 엔지니어는 하이클라스의 직업으로 간주되지 않는 풍조가 있다. 그렇지만 일본에서는 대학졸업자가 기계의 거치, 조정, 수리 등을 즐거이 하고 있다. 그들에 있어서, 기계작동자와 함께 작업하는 것에는 아무런 저항도 없다. 이것은 메이지시대에도 마찬가지였다. 우수한 학생의 대부분은 전공을 결정할 때에, 법률과 경제학이 아니라, 공학을 선택한다. 단, 이 전통은 현재의 일본에서는 계속 이어지고 있는 것 같다.

5 재래와 근대의 병행적 발전

오다까(尾高煌之助)는 메이지의 공업화는 재래기술과 수입된 서양기술을 적절하게 조합하여 진행하였다고 한다. 그는 이것을 '혼합형(hybrid)의 기술이전'이라고 한다. 서양기술은 에도시대부터의 재래기술보다 훨씬 우수하다고 하지만, 전자는 후자를 완전히 구축하는 경우는 없었다.

이 신·구 기술(新·舊技術)의 접합은 제1장에서 소개한 번역적 적응의 산업면에 있어서 좋은 예로 간주할 수가 있다.

오다까에 의하면, 산업의 전개에는 몇 가지의 종류가 있었다. M을 근대적 기술, I를 재래적 기술, *를 수정판을 의미하는 기호로 한다면, 그것들은 다음과 같이 정리할 수 있다.

- M → M – 에도시대에 존재하지 않았던 신기술의 경우에는
    서양의 원본모형(original model)이 그대로 도입되게 된다.
    (예: 철도, 전화, 전기, 면방적 등)
- I → I*→ M – 재래기술은 수입된 대형기술과 접목되어, 그 생산규모
    를 확대한다.
    그 뒤, 해외기술에로 완전하게 스위치한다.(예: 양조, 조선 등)
- I → M* → M – 재래기술은 처음부터 수입기술로 대체되지만, 그 생산규
    모는 일본의 현실에 있었던 소규모에 그쳤다. 그 뒤, 규모가 확
    대된다.(예: 인쇄, 소형기기 등)

		공장규모	
		소	대
생산기술	재래형	I	I*
	근대적	M*	M

자료: 尾高 [1990] 336頁。

<그림 4-5> 기술과 규모의 조합

이 가운데, M에 대한 통과점인 I*와 M*는 혼합형(hybrid)의 기술이라고 할 수 있다.

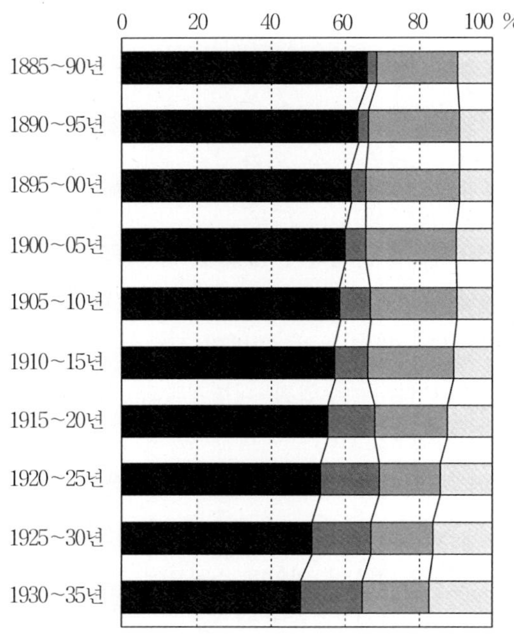

자료: 松本·奧田 [1997] p.15

<그림 4-6> 전전(戰前) 일본의 고용구조

그리고 재래기술과 근대기술은 한 쪽이 다른 쪽의 재료를 제공한다는 수직적 관계, 혹은 제품차별화에 의하여 상이한 시장에 공급하는 분업을 통하여 병존한 것도 있었다. 후자는 예를 들면, 근대공장은 수출하고, 전통적인 생산자는 국내시장에 판매하는 경우이다. <그림4-6>에서 보는 바와 같이, 메이지와 쇼와 전기에 걸쳐 근대공업은 작은 베이스부터 착실하게 확대하여 왔지만, 고용으로 보는 한, 그것은 일본경제의 주요한 부분은 아니었다. 통계로 말하면, 농림수산업에 종사하는 사람들이 압도적이었지만, 그 비율은 서서히 저하하고 있다. 재래공업·재래서비스업은 크게 감소하지 않고 고용의 30% 이상을 계속 점유하고 있다.

〈명육잡지(明六雜誌)〉

명육잡지는 명육사(明六社)에 의하여 1874년(메이지7년)부터 1875년(메이지8년)에 걸쳐 발행된 잡지이다. 명육사란 뒤에 초대문교장관을 지낸 모리(森有禮)가 1873년(메이지6년)에 창립한 자유토론을 위한 포럼이다. 명육잡지는 비교적 짧은 시고(詩稿)를 모은 정책론집으로, 그 테마는 서양사의 교훈, 일본어개혁, 종교문제, 사회정책, 경제논쟁 등 다방면에 걸쳐있다. 각 호의 모두에는 고풍인 일본어로 다음과 같은 의미의 내용이 기록되어 있다. "최근 우리는 우인동사(友人同士)로 모여 사회문제와 외국의 정세를 논의하여, 자신들의 지식을 깊게 함과 아울러 유쾌한 기분을 만끽하고 있지만, 그 회합의 기록이 상당히 침묵하여 왔으나 이 내용을 출판하여 관심을 가진 사람들에게 읽히도록 하자는 것이라고 생각한다. 소책자에 지나지 않지만, 적어도 일본인의 지식을 깊게 하는 데에 도움이 된다면 다행이다."

논고의 한 예로서, 1874년4월15일자로 간행한 제5호에 게재된, 양학자 쓰다(津田眞道, 1829-1903년)의 〈보호세(保護稅)를 반대하는 설〉에 관한 전문을 현대어로 요약하면 다음과 같다.

우리나라의 1872년과 1873년의 무역적자는 각각 800만엔, 700만엔이었다. 그리고 외국인교사의 급료로서 200만엔을 지불하고 있다. 이것은 일본의 금은이 10년에 1억엔의 베이스로 해외로 유출되고 있는 것을 의미하고 있다. 비관론자는 "이렇게 금은을 상실하여서는 일본은 어떻게 살아갈까. 외화유출을 정지하지 않으면 아니 된다. 미국은 지금 보호를 하고 있다. 일본도 이 정책을 실시해야 한다"라고 한다.

나는 반대이다. 유럽의 경제학자는 보호주의가 국민의 후생을 손상하는 최악의 정책이라는 것을 말하고 있다. 미국이 지금 보호정책을 취하는 것은 유럽에 비하여 미국의 산업이 미숙하여 코스트도 높기 때문이다. 그러므로 국내산업을 육성하기 위하여 고관세를 부과하고 있는 것이다.

그렇지만 일본의 산업은 미국과 비교해도 훨씬 수준이 낮다. 유럽과 비교하는 것은 전적으로 논외이다. 어린이가 거인과 경쟁하는 것과 같은 것이다. 우리가 외국인교사에게 매년 200만엔을 지불하지 않으면 아니 되는 이유도 거기에 있다. 미국의 정책을 모방하는 것이 일본을 위하여 아니 된다는 것은 명백하다. 왜 보호관세를 부과하지 않아야 하는 것인가. 그 이유를 열거하면 다음과 같다.

첫째로, 그것은 구미와의 통상조약으로 금지되어 있다.

둘째로, 일본과 유럽 사이에는 큰 기술격차가 있다. 예를 들면, 철은 수송코스트를 더하여도 일본제보다 영국제가 저렴하다. 이 갭은 보호관세로 메울 수 있는 것은 아니다.

셋째로, 일본인이 즐겨 사용하는 식료, 의료, 일용기구 등 많은 수입품은 국내에서 생산할 수 없다. 일본에는 그것들을 생산할 수 있는 공장이 없는 것이다.

넷째로, 급속한 서양화 정책의 아래에서는, 거액의 수입은 불가피하다.

다섯째로, 일본은 서양의 지식·기술을 배워나가는 학생이다. 보다 많이 공부하기 위해서는 그것에 따른 수업료를 지불하지 않으면 아니 된다.

어떤 사람은 "만약 아무것도 하지 않으면, 곧 외화준비가 소진되어 버린다"라고 한다. 그렇지만 걱정할 것은 없다. 무역수지는 단기적으로는 흑자와 적자를 계상하지만, 평균으로 보면 크게 불균형은 발생하지 않는다. 변동은 자연스럽게 주기적인 것이다. 개항 직후의 수년 동안은 흑자였다. 그 뒤의 3, 4년은 수입이 수출을 상회하여 적자였다. 가까운 장래 또 흑자가 될 것은 분명하다. 자연의 균형은 항상 유지되는 것이어서, 이러한 상황 아래에서 기술과 문화는 항상 유지되어 가는 것이다.

명육잡지는 일본 최초의 전문잡지이며, 지식인의 정책논쟁에 큰 자극을 주었다. 그렇지만 1875년11월에, 정부의 언론조치강화 아래에서 폐간되었다. 설립된 이후 1년 반밖에 발행되지 않았던 것이다.

제 5 장

메이지(明治) – (3)

– 주요산업의 발자취

이 장에서는, 메이지기(明治期)에 있어서 생사, 면공업, 기계 등 세 가지 주요산업의 상황을 검토하고자 한다. 생사는 메이지뿐만 아니라, 그 이후 오랫동안 일본의 가장 중요한 수출품이었다. 면공업은 수입대체에 성공하여, 메이지를 대표하는 인기 있는 산업으로 성장하였다. 기계산업에 관해서는 발전의 기초는 착실하였지만, 메이지말기의 시점에서는 일본제 기계는 이미 저렴하거나 저질이라는 평가이며, 구미제품과 정면으로 경쟁할 수 있는 수준에는 아직 이르지 못하였다. 품목별로 검토하여 보자.

1. 생사(silk)

생사(silk)는 일본 전래의 전통산업이며, 그 생산은 아마 4-5세기까지 거슬러 올라간다고 알려지고 있다. 에도시대에는 대부분

의 한(藩)이 나름대로 특색 있는 고급견포·견직물을 산지에서 생산하고 있었다. 그 뒤, 막말(幕末)의 19세기 중반에 무역이 재개되자, 일본제실크는 갑자기 거대한 해외시장(특히 미국)으로 우연히 수출하게 되었다. 이에 수반한 실크붐은 다음과 같은 사태를 불러일으켰다.

첫째로, 생사생산(뽕의 재배, 양잠, 실짜기)은 크게 자극을 받아, 일본의 전국, 특히 동일본으로 확대하였다. 생사생산이 가능한 지역의 농민의 대부분이 이 일에 종사하였다고 해도 과언이 아니다. 이것은 농촌의 소득을 크게 높이는 효과가 있었다. 현재의 일본에서는 뽕밭과 양잠을 거의 볼 수 없지만, 당시 그것은 어디에서라도 볼 수 있는 풍경이었던 것이다.

현재 대부분의 개도국에서, 급속한 공업화와 무역자유화가 농민을 궁핍화시켜, 국내의 빈부격차를 확대시키는 경향이 지적되고 있다(UNCTAD, 2004). 그렇지만 메이지기에 있어서는, 실크붐의 덕분으로, 국제통합에 의한 도시와 지방의 소득격차를 악화시키는 것이지만, 오히려 농민을 부유하게 하는 효과를 갖는 것이었다. 그것에 더하여 차(茶)의 수출확대와 쌀가격의 상승은 농촌의 번영에 박차를 가하였다. 그렇지만 이것은 동시에, 농촌경제가 생사·차 등의 국제상품시황에 크게 좌우되게 되었던 것을 의미한다. 이들의 1차산품 가격이 괜찮을 때에는, 농민과 지주는 부유하게 되어 그들의 소비는 높아졌다. 또 지세(地稅)는 명목으로 고정되어 있었기 때문에, 동시에 그들이 지불하는 세금도 실질로 저하하였다. 그들의 경제적 여유가 메이지 초기부터 중기에 걸쳐 자유민권운동과 교육문화활동을 전국적으로 파급시키는 원인의 하나가 되었던 것은 틀림없다. 그렇지만 뒤에 이들 가격이 저하하자, 이러한 활동은 저조하여, 궁핍화한 농민은 토지를 상실하여갔다. 이러한 사태는 국제통합을 할 때의 시장변동리스크라고 할 수가 있을 것이다. 이와 같은 불안정에 대하여 생산자와 정부가 적절한 준비와 대응을 취하지 않으면 아니 된다.

둘째로, 새로운 유형의 상인층이 등장하였다. 외국인상인은 지정된 거류지와 그 주변지역을 넘어 일본인과 접촉하는 것은 허용되지 않았다(무역액이 가장 많았던 거류지는 요코하마이다). 때문에 그들은 일본 국내에 자신들의 유통네트워크를 구축할 수는 없었다. 이것은 오늘날 세계무역기구(WTO)의 내국민대우(자국민과 외국인을 대등하게 취급한다)의 원칙에 위반되지만, 당시는 이와 같은 제한이 허용되었던 것이다. 때문에 외국인상인은 수출용 생사·차의 집하(集荷)와 영국제 의류의 국내판매를 할 때, 일본인을 고용하지 않을 수 없었다. 이러한 역할을 인계받은 일본인은 에도시대의 호상(豪商)이 아니라 새로운 상인들이었다. 그들은 국내생산자에 대하여 가격정보를 전달, 단기신용을 공여, 판로를 개척하고, 또 설비의 설치와 신기술의 도입을 전달하는 일조차 있었다. 당시, 국내생산자와 외국인상인을 연결한 사람들을 "요꼬하마상인(橫濱商人)"이라고 불렀지만, 이것과는 별도로 무역에 직접 종사하지 않는 새로운 상인도 전국에 탄생하기 시작하였다. 생사의 주요산지는 나가노(長野), 야마나시(山梨), 군마(群馬)의 동북 각 현(懸) 등 동일본에 많았지만, 막말(幕末) 개항의 경제변동 가운데, 이들 산지의 살아남기를 건 재구축의 노력을 지원한 것도 새로운 상인들이었다. 새로운 상인의 지원이 성공하면, 그들 자신도 거부(巨富)를 확보할 수 있었다. 생산자와 소비자를 착취하는 악덕상인이 아니라, 유익한 여러 서비스를 제공하는 상인층이 시대의 요청에 따라 급속하고 자연적으로 발생한다는 현상은 일본에서 볼 수 있는 상당히 독특한 특징이다. 이와 같은 상황은 모든 나라에서 볼 수 있는 것은 아니다.

단, 메이지상인은 결코 완벽하였다는 것이 아니라, 그들의 상업에는 부패와 불성실이 있었던 것도 지적해 두고 싶다. 예를 들면 생사는 중량으로 매입하였기 때문에, 계량 전에 물을 뿌리는 경우가 가끔 있었다. 거기에서 외국상인은 생사를 매입할 때, 상품의 내부가 건조해 있는가를 점검하지 않으면 아니 되었다. 또 어느 시기에는 일본제 실크의 품질이 매우 나빠, 해외수요가 감소하여 가격하락을 초래하였다. 이에 대하여, 정부는 품질기준을 설정하게 되었다.

셋째로, 실크산업에 있어서, 생산수단과 생산조직의 변모를 보였다. 인간에 의해 만들어진 제사(製絲)는 점차 기계로 생산하는 제사로 대체되어갔다(앞 장의 기호를 사용하면 $I \rightarrow M^*$). 또 당초의 실크는 농민의 부업이었지만, 시간의 흐름과 더불어, 그 생산은 공장으로 이전해 갔다($M^* \rightarrow M$). 보다 정확하게 말하면, 양잠에 종사한 계층은 전국의 농민이었지만, 생사방적은 점차 대공장이 담당하게 되었던 것이다.

막말(幕末)의 개항부터 20세기 중반까지, 실크는 대개 1세기에 걸쳐 최대의 수출품이었다. 실크는 그 많은 외화획득의 능력을 통하여, 일본의 공업화를 장기간 뒷받침하였다고 할 수 있을 것이다.

2 재래의 면공업

면공업의 생산공정은 ① 면화수확, ② 조면(繰綿, 종자와 섬유의 분리), ③ 방적, ④ 직포, ⑤ 봉제(縫製) 등의 다섯 단계로 세분할 수 있다. 이것에 염색 등이 추가되는 경우도 있다. 앞 장에서 언급한 바와 같이, 오다까교수는 일본의 공업화과정에 있어서는 재래부문과 근대부문이 공존하고 있다는 것을 강조하였다. 이 점에 관해서는 면공업도 예외는 아니다. 이하에서는 재래적인 면공업과 근대적인 면공업으로 나누어 검토하기로 하자. 먼저 이 절에서는 재래형을 검토한다.

전통적인 손돌림 방직기
(모형, 1873년)

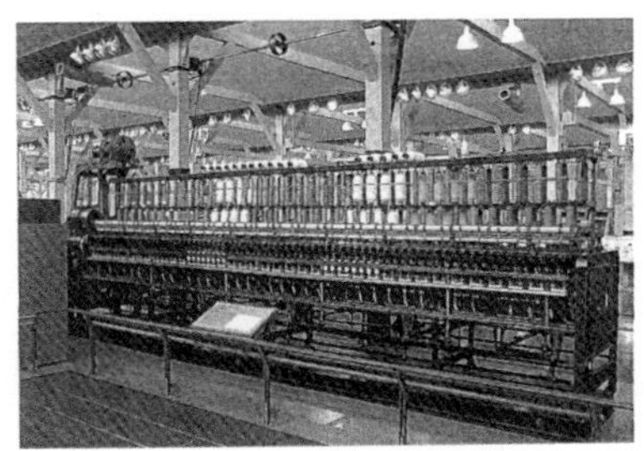

근대적인 링 정방기
(영국, 1896년)

생사(silk)와 마찬가지로, 면공업도 긴 역사를 가지고 있다. 단, 목재의
직기와 가내노동을 사용하는 전통적인 생산방식은 서양기술에 비하여 생
산성이 낮다. 그 생산은 도매상(問屋)제도의 가내공업으로서 조직되어
있는 것이 많고, 그곳에서는 도매상(問屋)이 원료와 도구를 농민에게 전
대(前貸)하고, 뒤에 제품을 전부 구매하여 수수료를 지불한다는 형태를
취하였다. 생산은 각 농민의 자택에서 가내노동(보통은 주부의 노동)에
의하여 이루어졌다. 여기에서의 물음은 왜 이와 같은 뒤쳐진 생산방식이
영국제품의 수입공세와 근대기술의 도입에도 불구하고 오랫동안 살아남
았던 것인가 라는 점에 있다. 왜 그들은 사라지지 않았던 것일까.

그 이유로 몇 가지 들 수 있을 것이다.

첫째는, 면제품의 국내수요가 급격하게 확대하였기 때문에, 수입증가
에도 불구하고 일본제품의 시장도 동시에 확대한 것. 국내수요가 급격
하게 확대한 것은 ① 위에서 설명한 농민이 부유하게 됨으로써, 그들의
의류가 자가제품과 낡은 옷으로부터 제품구입으로 이동하였다. ② 새로
운 상인층에 의한 전국적인 판로개척이 성공하였다. ③ 일반물가에 비

하여 의류가격이 상대적으로 저하하여 그것이 수요를 다시 자극하였다는 원인이 고려될 수 있다.

둘째는 일본제품과 영국제품에서는 같은 면제품이라도 종류·용도가 달라, 대체가 쉽지 않다는 점을 들 수 있다. 일본제품은 굵은 면실을 사용한 두꺼운 제품이며, 영국제품은 가는 면실을 사용한 얇은 제품이었다. 소비자의 입장에서 이들 제품은 경합하지 않았기 때문에, 내·외의 2종류의 공급자가 공존할 수 있었던 것이다. 이것은 가와가츠(川勝平太, 1991년)가 강조하는 점이다.

이리하여 재래의 면공업은 살아남았어도, 국제통합의 충격은 그들에게 생산의 재편성을 촉진하게 되었다. 면화재배로부터 방적, 직포까지를 전부 일으키는 수직통합된 생산자는 점차 몰락하여, 수입면화를 사용하는 전문화된 생산자가 세력을 신장하였다. 제품으로는, 단순한 흰 솜의 수요가 감퇴하고 보다 부가가치가 높은 수축(縮) 솜, 비백무늬(絣)솜, 줄무늬(縞)솜 등의 제품이 고객을 넓혀갔다. 또 에도시대의 산지가 소멸하고, 지금까지 면직물과는 관계가 없었던 새로운 산지가 발전하였다. 산지가 세계화의 충격에 견디어 살아남았는지 어떤지는, 수입원료를 소개하고, 새로운 국내판로를 개척해 주는 상인을 그 산지가 발견할 수 있는가 아닌가에 주로 관련되어 있다(齊藤·谷本, 1989). 여기에서도 새로운 환경에 대한 적응에는 유능한 상인의 존재가 결정적이었던 것이다.

메이지말기에는 재래부문에도 기계(力織機)가 사용되게 되었다. 이것은 ① 임금상승, ② 면포(제품)의 가격이 면사(원료)의 그것에 비하여 상대적으로 저하하였다(교역조건의 악화), ③ 경기의 악화 등을 배경으로 하여 생산성 향상이 요구되게 되었기 때문이다. 이리하여 기계는 도입되었지만, 그것은 반드시 서양의 원제품과 같지는 않았다. 기계의 생산규모는 보다 작은 것이었으며, 철제의 부품을 목제로 충분하도록 하는 등의 수정도 시행되었다. 이것은 재래적 생산의 수정($I \rightarrow I^*$)으로 간주할 수가 있을 것이다.

3 근대적인 면공업

근대적방적공장(明治末期의 大阪紡績三軒家工場)

다음으로 근대적인 면공업을 검토하고자 한다. 이 산업은 전적으로 새로운 기술의 도입으로 발전하였다(M →M).

메이지 초기에는 일본은 국내면포 생산의 원료로서 대량의 면포를 수입하고 있었다. 거기에서 정부는 면사의 수입대체를 주요한 국가목표로 하였다. 1870년대에는 면사방적의 국영모델공장이 몇 개 건설되었지만, 이들 공장은 돈벌이를 할 수 없었다. 그 이유로서, ① 자금부족, ② 효율조업에는 지나치게 작은 2000수(錘)라는 규모, ③ 장소·시간에 제약받는 수력의 사용, ④ 전문가의 부족, 등을 들 수 있다.

면사의 국산화 문제는 수퍼 비즈니스맨 시부사와에이이찌(涉澤榮一, 제3장)의 강렬한 활동에 의하여, 1883년에 오오사까방적(大坂紡績)이 설립됨으로써 해결되었다(이 장의 끝에 있는 박스의 내용). 이전부터 면사수입의 증가는 위험하다는 그는 국영기업의 결점을 극복할 수 있는 민간의 새로운 회사를 설립하자고 생각하였다. 오오사까방적이 설립된 구체적인 새로운 동기는 다음과 같다(阿部, 1990).

① 시부사와에이이찌(涉澤榮一)의 개인적 설득에 따른 유력한 실업가
와 옛 다이묘의 출자에 의한 주식회사의 설립이었다. 또 운전자금
에 관해서는 그 자신이 대표이사(頭取)였던 제일국립은행이 공급
하였다.
② 규모의 이익을 획득할 수 있는 설비규모(1만500추)를 갖추었다.
③ 24시간 조업이 가능한 증기기관을 채용.
④ 도시에 위치하여 노동자의 고용이 용이하였다.
⑤ 야마노베 다께오(山邊丈夫)가 기술적 리더로서 채용되었다.
⑥ 국내면화가 아니라 저렴한 중국의 면화를 사용하였다.
⑦ 종래의 뮬(mule)방적에 대신하여 효율이 높은 링 정방기(精紡機)
의 사용.

오오사까방적은 처음부터 훌륭한 업적을 거두었다. 1883년은 마쓰가
다(松方)디플레이션의 한 가운데였음에도 불구하고(제4장), 첫 해부터
흑자를 기록하였다. 오오사까방적의 교훈은 경쟁력은 설비규모, 공장입
지, 조업방법 등을 포함 넓은 의미에서의 기술선택에 결정적으로 의존
하는 것이었다. 그리고 강력한 프로모터(涉澤)와 실천적 지식을 구비한
기술자(山邊)의 결합이 중요하였다. 이들을 결여하고는, 아무리 값비싼
최신설비를 구입하여도 경쟁력은 달성될 수 없는 것이다.
오오사까방적의 성공은 현저한 전시효과(demonstration effect)를 발휘
하였다. 잠시 뒤, 이 회사의 방법을 흉내 낸 방적회사가 몇 개 창립되
었던 것이다. 근대적인 면방적업은 특히 간사이지방(關西地方)에 집중
적으로 설립되었다. 당초 이들의 방적회사의 제품(綿絲)은 재래의 면직
물업자의 재료로서 국내에서 판매되고 있었지만, 뒤에는 수출도 하게
되고, 그리고 일부는 방적회사 자체가 직포하기 위하여 자기회사에서

소비되었다. 즉, 오오사까방적 설립 이후, 일본의 방적업은 단기간에 수입대체를 완료하여, 본격적으로 수출을 하게 되었던 것이다. 방적공장에서는 많은 젊은 여공이 고용되어, 엄격한 노동·생활환경을 강요받고 있었다.

일반적으로 여공은 부족하였으며, 그녀들의 사직과 다른 회사로의 전직도 많아, 각 공장은 원격지에서 여공을 모집하였다.

이리하여 근대적인 면공업은 메이지경제의 큰 기둥이 되었지만, 그 발전과정에서 두 가지의 문제에 직면하였다.

첫째는, 1900년 전후에 내습한 불황이며, 이때 대규모인 방적회사도 구조조정, 합병 혹은 폐쇄가 불가피 하게 되었다. 이 재편에 의하여, 근대적 방적공장의 수는 1899년의 78개에서 1904년의 49개로 격감한 것이다. 이런 시련을 겪어낸 기업 가운데에서는 오오사까방적(大坂紡績), 미에방적(三重紡績), 히라노방적(平野紡績), 오사끼방적(尾崎紡績), 셋츠방적(攝津紡績), 가네부찌방적(鐘淵紡績) 등이 특히 컸다. 이들 방적회사는 그 뒤의 합병에 의하여, 다시 오오사까방적(大坂紡績), 도요방적(東洋紡績), 대일본방적(大日本紡績) 등의 소위 3대 방적회사로 통합되어 간다.

둘째로, 소유와 경영의 알력이다. 유력상인과 옛 다이묘(大名)로 구성되는 주주들은 섬유산업의 흥융에 관심을 가지고 있었던 것이 아니라, 투자의 조기 회수와 조속한 회수를 그 주된 목적으로 하고 있었다. 이에 대하여 기업을 실제로 경영하고 있던 관리자와 기술자들은 당해 산업의 기술과 시장을 숙지하고 있고, 사업의 장기적 발전을 희망하고 있었다. 여기에서, 투자가가 높은 배당을 요구하고, 기업경영자는 유보이윤에 의한 투자의 확대를 지향하고자 하는 대립구도가 형성되었다. 이 대립구도의 긴장은 때로 주주에 의한 경영진 퇴진에까지 발전하는 일조차 있었다.

4 기계산업

<사진> 국산화에의 노력: 철도업
(1호기관차)

다음으로 기계산업을 검토하고자 한다. 앞에서 설명한 바와 같이, 메이지의 공업화는 기본적으로 경공업-특히 섬유산업-이 주축이었으며, 기계산업은 아직 국제경쟁력이 비약하였다. 일본제 기계는 구미모델의 복사판에 지나지 않아, 'made in Japan'은 저렴한 상품의 대명사로 일컬어졌다. 이즈음의 일본은 외국기술과 수입기계에 크게 의존하고 있었던 것이다. 기계는 구미로부터 수입할 뿐이며, 메이지시기의 수출은 거의 없었다. 그렇지만 기술은 서서히 흡수되어 갔으며, 다이쇼, 쇼와 초기의 비약의 준비가 되어 있었던 것이다(澤井, 1990).

당초는 규모의 면에서나 기술의 면에서나 국유군수공장이 돌출하고 있으며, 기계산업의 대부분을 점유하고 있다. 정부예산으로 지원된 군수공장은 구미로부터 최신의 기계설비를 구입할 수가 있었다. 이것에 비교하여 민간기업은 소규모적이고 또 그것조차 근대적이지 못하였다. 그들이 사용하는 기계는 중고품 아니면 일본제품이었다.

그렇지만 그것이라도 민간제조업은 착실하게 성장을 계속하고 있었다. 민간공장에서 최대규모의 것은 조선소와 철도차량공장이었다. 중규모의 공장에는 시바우라(芝浦)제작소(현재, 도시바東芝)), 오끼(沖)상회(현재, 오끼전기), 일본전기(NEC) 등의 전기기계가 있었다. 보다 작은 민간공장은 다양한 부품과 기구를 만들고 있었다. 단, 대공장과 원재로 부품을 만드는 중소공장의 하청관계는 아직 희박하였다. 대공장은 대부분의 기계를 수입에 의존하고 있고, 그 밖의 기계와 부품은 자체 공장에서 제작하고 있었다. 당초는 국내기업으로부터의 조달은 미미한 것이었던 것이다. 메이지일본에 있어서는 협력산업(supporting industry, 裾野産業)은 아직 충분히 발달하지 못하였다.

<표 5-1> 고용규모로 본 공장랭킹(1902년도)

순 위	기 업	노동자 수	소유형태
1	구래(呉)해군공창	12,378	국 유
2	요꼬스가(橫須賀)해군공창	6,761	국 유
3	도꾜(東京)포병공창	6,452	국 유
4	미스비시(三菱)조선소	5,058	민 간
5	사세보(佐世保)해군공창	3,612	국 유
6	오오사까(大坂)포병공창	3,120	국 유
7	가와사끼(川崎)조선소	3,060	민 간
8	신바시(新橋)공장(철도차량)	1,721	국 유
9	니혼(日本)철도오오미야(大宮)공장	1,700	민 간
10	오오사까(大坂)철공소	1,623	민 간
11	고베(神戸)공장(철도차량())	1,566	국 유
12	우라가선거(浦賀船渠)	1,522	민 간
13	해군조병창	1,521	국 유
참 고	시바우라(芝浦)제작소(동시바(東芝))	502	민 간
참 고	세이코샤(精工舍)	211	민 간
참 고	니혼전기(日本電気, NEC)	150	민 간

<자료> 사와이(沢井, 1990, p.221)

엔지니어는 기술을 연마하기 위하여 공장 사이를 건너며 걷는 것이 보통이며, 그것이 기술의 전파와 흡수에 공헌하였다. 공과대학교와 공업고등학교의 졸업생은 먼저 국영기업과 비교적 큰 민간기업에 취업하였다. 그곳에서 연수를 쌓아, 기술과 지식을 몸에 익힌 그들은 중소민간기업으로 이동하던가, 자신의 회사를 설립하는 경우가 많았다. 이와 같이 하여, 서양기술은 기계산업 전체에 널리 보급된 것이다.

도꾜(東京)와 오오사까(大坂)에서는 대공장을 핵으로 하여 중소기업이 특정지구로 집중적으로 설립하게 되어, 점차 공업지대를 형성하여 갔다. 예를 들면 동경의 시바(芝)지구(현재의 港區)에는 시바우라(芝浦)제작소(민간), 해군조병창(국유), 미다(三田)제작소(국유)가 있고, 그 주위에는 기계·기구를 생산하는 중소규모의 공장이 집중하였다. 동경의 후카가와(深川)지구(현재의 江東區, 墨田區)에도 공업지대가 있고, 주물, 볼트, 양산대 등 금속제품을 만드는 공장이 입지하고 있었다. 이러한 공업지대에서는 중소기업은 서로 경쟁할 뿐만 아니라 필요에 따라 협력도 하였다. 예를 들면, 자신의 공장에 필요한 기계설비가 없으면 이웃의 공장에서 가공하여 구입하는 경우도 있었다. 또 대기업과의 하청관계를 맺는 기업도 적지 않았다. 단, 회계 면으로 보면, 중소기업은 비밀계산이 일반적이며, 부정확하여 비근대적이었다.

시바우라제작소는 1939년에 동경전기와 합병하여 동경시바우라전기(東京芝浦電氣)로 되었다. 현재도 유리가모메(ゆりかもめ)에서 도시바(東芝)본사 건물을 볼 수가 있다. 단, 이 주위는 1923년의 관동대진재(關東大震災)와 1945년의 미군폭격에 의하여 흔적도 없이 파괴되어 버렸기 때문에, 메이지시대의 공장지대의 그림자를 찾아볼 수가 없다.

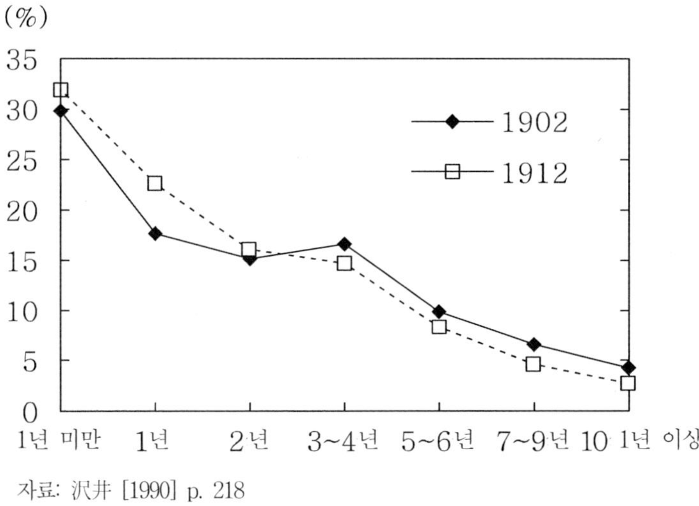

자료: 沢井 [1990] p. 218

<그림 5-1> 기계공업 남자근로자의 근속년수

일본의 경영자와 기술자는 전문직이 아니라 일반직이며, 퇴직·전직도 많았다. 또 노동자는 일반적으로 규율을 결여, 저축도 거의 하지 않았다. 당시의 일본의 노동자는 장기관계를 선호하지 않는 좋은 조건을 찾아 자유로이 돌아다니며 움직인다는 의미에서 '신고전파적'이었다. 이즈음의 노동자는 제2차 세계대전 뒤의 연공서열·종신고용을 핵으로 하는 고용관계와는 전혀 다른 세계에 있었던 것이다. 공업화가 진행함에 따라, 일본은 이러한 뿌리 없는 기술자와 노동자를 어떻게 한 회사에 머물게 하여, 각 기업에 특유한 기능을 그들 가운데에 흡수·축적시킬 필요가 있었다. 노동자의 정착을 위한 궁리·노력은 대기업에서는 이미 제1차 세계대전 즈음부터 시작하였지만, 전 기업적인 움직임으로서는, 전시기간(1937-45년)(제9장)에 드디어 실현되게 된다.

이하에서는 몇 가지의 대규모적인 민간의 기계기업을 고찰하기로 하자.

5 철도차량과 기관차

철도의 객차와 증기기관차에서 요구되는 기술수준이 크게 다르다. 말할 필요도 없이, 후자의 쪽이 훨씬 어렵다. 메이지기의 객차에 관해서는 수입이 25%, 국산이 75%의 비율이었다. 국내메이커로서는 신바시공장(新橋工場, 국유)과 고베공장(神戶工場, 국유)이 돌출하여 크게 두 공장에서 국산객차시장의 50%를 점유하고 있다.

한편 증기기관차는 당초는 100% 수입이었다. 정부는 국내생산(수입대체)을 계획, 1900년에는 국유공장과 민간부문의 협력에 의하여 최초의 국산기관차가 생산되었다. 신바시공장(국유)이 일본철도(日本鐵道, 민간)와 간사이철도(關西鐵道, 민간)에 대하여 설계도를 제시하고, 또 엔진의 교환으로, 민간기업을 지원한 것이다. 그리고 1912년에는, 철도원(鐵道院, 정부기구)은 4개의 민간기업을 기관차생산을 위한 공장으로 지정하였다. 그렇지만 이들 기업의 기술력은 아직 취약하여, 정부는 이들 기업에 기술, 원재료, 생산관리, 훈련(엔지니어의 유학을 포함) 등을 제공하였다. 그리고 철도원이 그들의 차량을 구입한다는 약속에 의하여, 판로도 확보할 수 있었던 것이다. 이와 같은, 소위 모든 지원책이 실행되어, 드디어 전간기(戰間期)에 일본의 철도기술은 세계최고수준에 도달한다.

메이지기의 철도는 국유·민간의 양쪽이 부설하였다. 그렇지만 1906년에는 정부는 모든 철도를 국유화하였다. 이 배경으로서는, 국방상의 이유에 더하여, 많은 민간철도가 경영부진에 빠져있었던 것을 들 수 있다. 지금이나 옛날이나, 철도사업의 큰 문제는 이익유도에 기초하여 과잉건설과 적자노선의 만연이다. 즉, 지방정치가가 선거대책으로서 지방에로의 철도건설을 유치하는데 경쟁적이었었던 것이다.

6 조선(造船)

조선소(造船所)에 관해서는, 나가사끼(長崎)의 미쓰비시조선소(三菱造船所, 민간)와 고베(神戶)의 가와사끼조선소(川崎造船所, 민간)가 압도적인 지위를 점유하고 있다. 이들 조선소는 이전의 국영기업을 정상(政商)에게 불하한 것이다. 조선소에 있어서는 당초는 신함(新艦)건조보다도 수리의 쪽이 돈벌이가 되는 일이었다.

새로이 건조된 선박 가운데 약 절반이 국내의 민간고객용이었다. 나머지는 해군의 함정건조 및 중국, 태국 등에로의 수출이었다. 정부의 조선업 지원으로서는, 700톤 이상(뒤에 1,000톤 이상)의 대형선 건조에 대한 보조금이 중요하였다. 해군의 함정건조는 반드시 이익률은 높은 것은 아니었지만, 정부가 원재료를 공급하여 준다는 특전이 있었다. 메이지기에는 주력산업이 육성되어 있지 않았다. 조선소는 대부분의 필요부품을 공장 내에서 제작하였다.

7 전기기계

시바우라제작소(芝浦製作所, 현재의 도시바(東芝))는 발명가의 다나까(田中久重)에 의하여 창설되었다. 그 모체인 1875년 창업의 다나까공장(田中工場)은 502명의 종업원으로, 해군의 군수품을 제작하는 비교적 작은 공장이었지만, 해군공장이 스스로 부품을 제작하기 시작하면서부터 판로를 상실하여 어려움에 직면하였다. 거기에서 민생용의 중전기

(발전기, 변압기 등)에로 생산을 전환하였지만, 경영부진은 계속되었다. 이 위기는 미쓰이재벌(三井財閥)의 지원, 경영·노동개혁, 인원해고 등을 거쳐, 드디어 1900년경에 극복할 수가 있었다. 시바우라제작소는 미국의 제너럴일렉트릭사와 기술제휴를 체결하였다. 마찬가지로, 미스비시전기(三菱電機)는 미국의 웨스팅하우스사와, 후루가와전기(古河電氣)는 독일의 지멘스사와 기술제휴를 체결하였다.

이러한 노력에도 불구하고, 중전기(重電氣)의 국내시장은 수입품에 계속 압도되어 있었다. 1911년 시점에서의 수입비율은 75%이며, 그 가운데 대부분이 미국제품이었다. 도시바의 시장쉐어는 16%에 지나지 않고, 그런데도 미국제품에 비하여 소형·저능력의 것에 집중하고 있었다.

국내전화망의 부설에 관해서는 민간에 맡길까 공공투자로 할까에 관한 논의가 정부 내에서 있었지만, 최종적으로는 정부가 스스로 투자하게 되었다. 이 설비납품을 둘러싸고, 미국의 웨스턴 일렉트릭(WE)사가 일본진출의 파트너로서 오끼전기(沖電機)에 접근하였지만 거절되었다. 그 대신에 WE사의 54%출자를 얻어 일본전기(NEC)가 일본 초유의 내외합병회사로서 설립되었다. 그것은 1899년의 일이다. 그 이후, 오끼전기와 NEC는 정부의 전화교환국 설비를 둘러싸고 격렬한 수주경쟁을 전개하게 되었다.

NEC는 최초 WE사의 판매대리회사에 지나지 않았지만, 얼마 뒤, 스스로 제품을 생산하게 되어, WE사로부터 점차 독립하여 갔다. NEC의 성공은, (1) WE사로부터 외국기술·자본의 도입, (2) 공공사업수주를 통한 판로의 확보, (3) 회사자체의 높은 기술흡수력, 등이 중복되어 실현되었던 것이다.

〈메이지(明治)를 만든 엔지니어들〉

1877년, 야마노베 다께오(山邊丈夫)는 영국런던에서 경제학과 보험학을 전공하는 26세의 유학생이었다. 어느 날, 그는 일본으로부터 알지 못하는 사람의 편지를 받았다. 발송인은 시부사와 에이이찌(涉澤榮一)라는 인물이었다. 그 편지의 주요 내용은 바로 다음과 같은 것이었다.

"야마노베군, 자네의 이름은 내 친구로부터 들었다. 지금 일본은 면사를 대량으로 수입하여 어려워지고 있다. 어떻게 해서라도 국내에 면방적업을 설립하지 않으면 아니 된다. 필요한 것은 경영과 기술을 함께 숙지한 사람이다. 자네는 어떤가, 방적기술을 공부하여 주게. 그렇게 한다면 내가 회사를 만들겠네."

시부사와 에이이찌   야마노베 다께오
(渋沢栄一, 1840~1931年)   (山辺丈夫, 1851~1920年)

자신의 전공을 변경하라는 이 신사의 편지를 야마노베는 어떻게 생각하였을까. 그렇지만 그는 생각을 고쳐 시부사와의 충고에 따르기로 하였다. 먼저 킹스칼리지에서 기계공학을 공부하였다. 그렇지만 이론만으로는 불충분하다고 생각한 야마베는 당시 세계의 섬유산업의 중심지였던 맨체스터로 옮겨, 신문광고를 냈다.

"나를 면공업(綿工業)의 연수생으로 고용하여 주십시오. 돈은 지불하

겠습니다."

그렇지만 쉽게 받아주는 회사를 발견할 수가 없었다. 마지막으로 드디어 'W.E. Bracks'라는 사람과 만나, 그의 방적공장에서 8개월 동안, 기술, 판매, 출하 등 모든 실용적 지식을 일하면서 배운 것이다. 야마베는 필사적이었다. 시부사와는 일본으로부터 1,500엔의 학비를 송금하였지만, 이것은 시부사와에게 있어서는 큰 돈으로, 시미즈(淸水)의 무대로부터 뛰어내릴 작정으로 지불하였다고 한다.

공부가 끝나고, 야마노베는 프라트회사와 하그리브스회사에서 섬유기계와 증기기관을 주문한 뒤에 귀국하였다. 1882년, 야마노베와 시부사와는 새로운 공장의 입지선정에 들어갔다. 주식회사를 설립하기 위하여, 시부사와는 대상인과 친구에게 25만엔을 모금하였다. 운전자금은 시부사와의 제일국립은행으로부터 조달하였다. 이렇게 하여 오오사까방적회사(大坂紡績會社)는 1883년에 창업되어, 처음부터 좋은 실적을 올렸다.

1900년 전후로 섬유산업은 격심한 불황에 휘말렸다. 주주들은 이익을 가능한 한 빨리 분배하도록 요구하였다. 그렇지만 야마노베는 자금을 회사의 장기발전을 위하여 불입할 것을 생각하고 있었다. 이것에 관해서는, 사장조차도 야마노베를 비판하는 쪽으로 돌았다. 만약의 경우 사임을 결심한 야마노베는 시부사와의 개인집을 방문하였다. 시부사와는 그에게, 자산은 100% 지원할 수 있으므로 회사에 남도록 설득하였다. 그 설득에 따라 야마노베는 남았다. 몇 년 뒤에 섬유불황은 끝나, 야마노베는 오오사까방적회사(大坂 紡績會社)의 사장으로 승진되었다.

또 한사람, 예를 들어보자. 후지마사 준(藤正 純)은 가네부찌방적회사(鐘淵紡績會社) 뒤에 가네보우(カネボウ))의 특급 공장장(工場長)이다. 게이오대학(慶應大學)졸업 뒤, 그는 미쓰이은행(三井銀行)을 거쳐 가네보우의 판매부문에 근무 하였지만, 어느 날 이 회사의 스미노도우(住道)공장의 재건을 명령받았다. 이 공장은 설비가 낡아, 노동자도 규

율을 지키지 않아 가동율이 매우 낮았다. 그는 1일 18시간 이상이나 일하면서, 기계를 수리 혹은 대체, 새로운 노동자를 500명 교체하였다. 3개월 뒤에 공장은 완전가동을 달성하였다. 이 실적이 인정되어 그는 가네보우 동경공장의 공장장으로 발탁되었다. 이 공장도 격심한 상황이었다. 그는 기계를 수리하고, 새 기계를 도입하여, 품질향상에 노력하였다. 노동자도 4,000명에서 1,620명으로 대폭 감축하였다. 3년 뒤에 공장은 많은 이익을 올리게 되었다.

이들 이야기의 교훈은 메이지의 공업화는 정열과 비전과 지도력에 풍부하고 강렬한 개성을 지닌 사람들에 의하여 실현되었다고 할 수 있다. 실제, 메이지에는 왜 그와 같은 사람이 많았던가. 일본의 산업혁명은 그들의 손에 의하여 달성되었다고 해도 좋다. 정부에 의한 법률제정과 규제완화, 혹은 기업지원정책만으로는 아마 실현되지 못하였을 것이다. 만약 시부사와가 야마노베에게 첫 편지를 쓰지 않았다면, 일본의 섬유산업은 탄생되지 못하였을지도 모른다. 그렇다고 한다면, 우리가 다음으로 물어야 할 것은, "사회에 그와 같은 훌륭한 사람들이 계속 태어나기 위해서는 어떻게 하면 좋을 것인가"라는 문제일 것이다.

제 6 장

메이지(明治) – (4)

– 재정 · 금융

1 두 차례의 전쟁과 '전후 경영'

메이지의 국가목표의 하나는 대외확장이었다. 보다 상세하게 설명하면, 일본은 자국의 주위에 넓은 세력권을 확보함으로써, 자국의 이익을 구미의 침식으로부터 고수하려고 생각하였던 것이다. 메이지에 있어서 최대의 잠재적 위협은 러시아의 로마노프왕조(王朝)의 동진정책이었다. 일본은 자국의 권익을 지키기 위하여, 국경선을 넘어 '이익선'을 건설하고자 하였다. 구체적으로는 이것은 조선반도를 일본의 지배 아래 두고자 하는 것을 의미한다. 제1회 제국의회(帝國議會)에 있어서 야마가다 아리도모(山懸有朋)수상의 유명한 연설을 인용하자.

"생각건대 국가독립과 자위에의 길에 두 가지가 있다. 첫째로, 주권선을 방어하는 것, 둘째로, 이익선을 보호하는 것이다. 그 주권선이란 국가의 탄역(彊域)의 '경계'를 말한다. 이익선이란 그 주권선의 안위(安危)에 밀착관계에 있는 지역을 말하는 것이다. 대개 국가로서 주권선 및 이익선을 유지하지 않는 국가는 없다. 요즘 열강의 국가들 사이에 끼여 한 나라의 독립을 유지하는 데에는, 한 나라가 주권선을 방어하는 데에만 결코 충분하지 않다. 반드시 이익선을 보호하고 있지 않으면 아니 된다."

그렇지만 조선에 관해서는 청(중국)은 자신의 보호국으로 간주하고 있었다. 일본의 조선반도 지배의 계획은 당연하지만, 청의 국익과 충돌하게 되었다. 일본은 조선에서 군사적 도발, 조선왕비의 살해, 쿠데타미수 등을 일으켜, 정치상황을 점차 불안정하게 하였다. 조선을 둘러싸고 일촉즉발의 사태가 발생, 이어서 일본과 청이 싸우게 된 것이 1894-5년의 청·일전쟁이다. 북양함대를 비롯한 청의 군비는 최신식이었지만, 지휘와 전략은 떨어졌다. 일본은 신예함대와 훌륭한 작전에 의하여, 중국의 구태의연한 전투법을 타파한 것이다. 이 승리에 따라, 일본은 청으로부터 3억1,000만 엔의 배상금(금으로 지불), 및 최초의 식민지로서의 대만과 요동반도를 얻었다. 단, 요동반도에 관해서는, 직후에 러시아, 프랑스, 독일의 공동압력에 의하여 청에 반환시키게 되었다(3국간섭). 이것은 일본의 힘이 아직 구미열강에 미치지 못하는 것을 분명하게 보였던 사건으로서, 일본인에게 큰 굴욕을 안겨주었다고 보고 있었다.

<사진> 조선총독부의 건물

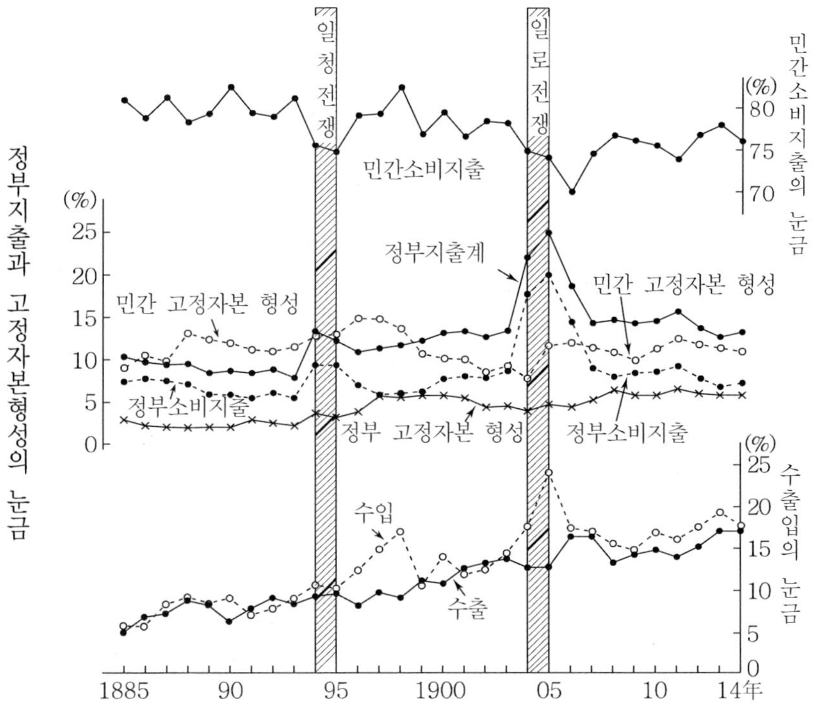

자료: 四川·山本編 [1990] 5頁.

<그림 6-1> 소비, 정부지출, 고정자본형성, 무역의 대GNE비율

　청·일전쟁 뒤에도, 조선과 만주(중국동북부)는 러시아의 영향 아래 놓여 있었다. 이런 상황은 일본의 확장정책과 충돌하는 것이며, 러·일 사이의 긴장은 높아졌다. 이리하여 청·일전쟁의 10년 뒤의 1904-5년에는 러·일전쟁이 발발하였다. 대부분의 외국인은 러시아가 일본을 쉽게 굴복시킬 것으로 보고 있었다. 그렇지만 그런 예상에 반하여, 일본육군은-많은 희생을 지불하면서-여순(旅順)의 러시아군 기지를 함락시키고, 그리고 일본해군은 무적이라고 알려져 있는 러시아의 발틱함대를 전멸시킨 것이다. 동해 해전의 대승리를 거둔 일본정부는 미리 접촉을

하고 있던 미국에 강화(講和)의 중개를 의뢰하였다. 이 이상 전쟁이 계속되어서는 국가재정이 파탄할 것이기 때문이다. 백인국 러시아에 대한 승리는 일본이 서양과 어깨를 나란히 할 수 있는 일등국이 된다는 것을 나타내는 증거로 간주되었다. 이리하여 일본인의 프라이드는 부풀기 시작하였다. 러시아가 배상금을 지불하지 않는 것에 대하여 국민과 미디어는 분노의 소리를 높였다. '굴욕적 강화반대, 전쟁계속'을 부르짖는 일부의 민중은 폭도로 돌변하였다(1905년 히비야(日比谷)소각사건, 한편 일본정부는 국가가 파산하기 전에 승리자로서 종전을 맞이한 것에 안도의 한숨을 돌리고 있었던 것이다.

1910년에, 일본은 조선을 합병(식민지화)하였다.

1917년에는 러시아혁명에 의하여 로마노프왕조가 붕괴하고, 러시아에 공산당정권이 성립하였다.

청·일, 러·일의 두 차례의 전쟁은 일본경제에 어떠한 영향을 미쳤을까. 이것을 고찰하는 데에는 약간 과거로 거슬러 올라 갈 필요가 있다.

1890년에 최초의 제국국회가 열렸을 때, 최대의 논쟁은 재정확장으로 갈 것인가 아니면 재정긴축으로 갈 것인가라는 선택에 있었다. 정부는 공업화와 군비충실을 위하여 공공지출확대를 노렸지만, 야당은 반대로 감세와 지출삭감을 주장하였다. 당시의 유권자는 지세(地稅)를 부담하는 부농에 한정하고 있었지만, 야당의 주장은 그들의 부담경감요구를 반영한 것이었다. 이 대립구도는 잠시 계속하였지만, 드디어 야당 가운데에서는 정부에 반대하고 있을 뿐으로 결말이 나지 않는다고 생각하는 세력이 발생, 정부와의 협력을 전술적으로 모색하게 되었다. 그들은 재정긴축 대신에, 지역선거구에 대한 공공지출유치를 요구하게 된 것이다.

<사진> 官営八幡製鉄所の開業

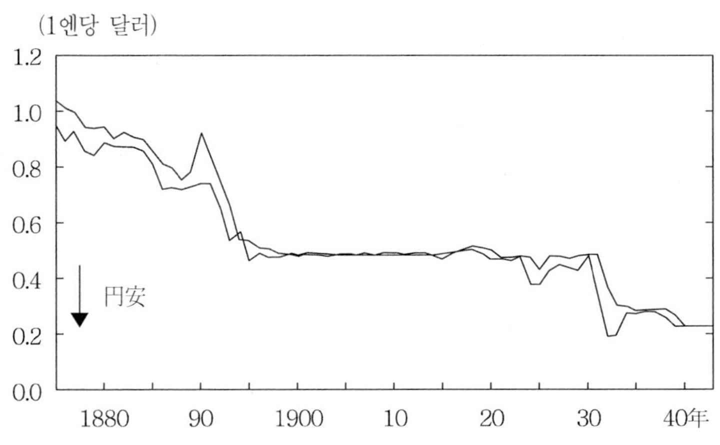

주: 各年の最高値と最低値を示す.
자료: 総務庁統計局監修『日本長期統計総覧』第3巻, 1988年.

<그림 6-2> 엔·달러 레이트

이와 같은 논쟁을 배경으로 두 차례의 전쟁은 전개되고 있었던 것이

었다. 전쟁에 의하여 군사지출은 급격하게 증대하였다. 특히, 러·일전쟁 때에는 전비의 약 절반을 부담하기 위하여 뉴욕과 런던에서 외채(外債)가 기채(起債)되었다. 지출확대 라는 현실이 선행하는 형태로, 재정정책을 둘러싼 논의에는 종지부가 찍히게 되었다. 즉, 적극재정이 기존노선이 되었던 것이다.

그리고 각각의 전쟁이 끝날 무렵에 재정금융을 긴축하는 것이 아니라, 오히려 재정을 계속적으로 확대하게 되었다. 일단, 확대된 정부는 원래의 규모로 되돌림이 없이, 불가역적으로 계속 증대하였다. '전후경영'이라는 용어는 청·일, 러·일, 두 전쟁의 뒤에 중앙정부·지방정부가 강력하게 추진한 일련의 공공프로그램을 지칭한다. 그 주요한 내용은 다음과 같다.

① 군함건조를 포함한 군비확장의 계속
② 철도건설
③ 야하다제철소(八幡製鐵所)의 건설
④ 전화망의 부설(제5장 참조)
⑤ 대만경영(새로이 획득한 식민지에 있어서 행정과 공공투자).
⑥ 도로·관개를 비롯한 인프라건설(주로 지방정부)
⑦ 교육투자(주로 지방정부)

지속적인 적극재정의 의하여, 국제수지는 적자로 전환하여 일본은행은 금준비를 점차 상실하여 갔다. 제1차 세계대전 전의 일본은 점점 악화하는 거시경제 위기에 직면하고 있었던 것이다.

2 외환정책

영국이 금본위제를 채택한 것은 1821년이다. 그 뒤, 1870년대 말까지에는 구미의 모든 주요국이 금본위제를 도입하였다. 이와 같이 선진국들이 금본위제를 채택한 뒤에도, 일본은 대외적으로는 은본위제를 채택하고 있었다. 국내에서는 금화, 은화, 동화가 통용되고 있었지만, 무역결제에는 은화가 사용되고 있었던 것이다. 이것은 중국의 상해(上海)가 동아시아에 있어서 중심적인 외환시장이었으며, 그곳에서는 은화가 주류였기 때문이다.

19세기 후반의 세계에 있어서는, 은의 금에 대한 상대가격은 점차 저하하고 있었다. 이것은 즉, 은의 고정된 일본 엔화가 구미통화에 대하여 자동적으로 계속 감가(減價)되고 있었다는 것을 의미한다. 이것은 수출진흥을 위해서는 좋은 사정이었다. 그렇지만 마쓰가다(松方) 재무부장관(1880년대 초에 마스가다 디플레이션을 발생시킨 인물)은 일본이 일등국이 되기 위해서는 하루 빨리 글로벌 스탠드를 채용하지 않으면 아니 된다는 신념에서, 금본위제의 조기도입을 제창하였다. 그는 반대론을 억압하여, 1897년에 일본을 금본위제로 이행시켰다. 당면의 금준비는 청·일전쟁 뒤에 중국으로부터 수취한 배상금에 의해 확보할 수 있었다. 이 때 이래, 일본 엔은 1달러=2엔의 환율로 주요통화에 대하여 고정되게 된 것이다.

이 결과, 엔의 자동적인 감가는 종료하였다. 드디어 얼마 뒤, 일본의 인플레이션율은 당시 거의 제로에 가까웠던 세계 인플레이션율에로 수습되었다. 구미에 대한 환율 리스크의 삭감에 의하여, 중앙·지방정부에 의한 외채발행이 용이하게 된 것도 금본위제 이행의 하나의 메리트였다(뒤에서 설명함).

3   은행시스템의 구축

일본 은행 낙성의 그림

　메이지 초기의 일본의 은행제도는 혼란스러웠다. 1872년에 도입된 미국식의 국립은행제도는 제대로 기능하지 못하였다. 여기에서, '국립'이란 국법에 기초하는 의미이며, 실제로 설립된 은행은 사영(私營)이었다. 이 시스템 아래에서는 중앙은행은 존재하지 않고, 각 '국립은행'은 금준비를 갖춤으로써, 은행권발권은 허용되었다. 그렇지만, 금준비 보유는 부담이 컸던 고로, 당초 설립된 것은 4개 은행에 지나지 않았다. 뒤에 금준비 보유의무가 완화되었기 때문에, 은행은 급증하여 153개나 설립되었다. 그러나 이 시스템은 효과를 올리지 못하고, 최종적으로 폐지되었다.

　근대적인 은행시스템은 1882년의 일본은행의 창설에 의하여 드디어 그 기초가 쌓이게 된다. 이 이후, 그때까지의 분권적 시스템 대신에 중앙은행인 일본은행이 유일한 발권은행이 되었다. 또 상업은행 이외에, 다음의 특수은행이 설립되어 산업투자를 지원하게 되었다.

① 일본권업은행(日本勸業銀行, 1897년)-뒤에 제일권업은행을 거쳐 2000년부터 미즈호(みずほ)은행으로 합병되었다. 권업(勸業)이란 산업을 장려한다는 의미이다.

② 북해도척산은행(北海道拓産銀行, 1900년)-1997년에 파탄, 척산이란 새로운 토지를 개발한다는 의미이다.

③ 일본흥업은행(1902년)-현재는 합병에 의해 미즈호은행.

④ 농공은행(農工銀行, 1898-1900년)-각 부현(府懸)에 하나씩 설립, 1944년에 일본권업은행으로 흡수되었다.

또 이들과는 별도로, 우편저금이 대중의 영세저축을 모금하기 시작하며, 또 보험회사, 농촌신용조합, 시가지신용조합 등도 금융기관으로서의 역할을 담당하기 시작하고 있었다.

그렇지만 일반적으로 말하여, 메이지시대에 있어서 일본의 은행은 대중의 예금을 모금하여 산업에 융자한다는 의미에서의 참된 금융중개기관이라고는 말할 수 없었다. 당초, 은행의 바란스 시트의 부채측(자금조달선)의 대부분을 차지한 것은 불입자본, 준비금 및 정부예금이었다. 또 초기의 은행에 있어서는 관공청으로부터의 예금(세금을 징수하여 정부에 납입하는 역할)은 집금(集金)부터 정부납입까지의 유예기간은 이자를 지불할 필요가 없었기 때문에, 자금운용의 원자금으로서 매우 매력적이었다. 이러한 변칙적인 은행경영이 점차 개선되어, 은행이 민간예금을 주된 자금원으로 하게 된 것은 메이지 말기부터의 일이다.

그렇지만 그 이후도, 많은 은행은 정보개시(情報開示), 리스크관리, 대부회사의 분산, 융자안건의 평가 등의 면에서 아주 엉터리 상황이 계속되었다. 1개 회사 내지는 매우 적은 수의 기업에 종속하여, 그 기업에만 대부를 한다. 소위 '기관은행'이 만연하고 있었다. 이런 종류의 금융기관은 1920년대에 거대한 불량채권의 문제를 일으키게 된다(제8장 참조).

<표 6-1> 농가 및 제조기업의 차입선(借入先)

	농　　가			제조업 (東京, 神戸에만)
	1888년	1911년	1932년	1932년
근대금융기관금융	7.2	35.7	47.3	60.8
1. 은행	7.2	32.7	26.7	59.8
2. 신용조합	—	2.5	16.0	1.0
3. 정부저리자금	—	0.5	4.6	
재래금융	92.8	64.3	52.7	39.2
합　계	100.0	100.0	100.0	100.0

주: 재래금융에는 거래상, 임금업자(賃金業者), 전당포, 무진, 계 등을 포함.
자료: 데라니시(寺西, 1990)로부터 작성

　차입자 측에서 보아도, 은행·신용조합·특수은행이라는 정상적인 금융
기관으로부터의 차입은 그렇게 보급되지 않았다. 이것을 뒤쪽에서 언급
하지만, 대부, 전당포, 계 등의 재래금융이 산업자금공급에 있어서 의외
로 오랫동안 살아남아 있었던 것을 의미한다. <표6-1>에 알 수 있는 바
와 같이, 메이지 말기의 1911년 시점에서도, 농가의 자금조달은 3분의 2
가까이가 재래금융에 의존하고 있었다. 그리고 쇼와 초기의 1932년에 있
어서도, 차입선(借入先)으로서의 재래금융은 농가에 있어서는 50% 초과,
재래기업에 있어서도 40% 라는 많은 쉐어를 점유하고 있었던 것이다.
　이상의 내용은 개도국에 있어서 건전한 은행시스템을 육성하는 것이
얼마나 어려운가, 또 장기적 과제라는 것이다. 이것은 단지, 새로운 은
행법의 시행과 금융의 자유화 라는 틀 위의 시책만은 달성될 수 없는
것이다.
　자금시장으로 눈을 돌리면, 도꾜(東京)와 오오사까(大坂)에 주식거래
소가 설치된 것은 1878년의 일이다. 그렇지만 역시 당초의 거래액은
적어, 이들의 거래소는 주로 국채의 2차 유통시장으로서의 성격이 강하
였다. 궁핍화한 옛 토족(土族)은 이전 정부로부터 부여된 국채를 어쩔

수 없이 환금하게 된 것이다. 1880년대가 되어 철도회사의 창설이 활발하게 되자, 철도채권이 점차 거래의 중심이 되었다. 1890년대에는 여기에 해운회사의 주식이 추가된다. 1906년에 민간철도회사가 일제히 국유화되자, 철도주식 대신에 섬유·식품주식이 많이 거래되게 되었다.

4 저축운동

메이지시대의 공업화를 위한 자금은 어디에서 융통된 것일까. 누구의 저축이 산업투자에 사용된 것일까. 이 물음에 답하기 위한 데이타는 불완전하며, 경제사가들은 지금도 논쟁을 계속하고 있다. 최종적인 결론은 제시할 수 없지만, 여기에서는 데라니시(寺西重浪, 1990년)의 분석을 소개하는 것으로 하자.

데라니시는 1899년부터 1937년까지, 즉 메이지 말기부터 중·일전쟁 발발까지의 저축·투자바란스를 추계하고 있다. 그는 경제를 농업부문, 비농업민간부문, 정부부문, 해외부문의 네 가지로 분류한다. 또 별도로 농업세(지세)의 흐름도 추계하였다. 그 위에 그는 구해진 데이터를 다음과 같이 해석하고 있다.

첫째로, 제2차 세계대전에 이르기까지의 일본에 있어서는, 산업투자를 위한 최대의 자금원은 민간기업 자체가 창출하였다. 즉, 유보이윤, 기업가의 저축, 부유상인의 자기자금 등을 원자금으로 하면서, 기업부문의 내부에서 자기금융, 주식회사 설립 등을 통하여 자금이 공급되고 있었다. 금융중개기관으로서의 은행의 역할은 특히, 산업화 초기에 있어서는 그렇게 큰 것은 아니었다.

둘째로, 농업으로부터 비농업에로의 재정이전 메카니즘도 중요하였다. 이것은 농촌이 납부한 지세가 다양한 공공사업과 보조금으로 사용되는 채널이다. 단, 그는 농촌의 지주층이 메이지의 저축동원의 주된 담당자였다고 하는 '통설'에는 회의적이다. <표6-2>에서는, 농업으로부터의 조세가 비농업투자에 점하는 비율이 시간의 흐름과 더불어 작게 되어 있다는 것을 알 수 있다. 단, 데이터가 구해질 수 없는 메이지 초기·중기에까지 거슬러 올라가면, 농업에서 비농업에로의 재정이전이 보다 큰 역할을 수행하였다는 것은 충분히 고려될 것이다.

셋째로, 외국저축은 중앙·지방정부의 외채발행이라는 채널을 통하여, 메이지 후기에는 상당한 역할을 수행하고 있었다(다음 절 참조).

<표 6-2> 부문별저축 · 투자바란스

(단위: 100만 엔)

	1899-1902	1903-07	1908-12	1913-17	1918-22	1923-27	1928-32	1933-37
농업부문	1	13	4	43	207	23	-13	222
1. 저축	121	159	175	240	657	523	402	580
2. 투자	120	146	171	197	450	500	414	358
비농업부문(기업)	62	123	-87	175	81	-290	631	931
1. 저축	180	310	212	752	1724	858	1498	2637
2. 투자	118	187	299	577	1643	1148	867	1706
정부부문	-59	-233	15	120	-146	-112	-626	-1162
1. 저축	24	-142	205	317	441	801	251	-298
2. 투자	83	91	190	197	587	913	877	864
해외부문	5	-97	-68	338	143	-380	-6	-10
농업으로부터의 조세(비농업투자에 점하는 비율	104 (42.0%)	115 (38.4%)	154 (28.0%)	166 (24.2%)	290 (19.4%)	291 (13.8%)	188 (9.0%)	145 (11.3%)

<주> 농업부문의 저축·투자바란스는 금융시스템을 통하여 다른 부문에로의 잉여유출을 나타낸다. 한편 농업으로부터의 조세는 정부재정을 통하여 다른 부문의 잉여유출을 나타낸다.
<자료> 데라니시(1990년)의 추계에서 작성

5 외국자본의 역할

양적으로 말하면, 외국저축에 의한 메이지의 산업투자에 대한 공헌은 비교적 작았다. 필요한 투자자금은 국내저축으로부터 대개 조달되고 있었던 것이다. 메이지정부는 외국으로부터의 직접투자와 차입금에 대하여 매우 신중하였다. 특히, 메이지 초기에는, 정부는 대외채무의 발생과 외국인에 의한 사업지배를 원칙적으로 기피하고 있었다. 이 점은 같은 후발공업국인 러시아와 이태리와는 아주 대조적이다. 러시아는 1860년대부터 1870년대에 걸쳐, 철도건설을 위하여 런던금융시장으로부터 적극적으로 차입을 하였으며, 19세기 말의 이태리도 대개 모든 분야에서 외국인에 의한 직접투자를 크게 환영하고 있었던 것이다.

그렇지만 메이지 후기가 되어, 외국저축에 대한 의존도는 점차 높아져 간다. 이미 설명한 외채발행이다. 이 과정을 조금 거슬러 올라가 보자.

메이지 초기에 정부는 외채를 2번 발행한 일이 있다. 그 뒤, 금융시스템 구축을 목적으로 하는 추가적 차입의 시비가 정부 내에서 논의되었지만, 실제의 차입은 1890년대가 되기까지 전혀 일어나지 않았다. 그렇지만 이 상황은 청·일전쟁(1894-95년)을 계기로 바뀌기 시작한다. 청으로부터 수취한 배상금에 의하여 고정환율의 채택 및 금본위제에 대한 참가가 가능하게 되었지만, 이것에 의해 일본이 외채를 발행하는 좋은 조건이 정비되었다. 또 적극재정은 그 계속을 위한 추가재원을 요구하고 있었다. 1900년에 지출확대와 이익유도를 매물(賣物)로 하는 입헌정우회가 성립하여 정권을 장악한 것도, 이 경향에 박차를 더하였다. 한편 산업계도 금융위기와 신용핍박의 상태를 조금이라도 완화하기 위하여, 대외차입에 찬동하게 되었다.

청·일전쟁 뒤의 7년 동안에 정부는 외채를 3번에 걸쳐 발행하고, 이것에 의해 1억9천만 엔의 공공투자의 재원을 획득하였다. 러·일전쟁기 (1904-5)에는 정부는 다시 8억 엔 상당의 외채를 4번, 재빨리 발행하여 전비에 충당하였다. 이들 외채는 영국 파운드 내지 미국 달러로 기채 (起債)되었다(당시의 고정환율은 1달러=2엔, 1파운드=4.87달러). 러· 일전쟁 뒤부터 제1차 세계대전에 이르기까지 외채발행은 다시 7번 반복되었다. 이 주된 목적은 국내채를 외채로 상환함으로써, 국내산업을 위한 자금을 방출한다는 것이었다.

러·일전쟁 이후는, 지방정부도 적극적으로 대외차입을 하게 되었다. 그것은 지방정부의 외채발행, 및 지방사업에 의한 외화기준 사채발행이 라는 두 가지의 루트를 통하여 이루어졌다. 조달된 자금은 철도, 가스, 수도, 전기 등의 인프라정비에 투입되었다.

데라니시(1990년) 및 가미야마(神山, 2000년)는 어느 것이나 일본정 부에 의하여 이 시기의 대외차입은 적극재정을 유지하면서, 그 결과로 서 발생하는 국제수지적자를 어떻게든 융통하기 위한 방책으로서 해석 하고 있다. 만약 외채발행이 없으면 거시조정을 위하여 재정금융의 긴 축이 필요하게 되어 있었을 것이다. 일본정부는 그것을 회피하고 싶었 던 것이다.

외국인의 주식구입을 수반하는 직접투자에 관해서는, 그 유입은 미미 하였다. 불평등조약이 개정됨에 따라, 1899년에는 외국인이 그때까지와 같이 거류지에 폐쇄되지 않고, 일본 국내에 자유로이 투자할 자유가 부 여되었다. 그렇지만 이것은 직접투자의 급격한 증가를 가져오지 않았 다. 외국인의 소유비율이 50%를 넘는 회사는 겨우 2개밖에 없었던 것 이다.

〈근대화의 성공에 따라 세계의 위협이 되었던 일본〉
1910년대에 들어서자, 메이지의 초기에 게양한 3대 국가목표-① 산 업진흥, ② 정치개혁, ③ 대외확장-은 대개 달성되었다. 이리하여 일본은 스스로를 일등국으로 간주하게 된다. 메이지 말까지의 실적을 간단하게 정리하면 다음과 같다.

① 경공업, 특히 섬유에 있어 산업혁명이 수행되었다. 단, 중화학공업의 본격적 발전에는 아직 도달하지 못하였다.
② 헌법 및 여러 법률을 제정하고, 정면으로 기능하는 의회를 갖게 됨으로, 서구형 법치국가의 체제를 정비하였다.
③ 불평등조약은 개정되어, 일본은 자국의 관세를 결정할 권리와 외국인범죄자를 재판할 권리를 회복하였다. 대만과 조선은 식민지화되어, 중국·러시아로부터의 위협은 일소되었다.

제1차 세계대전 이후, 일본은 중요한 국제회의에 빅5(Big5)의 일원으로서 초청받게 된다(Big5의 다른 나라는 미국, 영국, 프랑스, 이태리). 그렇지만 일본의 성공과 자신은 구미 여러 나라와 아시아 인접 여러 나라의 어느 나라에도 새로운 걱정을 안겨주게 되었다. 구미에는, 일본이 위험한 군사대국이 되어 그들의 권익이 위협받는 것은 아닐까 라는 걱정이 많았다. 동아시아로부터 보면, 일본은 이 지역의 새로운 제국주의적 침략자로서 행동하게 되어, 그들의 독립을 박탈하기 시작하였다.

제1차 세계대전 중의 1915년, 유럽과 미국이 전쟁에 몰두하고 있는 틈에, 일본정부는 중국(중화인민정부)에 대하여 '21개 조 요구"를 들이댔다. 이 요구에는 산동성(山東省)에 있어서 독일권익의 일본에로의 인도, 남만주(南滿洲)·동부내 몽골에 대한 일본의 권익의 학대, 일·중합병사업의 설립, 다른 나라에로의 영토할양(領土割讓)의 금지, 일본인고문의 입국 등이 열거되어 있었다. 처음 중국정부는 이들 요구를 거부하였지만, 일본으로부터의 최후통첩을 받아 어쩔 수 없이 수락하였다. 1919년에 파리강화회의에서 21개조 요구에 대한 중국의 항의가 구미열강에 의해 퇴각되자, 중국에서는 대규모적인 반일운동이 일어났다(5.4운동).

<그림 6-3> 일본의 영토확장

　　러시아혁명 발발 뒤, 열강 여러 나라는 러시아의 새로운 공산당 정권을 붕괴시키기 위하여 출병개입을 일으켰지만, 이 시도는 성공하지 못하였다. 일본은 가장 많은 군대를 시베리아로 파병하여, 다른 나라가 철수한 뒤 최후까지 그곳에 계속 주둔하였다.

　　이러한 행동은 세계로부터 시기의 눈으로 보이게 되었다. 일본의 우호국이도 하며 최대의 무역국이기도 하였던 미국조차도 일본에 대한 불쾌감을 표명하기 시작하였다. 그리고 미·일 사이에는, 국민감정을 해칠 수밖에 없는 또 하나의 귀찮은 현안(懸案)이 가로놓여 있었다. 그것은 일본인이민에 대한 미국측의 배척과 차별의 문제였다. 이리하여, 1920년대부터 1930년대에 걸친 일본외교는 중대한 기로에 서게 되었다. 즉, 구미 및 동아시아와의 우호관계를 구축하여 개선할까. 혹은 세계의 비판에 등을 돌려 자기주장을 계속할까 라는 선택을 요구받게 되었던 것이다.

제 7 장

제1차 세계대전과 1920년대

─ 수출붐과 불황

가고시마 시가지와 사쿠라지마

1 제1차 세계대전의 충격

1914년 7월에 제1차 세계대전이 발발하였을 때, 그것이 일본경제에 미치는 영향은 당초 분명하지 않았다. 유럽의 열강이 서로 전투를 시작하였기 때문에, 그들의 무역은 두절되었다. 이것은 즉, 유럽이 섬유, 기계, 화학 등의 공산품을 세계에 공급할 수 없게 되었다는 것을 의미하였다. 이것에 의하여, 일본에서는 투자가 나쁜 영향을 받은 것이 걱정되었다. 실제 일본에서는 증대하는 국내수요에 비하여 고품질의 기계설비와 중간재가 극단적으로 부족하다는 사태를 볼 수 있었던 것이다.

그렇지만 곧, 제1차 세계대전은 일본경제에−적어도 단기적으로는−거대한 이익을 초래하는 것이 분명하게 되었다. 세계의 수요가 갑자기 일본으로 향하였기 때문이다. 유럽수요의 일본에로의 이동과 미국경제의 호황이 중복되었기 때문에, 전대미문의 큰 수출붐이 도래하였다. 일본제품의 품질은 아직 뒤떨어졌지만, 입수불가능하게 된 유럽제품을 대신하게 된 것이다.

대전 직전까지 무역적자와 금준비의 감소에 고통받고 있던 일본경제는 해외수요의 급증으로 크게 자극을 받았다. 제1차 대전기(大戰期)를 통하여 일본의 국내물가수준은 2배 이상으로 상승하고, 실질성장률도 높았다(추정성장률 10%가까이). GNP의 지출구성을 보면, 수출은 급증하였지만, 수입은 오히려 감소하였다. 기계설비의 입수곤란에 의해 설비투자는 약간 높았을 정도이며, 민간소비는 크게 하락하였다. 이 시기에 특징적인 것은 생산이 급증하였음에도 불구하고 자본스톡은 그렇게 신장하지 않았다는 점이다. 그 때문에 기계설비의 가동률과 외관상의 효율은 매우 높았다. 한편 민간소비는 인플레이션에 의한 '강제저축'을 통하여, 외국수요에 밀린 형태가 되었다. 당연하지만, 기업이윤은 급속하게 개선되어, 일본은행의 금준비도 쌓여갔다. 일본경제는 이와 같이 하여, 대전 이전의 국제수지의 위기로부터 벗어난 것이다. 그것은 재정금융의 긴축에 의한 것이 아니라, 외국의 전쟁과 그것이 가져오는 수출경기에 뒷받침되어 있었다.

　수출주도의 대전경기는 일본경제 전체에 파급되어, 모든 산업이 윤택하였다. 그 가운데에서도 해운과 조선은 극적으로 확장하여, 거액의 이익을 올렸다. 1913-19년의 사이에, 전 제조업의 생산은 1.65배가 되었다. 개별산업에서는 기계가 3.1배, 철강이 1,8배, 화학과 섬유가 함께 1.6배라는 약진이었다.

　그렇지만, 이 수출품은 일과성의 것이었다. 그것은 제1차 세계대전이 계속하는 한, 즉 4년 동안 정도의 특수현상이었다. 일본의 제조업은 코스트·품질의 어느 면으로 보아도 국제경쟁력을 충분히 가지지 못하였지만, 가끔 유럽전쟁이라는 예측불허의 사태가 발생하였기 때문에 세계의 수요를 획득하여, 일본제품의 가격도 상승하고 있었던 것이었다. 국내적으로 보아도, 수입대체가 급속하게 달성된 것은 보다 좋은 경쟁제품이 일본으로 수입되지 않았기 때문이었다. 뒤에서 고려해 보면 제1차 세계대전 중의 눈부신 사업확장은 비효율을 내포하고 있어, 과잉으로 지속불가능한 것이었다.

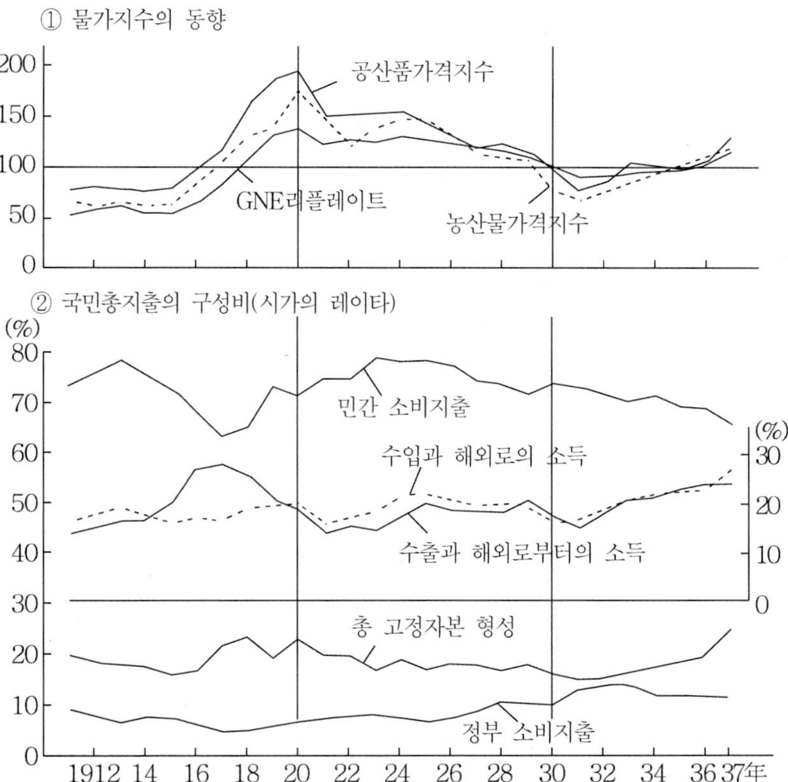

자료: K. Ohkawa and M. Shinohara eds., *Patterns of Japanese Economic Development: A Quantitative Appraisal*, Yale University Press, 1979, 付表 A50.

<그림 7-1> 물가와 국민지출구성(1911~37년도)

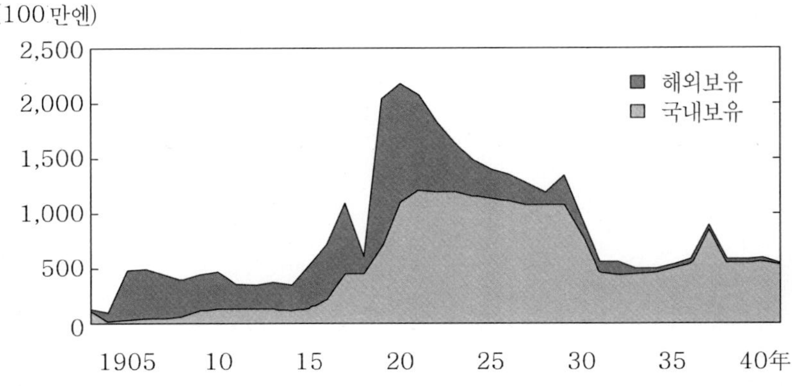

자료: 総務庁統計局『日本長期統計総覧』 第3巻, 1988年.

<그림 7-2> 금준비의 추이

　경기가 너무나 좋았기 때문에, 대단한 재능도 없는 상인과 기업가가 갑자기 부자가 되어, 사업을 확장하게 되는 상황이 도래하였다. 이것에 의하여 '성금(成金)'이라는 새로운 부유층이 등장하였다(일본의 장기(將棋)에서는, 걷는 말이 넓어져 금장(金將)이 되는 것을 '성금'이라고 한다). 그들은 때때로 교양도 없고 취미도 좋지 않으면서, 자신들의 재산을 불려나가는 것을 좋아하는 사람들이었다.

　일본은 제1차 세계대전에 참전하므로, 그것은 일본에 있어서 본격적인 전투 없는 전쟁이었다. 당시 일본은 러시아를 가상적국으로 하는 영국·일본동맹(1902-1923년)을 체결하고 있었기 때문에, 정부는 이 군사동맹을 구실로, 독일이 점령하고 있던 중국의 청도 등의 지역과 남태평양의 섬들을 탈취하였다.

2 거품의 붕괴

<사진> 주식시장

　1918년에 제1차 세계대전이 끝나자, 일본은 경미한 경기후퇴를 경험하였다. 그 뒤, 1919년에는 경기가 일단 회복하였다. 그렇지만 이어서 1920년에는 크게 하락하였다. 전후, 불황의 개시는 드디어 큰 거품이 터졌던 것을 전하는 것이다. 많은 상품가격이 폭락하기 시작하였다. 1920년의 1년 동안만으로, 면사의 가격하락 폭은 60%, 생사의 그것은 70%에 이른다. 주식시장은 55%나 하락하였다. 이 시기의 물가에 하방경직성은 없었기 때문에, 거시경제의 조정은 주로 물가하락을 통하여 일어나며, 생산량 자체는 그렇게 변동하지 않았던 것이다.

　대전거품의 종식에 따라, 지금까지 지속불가능한 열광에 의하여 가려 있던 일본경제의 경쟁력의 부족과 설비과잉이 한꺼번에 폭로되게 되었다. 성금(成金)들의 대부분은 도산에 휘말렸다. 그들의 천하는 실로 짧았던 것이다. 이 이후, 1920년대를 통하여, 일본은 몇 번인가의 불황과 은행위기를 맞이하게 된다(최대의 은행위기는 1927년에 닥쳤다, 제8장 참조). 경제는 대전기(大戰期)에 비하여 대폭적으로 감속하였다. 그렇지만, 계속적인 마이너스성장을 기록하기까지는 이르지 않았다. 내수(內需)는 강하지는 않았지만, 일정한 신장은 보이고 있었던 것이다. 불황은 가끔 찾아왔지만, 경기는 비교적 단기에 밑바탕을 쳐 회복되었다. 물가는 매우 신축적이었다. 다시 도래한 무역적자는 대전 중에 모아둔 금준비를 조금씩 방출함으로써 메꾸어졌다. 말하자면, 1920년대의 일본경제는 쾌청하지도 소낙비도 없었다. 그것은 마치 두터운 구름이 덮여 있는 상황이었으며, 점점 침체한 무드가 경제전반에 만연하고 있었던 것이다(이것은 1990년대와 비슷할지도 모른다).

불황시대의 도래에 대하여 정부가 어떠한 정책을 취하였는가는 특기할 만하다.

첫째, 어려움에 직면하여 불량채권을 안고 있는 기업·은행을 구제할 것인가,

둘째, 일시적인 고통을 각오하고 비효율적인 기업·은행을 퇴출시켜 군살을 뺄 것인가.

여기에서는 정책의 양자택일이 있었다. 이 때, 정부가 선택한 것은 첫째의 길이다. 특히, 일본은행은 도산과 실업을 완화하기 위하여 약체화한 기업·은행에 대하여 긴급융자를 실시한 것이다. 이 정책은 단기적인 고통을 경감하였지만, 장기적으로는 일본경제에 시한폭탄을 안기게 되어, 그것은 몇 년인가 뒤에 대폭발하게 된다.

3 중화학공업의 발전

1920년대의 어둠침침한 구름이 낀 하늘 아래에서도 새로운 산업은

성장하고 있었다. 특히 중화학공업은 허약한 거시경제 아래에서도 강력하게 확장하고 있었다. 그 발자취는 철강, 화학, 전기기계, 일반기계, 인조견사(레이욘) 등 모든 중화학분야에서 볼 수 있었던 것이며, 이들 업종에서는 수입대체가 급속하게 진행하였다. 1930년대까지에는, 일본은 대부분의 기계를 제작할 수 있게 되었다. 이것은 메이지시대와는 상황이 크게 상이하다.

전간기(戰間期)에 중화학공업이 약진한 이유로서는 다음의 다섯 가지를 들 수 있다.

첫째로, 위에서 설명한대로, 제1차 대전활황기에 유럽제품의 수입단절이라는 인위적인 보호 아래에서, 이들 산업이 신장하기 시작하였다.

둘째로, 정책지원이 실시되었다. 정우회 내각 아래에서 적극재정과 군비확장이 추진되고, 이밖에도 정부는 각 산업에 있어서 과당경쟁과 설비과잉을 회피하기 위하여 칼텔의 결성을 장려·지원 하였다.

셋째로, 수력발전의 확장에 수반하는 전화(電化)의 진행이 있었다. 실제, 민간투자 가운데 가장 큰 부분을 점하고 있던 것이 수력발전소 건설이었다(민간투자의 다른 하나의 중요분야는 철도건설이다). 간사이(關西)지방에서는 전력잉여가 발생하였기 때문에, 전력회사는 차별가격제도를 도입하여 대수요의 기업에는 아주 저렴한 가격의 전력을 제공하였다. 일단 댐·발전소·송전망이 설치된 이후에는 추가적 코스트는 거의 제로(0)이므로, 전력회사에 있어 차별가격제도는 가동률을 높여 수입을 늘리는 데에 도움이 되었다. 이것은 유안(硫安)·알미늄정련(精練) 등 전력을 다량으로 사용하는 공업의 발전을 자극하였다.

넷째로, 외자를 통하여 외국기술을 흡수하였다. 전기기계, 자동차, 타이어 등의 분야에서, 니혼전기(日本電氣), 시바우라(芝浦)제작소, 미쓰비시전기(三菱電機), 후루가와(古河), 닛신(日産) 등이 GE, 웨스팅하우스, 지멘스, 포드, GM, 던로프, 굿리치 등의 구미의 다국적기업과 제휴하였다. 이 협력에는, 일본자회사의 설립, 합병, 주식참여, 기술협력 등 다양한 형태가 있었다.

다섯째로, 산업간의 연결이 체결되기 시작하였다. 예를 들면, 철강업의 성장은 조선과 기계 등의 철강을 사용하는 산업을 자극하게 되었다.

1920년대부터 1930년대에 걸친 중화학공업의 발전은 새로운 형태의 재벌을 탄생케 하였다. 이들 가운데에서 가장 큰 것은 닛지츠(日質), 및 모리(森)이었다.

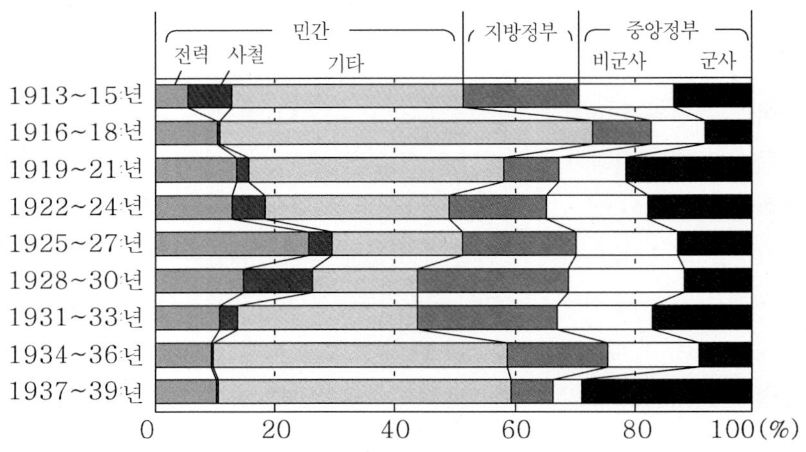

자료: 江見康一 『長期經濟統計 4－資本形成』 東洋經濟新報社, 1971年.

<그림 7-3> 투자와 담당자

미쓰이(三井)와 미쓰비시(三菱)와 같은 옛 재벌에 비하면, 이들의 신흥재벌은 ① 섬유·상업 등보다도 중화학 중심이었다. ② 은행을 사업의 핵으로서 가지지 않았다. ⑤ 정부원조와 정치적 인맥에 크게 의존하고 있었다는 것이 특징이다. 그들은 또 조선과 만주에 적극적으로 투자하였다.

* 닛산(日産)은 1928년에 아유가와 요시스게(鮎川義介)에 의하여 창립되었다. 자본을 주식시장으로부터 조달, 그 사업은 광산, 기계, 자동차, 화학 수산 등에 전개되었다. 만주에도 적극적으로 투자하였다. 히다찌(日立)와 닛산자동차(日産自動車)는 이 그룹에 속한다.
* 닛지쓰(日質)는 1908년에 노구찌 시다가우(野口遵)의 일본질소비료를 중심회사로 하여 설립된 그룹이다. 그 주된 활동은 비료, 인견, 약품, 화약, 야금 등의 전력다소비의 화학공업이었다. 조선에 중점적으로 투자하였다.
* 모리 노부데루(森轟昶)는 1920년대에 모리 노부데루(森 轟昶)가 스즈끼 사부로스께(鈴木三朗助(아지노모도(味の素)의 창립자) 등과 협력하여 창립한 신흥재벌이다. 요드, 알미늄정련, 전기기계, 화약 등의 생산에 종사하였다.

④ 외환문제

1880년대부터 1914년까지의 제1차 세계대전 이전은 국제금본위제의 시대이며, 세계는 물가안정과 자유무역을 향유하고 있었다. 일본이 국제금본위제에 참가하고, 구미통화에 대하여 엔을 고정한 것은 1897년의 일이다. 이것에 의하여 일본의 물가는 세계수준에 흡수하였다. 그렇지만 국제금본위제와 고정환율제도는 제1차 세계대전의 발발에 의하여 분쇄되어 버렸다. 엔은 1917년부터 변동환율제도로 이행하였다.

제1차 세계대전 뒤, 선진제국은 전전의 국제금본위제를 부활시키기 위한 노력을 몇 번인가 거듭하였지만, 그것은 결국 실패로 끝났다. 영국은 1925년에 금본위제로 복귀하였지만, 1931년에는 다시 포기시키지 않을 수 없었다. 세계가 금본위제로 복귀하지 않았던 이유로서는 자유무역이 후퇴하여 보호주의로 지향하고 있었다는 것(국제상품시장의 분단경향), 각국 정부의 관심이 대외적인 금태환성(金兌換性)보다도 실업문제를 비롯한 국내거시경제운영으로 전환하였다는 것을 들 수 있다. 이 결과, 의미 있는 국제금융협조는 거의불가능하게 되어버렸다.

일본도 1달러=2엔의 옛 평가로 금본위제로 복귀하려고 고려하고 있었다. 정부는 고정환율의 재도입을 1919년, 1923년, 1927년과 수차례에 걸쳐서 계획하였지만, 다양한 이유에 의하여 실현될 수 없었다. 이 시기를 통하여 '금해금(金解禁)'(금의 수출을 자유화하여 금본위제로 복귀하는 것)이 일본경제의 큰 목표가 되었다. 정부가 그런 의도를 표명할 때에 시장의 기대에 의하여 엔은 상승하였지만(옛 평가는 실제의 엔보다도 높았기 때문에), 실제의 정책발동이 없다는 것을 알게 되자 엔은 다시 하락하였다. 상업계는 국내은행과 외환거래자(특히 상해의 시장관계자)의 투기적 행동을 비난하였다. 외환불안정은 불황에 고민하는 일본경제를 다시 괴롭히게 되었다.

5 1920년대의 협조외교

제6장에서 설명한 바와 같이 메이지 말기가 되어, 세계경제에 일본의 대두는 구미와 동아시아에 있어서 새로운 위협으로 간주되게 되었다. 제1차 세계대전 뒤, 일본은 이들 나라들의 우려를 불식하여, 구미 특히, 미국과의 우호관계를 재구축하고자 노력하였다. 이 시기, 민정당

정권의 외무부장관을 몇 번이나 역임한 사람이 시데하라 끼시게로(弊原喜重朗, 재임1924-27년 및 1929-31년)이다. 그는 이 협조정책-시데하라외교-을 강력하게 추진하였다. 이 결과, 1920년대의 일본의 대외정책은 그 전후와 비교하여 군사침략적 색채가 비교적 희박하였다.

1921년에 미국은 해군군축을 위한 워싱톤회의를 소집하여, 일본에게도 참가를 요청하였다. 이 회의의 목적은 주요국의 주력 함대의 보유에 대한 상한의 설정이었다. 총톤수에서 구체적으로 제시된 비율은 미국과 영국이 각각 5, 일본이 3, 프랑스와 이태리가 각각 1.67 이라는 것이었다. 일본정부대표단은 이 조약에 기꺼이 서명하였다. 왜냐하면, 해군은 다시 군함건조를 요구하고 있었던 것으로, 군사확대 예산은 국가재정에 큰 부담이 되어 있었기 때문이다. 이 조약을 받아들임으로써 구미의 일본에 대한 이미지를 부드럽게 하는 의도도 있었다.

워싱톤회의(1921-22년)   시데하라 끼시게로(1872-1951)

워싱톤회의에서 또 하나 일본에 있어서 매우 중요하였던 것은 중국에 관한 9개국 조약의 조인이다. 이 조약은 중국의 주권을 존중하고, 그 영토를 군사적으로 탈취하는 것을 금지한 위에서, 열강제국이 중국에 있어서 경제이익을 '문호개방·기회균등' 원칙의 아래에서 서로 나누는 것을 약속한 것이다. 일본에 있어서는 일본이 만주·몽고에 대하여 특수이익을 갖는 것이 암묵리에 양해되고, 그리고 악명 높았던 21개조 요구도 철회가 아니라(수정은 있었던 것으로) 승인되었다는 점에서 외교적 성과라고 할 수 있는 것이었다. 단, 이것은 어디까지나 일본이 무력에 의해 중국을 침략하거나, 구미가 중국에서 갖는 경제이익을 뺏거나 하지 않는 것을 전제로 하는 승인이었다.

시데하라는 일본외교에 있어서 미국과의 우호관계가 결정적으로 중요하다고 굳게 믿고 있었다. 또 그는 일등국의 지위를 얻어, Big5의 일원이기도 한 일본은 자국의 이익을 추구할 뿐만 아니라, 세계 전체의 평화와 번영에 공헌할 의무를 진다고 생각하였다. 중국에 대한 정책에 관해서는 일본은 중국대륙에서 갖는 경제이익을 비군사적 수단(외교협상)에 의해 고수해 가야한다는 의견이었다. 시데하라외교의 이상주의는 그가 1925년1월에 귀족원(貴族院) 본회의에서 있었던 연설에서 여실히 나타나고 있다.

"지금 세계의 인심은 일반적으로 편협하고 배타적인 이기적 정책을 배척하고, 군대의 남용에 반대하며, 침략주의를 부인하고, 만반의 국제문제는 관계하는 열강의 양해와 협력을 가지고 처리해야 한다는 기운(氣運)으로 향하여 나아가는 것을 인정할 수 있는 것입니다.……우리나라는 이제 극동의 한 구석에 고립하여, 문호를 닫고 자기단독의 생존에만 한계를 국한할 수 있는 것이 아니라, 국제연맹의 주요한 일원으로서, 세계의 평화, 인류의 행복에 대하여, 중대한 책임을 부담할 순서이다. 따라서 싫어도 이 큰 목적에 관계있는 문제는 자국에 있어서 이해가 경미하여도 간접적이어도 당연히 이것이 토의로 대표되지 않으면 아니 된다는 입장에 있는 것이다. 우리나라가 이와 같이 중대한 책임을 부담하는 것은 오늘날에 있어서 이제 그 가부를 논해야할 경우가 아니라, 어떻게 하던 피하지 않으면 아니 되는 시대의 요구이다. 전 세계를 움직이는 큰 진보의 힘이 그렇게 만드는 것이라고 믿는다."

그렇지만 미·일관계는 미국에 있어서 일본인 이민문제를 둘러싸고 점차 험악하게 되어가고 있다. 일본인 이민은 캘리포니아주, 오레곤주, 와싱톤주 등 서해안에 집중하고 있었지만, 그들은 너무나도 근면하고, 또 문화적으로도 현지에 친숙하려고 하지 않았던 것으로, 일반의 미국인은 그들을 배척하게 되었다(이것은 중국인이민에도 어느 정도 해당하는 상황이었다). 일본인학교는 격리되어, 그들의 자유는 박탈되고, 마지막으로는 재산까지 몰수되어 버렸다. 일본정부는 새로운 미국이민을 중단할 것을 미국에 약속하였지만, 그 대신에 이미 이민 간 일본인을 평등하게 취급하도록 요구하였다. 이 문제는 양국관계에 있어서 성가신 가시가 되었다.

시데하라외교의 중국정책, 즉 군사개입을 하지 않겠는다는 방침은 군부와 우익이 '연약외교(軟弱外交)'의 상표를 붙여 심한 공격을 맞이하게 되었다. 여기에서 지적해 두고 싶은 것은 당시 언론의 대부분도 중국에게 너무나 호의적이라는 시데하라 비판에 쫓았다는 점이다. 적어도 시데하라 외교에 관해서는 군국주의적인 정부가 평화를 요구하는 언론을 억압하였다는 구도는 전적으로 해당하지 않는다. 오히려 공격적인 여론은 국제협조를 모색하는 시데하라를 점차 궁지로 몰아넣었다. 1927-29년에는 정우회(政友會)의 다나까(田中義一)가 정권을 담당하였지만, 시데하라 외무부장관이 부재(不在)의 다나까내각은 중국에 군대를 세 번에 걸쳐 파병하였다(산동출병(山東出兵).

그리고 이어 1931년에 만주사변이 발발하였다. 관동군(중국에 주둔하는 일본육군)이 중국동북부를 침략하기 시작한 것이다. 이 군사행동은 동경의 정부로부터 독립적으로 계획·실시된 것이며, 일본정부는 곧 제지하려고 하였지만 관동군은 그대로 따르려고 하지 않았다. 즉시, 정전을 요구한 시데하라 장관의 요구는 무시되었다. 시데하라외교의 시대는 이렇게 하여 종언(終焉)을 맞이한 것이다.

〈다이쇼민주주의(大正民主主義)〉

○吉野作造 (1878 ~ 1933 年)

다이쇼시대(大正時代, 1912-26년)에 대개 대응하여, 민주주의와 인권존중을 요구하는 다양한 사회운동이 활발하게 되었다. 예를 들면, 선거를 거치지 않는 원훈(元勳, 메이지유신공로자)·관료에 의한 한벌정치(藩閥政治)에 대한 항의, 여성해방, 에도시대 이래의 피차별민의 인권회복, 보통선거요구, 문화에 있어서 자유운동 등이다. 이들의 움직임을 총괄하여 다이쇼민주주의(大正民主主義)라고 한다.

다이쇼민주주의의 지적 지도자의 한 사람이 동경대학의 정치학교수의 요시노(吉野作造)이다. 그는 다수의 논고(論稿)를 일반잡지에 발표하였다. 그의 이론인 '민본주의(人本主義)'는 민주제도를 형태로서 도입하는 것만으로는 아니 되며, 입헌정치의 현실의 작용을 개선해야 할 필요성을 설파하였다. 그는 또 대중을 이끌어가는 엘리트의 역할의 중요성과 보통선거의 바람직함을 주장하였다. 선거권을 극소수의 부유자로부터 일반대중에게로 넓힘으로써, 오직·금권정치가 없어지고, 국가비전에 기초한 정치의 시대가 온다고 요시노는 주장하였다(이 점에 관해서는 요시노교수는 점점 지나치게 낙관적으로 되어갔다).

엘리트의 역할에 관하여 요시노(1916년)는 이렇게 쓰고 있다.

"민본주의의 정치에 있어서는 소수의 현자(賢者)의 계급은 전적으로 용도가 없는 것인가라고 오해할 수도 있겠지만, 이것은 결코 그렇지 않다. 소수의 현자가 독립한 한 계급을 이루어, 다수와 몰협상으로 정권의 운용을 전횡(專橫)할 때에는 물론 패해가 있다. 그렇지만 그들이 스스로 겸손하게 다수 가운데에 몰두하여, 양(陽)으로 다수자의 의향에 따르며, 음(陰)으로 다수자의 정신적 지도자로서 공적인 일에 임할 때,

그들은 진정한 현자로서의 임무를 가장 적당하게 하는 일을 얻는 것이다.……다수정치라고 하여도, 문자 그대로의 바보 같은 대중의 맹목적인 행동이 정계를 지배하여서는 국가의 건전한 발전은 기대할 수 없다. 다수자는 형식적 관계에 있어서는 어디까지나 정권활동의 기초, 정계의 지배자이지 않으면 아니 된다. 그렇지만 그는 내면에 있어서 실로 정신적 지도자를 필요로 한다. 즉, 현자인 소수의 식견능력의 교시(敎示)를 숭상하지 않으면 아니 된다는 것이다. 이리하여 다수가 훌륭한 정신의 지도를 받을 때는 그 국가는 정말로 훌륭한 것이다. 소수의 현자는 근대의 국가에 있어서 실로 이 임무를 다하여야 하는 것이다.”

1925년에는 소득제한 없이 25세 이상의 성년남자에게 선거권을 부여하는 보통선거법이 성립하였다. 그렇지만 같은 해에, 공산주의와 무정부주의자를 탄압하기 위한 치안유지법도 의회를 통과한 것이었다(단, 당시는 구미제국에도 마찬가지의 법률이 있었기 때문에, 일본의 특유한 법률이라고는 할 수 없다). 여성에 대한 선거권확대는 1946년까지 기다리지 않으면 아니 되었다.

실제의 정치과정에 있어서 다이쇼민주주의의 최대의 성과는 1924년부터 1932년까지 정우회(政友會)와 민정당(民政黨)의 2대 정당 사이에서 펼쳐진 정당정치였다. 즉, 원훈과 그들에게 지명된 군인·관료가 아니라, 의회에서 최대다수를 갖는 정당의 지도자가 수상이 되어 내각을 조직한다는 정치형태이다. 현재의 내각이 어떤 이유로 신임을 상실하였을 때에는, 대립정당의 지도자가 정권에 임하는 것이 요청되었다. 이 정권교대 룰을 당시의 용어로 ‘헌정의 상도(憲政의 常道)’라고 한다. 그렇지만 1930년대가 되자, 정당정치는 군부·우익으로부터의 압력과 수많은 정치가 암살, 그리고 2대 정당의 하나였던 정우회의 군부·우익에 대한 기능불능에 빠져 드디어 정지되어버린다(제9장 참조).

大正デモクラシー

普通選挙運動の野外大演説会
（上野公園，1919 年）

제 8 장

1927년의 은행위기

1 기관은행(機關銀行)의 난립

당시의 '기관은행'이란 1개사 혹은 소수의 기업에만 융자를 하는 것을 목적으로 존재하는 은행을 지칭한다. 그와 같은 은행은 융자를 받는 모회사에 종속하여 독립한 경영권을 가지지 못한다. 당연하지만, 그곳에는 다양한 문제가 발생한다.

① 소유와 경영의 미분리
　　-동일인물이 기업·은행을 소유하고 경영하는 등.
② 정보개시(情報開示)의 부족.
③ 융자회사의 집중, 포트폴리오분산화의 부재.
④ 리스크관리, 프로젝트평가 등의 능력의 결여

왜 그와 같은 은행이 설립되는 것일까. 예를 들면, 어느 지방의 명사가 사업을 시작하고 싶다고 생각하였다고 한다. 이를 위해서는 회사를 창립하지만, 다른 사람의 개입 없이 친척만으로 지배하고 싶어, 주식공개와 차입은 하지 않는다. 그 회사에서 동일인물에 의하여 은행이 별도 설립되어, 그 은행에서 회사의 필요자금을 조달시키는 것으로 한다. 그

명사는 그 지방에서 잘 알려져 있어, 사람들은 재무상태를 몰라도 그 은행에 안심하고 예금한다. 이와 같이 하여 다수의 중소의 기관은행이 일본에 설립되어, 메이지 말기에는 200개를 넘었다. 이 숫자는 과잉이었다.

경제가 활황일 때에는, 적당한 은행에서도 이익을 낼 수가 있다. 그렇지만 제1차 세계대전이 끝나고 불황의 시대가 시작되자 기관은행의 불량채권은 눈사람같이 불어났다. 단, 재무정보는 공개되어 있지 않아, 외부의 사람들은 문제가 어느 정도 심각한 것인가를 알 수가 없었다. 앞에서 설명한대로, 제1차 세계대전의 불황기에 정부와 일본은행은 약체화한 은행과 기업을 퇴출시키는 것이 아니라, 긴급융자에 의해 구제하는 것을 선택하였다. 이와 같이 하여, 1920년대의 일본경제는 설비과잉과 불량채권을 계속 안게 되었다.

2 관동대진재(關東大震災)와 진재수표(震災手票)의 문제

1923년9월1일, 관동지방 남부는 마그니튜드 7.9의 거대한 지진이 발생하였다. 동경과 요코하마는 파멸적인 피해를 입었다. 피해의 대부분은 화재에 의한 것이었다. 일본의 가옥은 목조가 많았던 데다, 지진이 정오 직전의 점심식사를 조리하고 있는 시각에 발생하였기 때문이다. 이 지진에 의한 사망자는 10만명, 행방불명자는 4만8천명이라고 한다. 모든 외국으로부터도 지원이 있었다. 외국인은 이 참사 가운데 평정과 질서를 잘 유지한 일본인을 칭찬하였지만, 실제로는 자경단(自輕團)의 손으로 헛소문에 따른 재일조선인의 학살이 발생하고 있었다.

일본은 지진국(地震國)이다. 이 나라에서는 어디에서도 지진을 피할 수는 없다. 지진은 또 화산과 온천과도 관계가 있다. 이것은 일본열도가 지구의 지각(地殼) 위를 이동하는 4개의 프레이트(plate)가 충돌하는 곳에 위치하고 있기 때문이다. 지진에는 두 가지의 유형이 있다.

첫째는, 두 가지의 프레이트가 충돌하여 한쪽이 지구의 내부로 천천히 가라앉을 때, 양자 사이에 큰 비뚤어짐이 발생한다. 그것이 한꺼번에 해방될 때에 대지진이 일어나는 것이다. 이런 종류의 지진은 상당히 깊은 부분에서 발생하여, 넓은 지역을 흔든다. 이런 지진을 해구형(海溝型)이라고 한다.

둘째로, 지표 가까이에는 무수한 활단층(活斷層)이 있어, 그것들이 움직일 때에 지진이 발생한다. 그러한 지진의 규모는 작고 흔드는 범위도 좁지만, 직하형(直下型)인 것으로 진원의 바로 위에서는 큰 피해가 발생할 수 있다. 이것을 단층형(斷層型)이라고 한다. 관동대진재는 첫째의 유형이고, 최근의 고오베(神戶)와 타이완(臺灣)의 지진은 둘째의 유형이다.

과거의 기록에 의하면 대지진은 관동지방을 몇 십 년에 한 번의 불규칙 주기로 내습하고 있다. 가장 가까운 관동대진재가 1923년이었기 때문에, 이제 다음의 대진재가 일어나도 이상하지 않은 시기가 되고 있다. 단, 지진학자는 아직 그 징후를 잡지 못한다. 그들은 오히려 아주 가까운 장래에 쓰루가와만(駿河灣)을 진원으로 하는 대지진이 일어나는 것을 보다 걱정하고 있다. 이 지진은 발생 전부터 이미 '도까이지진(東海地震)이라고 명명되어 있다. 시꼬꾸오끼(四國沖)와 기노한도오끼(紀伊半島沖)도 대지진이 일어날 수 있는 지대이다. 만약 해저가 진원이라면, 쓰나미(津波)가 발생할 가능성도 있다.

1923년으로 되돌아가 보자. 관동대지진의 발생 직후, 일본은행은 관동지방의 은행에 대하여 특별융자를 실시하였다. 이것은 진재수표(震災手形)의 재할인이라는 형태로 이루어졌다. 그 목적은 피해지역에 있어서 상업신용의 마비를 방지하기 위해서이다.

진재수표구제의 구조는 다음과 같다.

먼저, 피해지역으로부터 돌아오는 수표-기업이 거래기업에 건네고, 장래시점에 일정금액을 지불할 것을 약속한 유가증권-는 우선 은행에서 할인된다(현시점부터 만기까지 이자를 차감하여, 은행이 기업으로부터 수표를 매입하는 것). 이것에 의하여 거래기업은 바로 현금을 받을 수가 있다.

다음으로, 은행은 매입한 수표를 일본은행에 가져가 재할인하여 받는다. 즉, 일본은행이 마찬가지 방법으로 은행으로부터 수표를 매입하는 것이다. 이것에 의하여 은행 자신도 유동성을 얻는다. 이런 방법을 통하여 일본은행은 피해지역에 자금을 공급하여, 대지진 뒤의 경제활동을 뒷받침하였다. 수표재할인에 의하여, 예를 들면 지진피해 때문에 채무를 바로 지불하지 않는 기업이 속출하였다 하여도, 기업시스템 전체가 정지해 버리는 사태를 피하고자 한 것이다.

이 일시적인 구제조치가 금융유통의 유지에 도움이 되었다는 것은 틀림없다. 그렇지만 그것은 새로운 문제를 일으키게 되었다. 왜냐하면 긴급사태 가운데에서 일본은행은 피해지역에서 발행한 상업수표를 심사하지 않고 재할인하였기 때문에, 지진과는 관계없이 이전부터 지불불능채권을 안아 어려움에 있었던 기업과 은행이 즐거이 그 불량채권을 일본은행에서 할인하였기 때문이다. 말하자면 그들은 이 제도를 악용하여 불량채권을 일본은행에서 현금으로 교환한 것이었다.

만약 어려움이 정말로 지진에 의한 것이라면, 그 가운데에는 피해가 커 폐업하는 기업도 있을 것이다. 대부분의 기업은 시간이 지나면 사업을 재개할 수 있는 것이며, 드디어 일본은행은 그들이 발행한 지진수표의 대부분을 회수할 수 있는 것이다. 그렇지만 실제로는, 2년 뒤의 시점에서도, 결제가 끝난 진재수표는 절반 정도에 지나지 않았다. 나머지의 대부분은 관동대진재와는 아무런 관계도 없는 불량채권이 산더미처럼 쌓였다. 이러한 채권은 아무리 기다려도 회수불능이다. 이것을 일본은행이 떠안은 채로 큰 손실이 발생하였기 때문에, 이 사태를 어떻게 정상화시키지 않으면 아니 된다. 이것을 당시 '진재수표처리문제'라고 하였다.

진재수표를 정상화하기 위하여, 정부는 두 가지의 법안을 준비하였다. 첫째로, 각 은행이 안고 있는 진재수표에 관해서는, 정부가 발행하는 국채를 담보로 하여 10년간의 채무연장을 허가한다. 둘째로, 정부는 일본은행에, 진재수표에 의한 일본은행의 손실을 메우기 위하여 최고 1억 엔을 제공한다. 말하자면, 불량채권이 된 진재수표를 일부는 채무연장, 일부는 공적자금투입에 의한 장부취소에 의하여 해소하고자 하는 것이다. 이들의 법안은 1927년1월에 의회에 상정되어, 심의가 개시되었다.

3 은행위기의 제1파도

가다오까 나오하루(片岡直溫)재무장관은 진재수표처리에 관한 2개의 법안을 빨리 성립시키고자 희망하였지만, 의회에 있어서 질문은 정당간의 항쟁에 얽혀있었다. 왜 정부는 국민의 세금을 사용하여 대은행과 대기업을 구제하는 것인가 하며 격렬하게 비난하였다. 그리고 반대파는 불량채권의 규모와 그것들을 보유하고 있는 은행의 이름을 밝히도록 정부에 요구하였다. 이 시점에서 그러한 정보는 일체 공개되어 있지 않으며, 소문만이 무성하였던 것이었다. 그리고 정부의 진정한 의도는 공익이 아니라, 정치적 협력자의 구제가 아닌가 라고. 이리하여 심의는 많이 보류되었다. 이들의 논쟁(論爭)을 통하여 불량채권의 규모가 점차 폭로되었다. 국민은 그 크기에 쇼크를 받아, 은행시스템에 대한 국민들의 불안은 높아져 갔다.

<사진> 예금자들의 예금인출 소동

1927년3월14일의 일이다. 가다오까재무장관은 중의원 예산위원회에서, 집요하고 악의에 찬 질문에 답변하고 있었다. 그는 야당이 문제의 심각함을 이해하지 못하고 논의를 영원히 끌고 가고자 하는 데에 곤혹스러워하였다. 현황이 어떻게 위기적인가를 나타내기 위하여, 그는 "오늘 정오쯤, 와다나베은행(渡邊銀行)이 드디어 파탄하였습니다."라는 최신정보를 흘렸던 것이다. 장관의 이와 같은 발언은 금융시장에 있어서나 일반시민에 있어서나 생각할 수 없는 폭탄발언이었다. 인심은 한꺼번에 동요하여, 각 은행 앞에는 저금을 인출하고자 하는 예금자의 행렬이 길게 늘어섰다. 게이힝지방京浜地方)의 대부분의 은행이 폐쇄되었다. 그렇지만 이것은 지방적인 위기이며, 은행설치의 제1파도에 지나지 않았다. 보다 심각한 사태는 뒤따라 왔다.

엄밀하게 말하면, 동경의 와다나베은행은 그 시점에서 파탄은 하지 않았다. 이 은행은 현금을 충당하기에 고민하고 있었던 것으로, 문제는 곧 해결되었다. 재무장관에게 메모를 돌린 관료가 최초의 보고를 취소하는 것을 잊었다는 것이 실정이었다. 단, 동경의 와다나베은행은 재무장관의 '실언'에 오히려 즐거워 하였을 것이라고 추측할 수도 있다. 이 은행은 폐쇄를 희망하고 있었지만, 무언가 좋은 구실이 필요하였다. 이 실언사건에 의하여, 은행경영자는 파탄의 책임을 자신들이 아니라 재무장관이라는 것이다.

대부분의 사람들은 1927년의 은행위기로 시작된 재무장관의 부주의한 발언을 꾸짖었다. 이 비난은 그 이후에도 계속되었다. 그렇지만 여기에서 잊어서는 아니 되는 것은 그의 실언이 있든 없든, 일본의 금융 시스템은 이미 제1차 대전 이래의 거대한 불량채권을 안고 있었다는 사실이다. 일련의 은행위기의 원인은 구조적인 것이며, 그것을 한 장관의 책임으로 돌릴 수는 없는 상황이었다.

4 스즈끼상점(鈴木商店)과 타이완은행(臺灣銀行)

스즈끼상점(鈴木商店)은 제1차 대전기(大戰期)에 투기적 상업을 대대적으로 하여 급속하게 확대하였다. 벼락부자형(成金型)의 상사(商社)이다. 그 본사는 고오베(神戶)에 있으며, 지배인은 가네꼬(金子直吉)였다. 최성기(最盛期)의 매상은 미쓰이물산(三井物産)과 미쓰비시상사(三菱商事)라는 대재벌의 상사를 능가하였다. 스즈끼상점은 대만의 식민지 정부, 대만은행, 정당사업(精糖事業)과 깊은 관계를 가지고, 또 대만산의 캄플의 독점판매권도 갖고 있었다.

<사진> 台湾銀行本店

　이 시기에, 대전거품이 터지자, 스즈끼상점은 다른 부락부자비즈니스와 마찬가지로 대량의 불량채권을 떠맡게 되어 어려움에 빠졌다. 거기에서 주요 은행이었던 대만은행에 구제융자를 요청하였다. 대만은행이란 대만식민지의 중앙은행과 일반의 상업은행을 겸업하는 특수은행이다. 절반은 공적인 역할을 담당함에도 불구하고, 대만은행은 스즈끼상점을 비롯한 일본 본토에 적극적인 융자를 전개하고 있었다. 스즈끼상점에 대한 융자의 회수가 불가능하였을 때, 대만은행은 스즈끼상점과의 관계를 곧 해소할 수가 없었다. 왜냐하면, 대만은행융자에 점하는 스즈끼의 비율이 너무 많았기 때문이다. 어쩔 수 없이 대만은행은 스즈끼의 융자계속의 요청에 따라, 기존채무의 차환(借換)과 신규융자를 계속하였다. 이 스즈끼와 대만은행의 썩어빠진 인연으로 불량채권은 눈사람과 같이 커져, 최종적인 해결을 점점 지연시켜 간 것이다. 이것은 말하자면 최대규모의 기관은행 문제였다. '은행으로부터 소액을 빌리고 있는 사람이 파탄하였다면, 그것은 차입자의 문제이나, 은행으로부터 거액을 차입한 자가 파탄하였다면, 그것은 은행의 문제이다."라는 격언을 생각

하게 한다.

실제, 당시의 국민은 몰랐었지만, 1926년말 시점에서의 결제하지 못한 진재수표의 48.4%는 스즈끼상점·대만은행 사이의 불량채권이 점유하고 있었다. 즉, 진재수표의 정상화란 스즈끼상점·대만은행 문제를 해결하는 것밖에 없었던 것이다.

1927년 3월 26일, 이어서 대만은행은 스즈끼상점에 대한 추가융자를 거부하기에 이르렀다. 이 뉴스는 양자의 불량채권 문제를 상상을 훨씬 초월하는 규모라는 것을 나타낸 것으로서, 사람들에게 큰 쇼크를 주었다. 국민은 대만은행이 특수은행이기 때문에 반드시 정부가 이 문제를 잘 처리할 것이라고 생각하고 있었던 것이다. 스즈끼상점의 지배인인 가네꼬 자신도 "만약 스즈끼상점이 망하면 일본재계(日本財界)가 망하는 것이다. 때문에 정부도 결코 스즈끼를 망하게 하지 않을 것이다."라고 말하였다. 이것을 도덕적 해이(moral hazard)의 문제라고 한다. 대만은행과 스즈끼의 절연(絶緣)을 정부가 방치하리라고는 아무도 예상하지 않았다. 그것이 현실이 되었을 때, 은행예금인출의 제2파도가 발생한 것이다. 이번은 스즈끼상점의 주된 영업지역인 간사이지방(關西地方)이 피해의 중심이 되었다.

5 일본은행이 정부보상을 요구

대만은행의 재무제표는 아주 변칙적이었다. 자산 쪽에는 스즈끼상점 앞으로의 거액의 회수불능의 융자가 있었다.1926년의 총대출 4억9,400만엔 가운데 스즈끼가 3억5,700만엔, 즉 72%의 쉐어를 점하였다. 부채

쪽은 통상의 민간예금이 아니라, 콜론(다른 상업은행으로부터 단기차입)과 일본은행으로부터의 융자에 의하여 뒷받침되고 있었다. 대만은행과 스즈끼의 절연이 통보되자, 당연한 일이지만, 다른 은행은 대만은행에 대한 콜론을 일제히 인출하였다. 때문에 대만은행이 살아남는 길은 일본은행에 융자를 요청하는 것이었다.

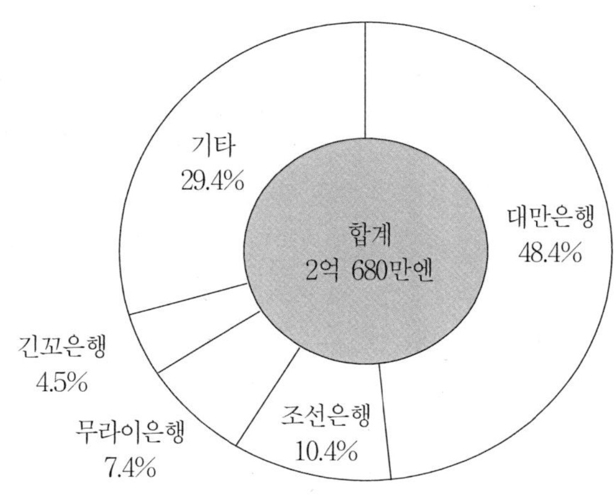

자료: 高橋·森垣 [1993] pp.146.

<그림 8-1> 결재되지 않은 진재수표의 내역(1926년말)

사태가 여기에까지 이르렀을 때, 이어서 일본은행도 무조건으로 대만은행을 구제하는 것을 거절하였다. 일본은행은 대만은행 구제로 일본은행이 입을 수 있는 손실을 보전하기 위한 법률이 성립하지 않는 한, 대만은행 구제에는 응할 수 없다고 통고한 것이다. 일본은행은 오랫동안 정치적 압력 아래에서 어려움에 빠졌던 은행을 계속 지원하여 왔다. 그렇지만 이 정책은 일본은행 자체의 자산의 건전성을 해치는 것이었다. 금융위기의 결정적인 순간에 있어서, 중앙은행인 일본은행은 비로소 정부로부터의 독립성을 주장하고, '최후의 대출자'의 역할을 연출하는 것

을 거부한 것이었다. 거기에서 정부는 일본은행의 요구를 만족시키기 위하여, 서둘러 긴급법령을 어쩔 수 없이 준비하게 되었다.

이 긴급법령안은

① 일본은행은 대만은행에 대하여, 1928년 5월말까지 무담보의 특별 융자를 부여할 수가 있다.
② 정부는 이 융자에 관하여 일본은행이 입는 손실을 2억엔을 상한 으로 하여 보상한다, 라는 내용이었다.

법령(천황이 발표하는 명령)은 추밀원(樞密院)에서 승인된 뒤에, 천황의 서명을 받아 비로소 효력을 갖는다. 정부는 긴급법령안이 추밀원에서 쉽게 재가되는 것을 낙관하고 있었다. 그렇지만 보수파의 정치가·관료의 영향이 강했던 추밀원은 의외로 이 법령안이 부결되었다. 그 이유는 추밀원 위원이 군사적 수단으로 호소하지 않고 중국의 이권을 유지한다는 정부의 '연약외교(軟弱外交)'(시게하라외교)에 불만을 가지고 있었기 때문이다(제7장 참조). 법령이 부결되자, 일본은행은 대만은행에 대한 구제를 정지하였다. 이리하여 1927년 4월 18일에 대만은행은 휴업에 들어갔다. 같은 날에 면공업과 관계가 깊은 간사이대은행(關西大銀行)의 긴고은행(近江銀行)도 휴업하였다.

대만은행과 긴꼬은행의 동시휴업은 전국에 미치는 대규모적인 은행 예금인출로 발전하였다. 이것이 1927년에 발생한 제3 및 최대의 금융공황의 파도였다. 4월 22일에, 정부는 전 은행에 대하여 2일간의 '자주적 휴업'의 명령을 발동함과 동시에, 법령에 의하여 앞으로 3주간에 미치는 지불유예(moratorium)를 공표하였다. 이 조치는 아주 약간의 생활예금의 인출을 제외한 모든 채무이행을 일시 정지함으로써, 은행을 예금인출로부터 지키기 위해서였다. 그 사이에, 각 은행은 대량의 지폐를 거두어들여 예금자에게 과시하여, 사람들의 불안을 불식하기에 이르렀다. 모라토리움의 기한이 끝나고 다시 은행이 개업하였을 때, 공황(panic)은 더 이상 일어나지 않는 평정상태로 돌아왔다. 단 물론, 사라져버린 은행과 저금을 상실한 예금자에 있어서는 상황은 원상태로 회복되지 않았지만.

6 금융공황의 귀결

1927년의 금융공황은 기본적으로 은행예금인출의 문제였다. 그것이 거시경제에 미친 영향은 마이너스였지만, 파멸적인 생산붕괴를 수반한 것은 없었다. 거시경제로부터 보아 최악의 사태는 그 몇 년 뒤에 다른 이유에 의하여 발생하게 된다(제9장 참조).

1927년의 은행위기의 최대의 귀결은 은행집중이었다. 이 위기의 뒤, 정부는 불건전한 은행을 청산 혹은 합병시켜, 수 십 개의 새로운 은행으로 정리·통합하였다. 이 과정에서 파탄한 은행의 예금자는 평균35-50%의 예금을 상실하였다고 한다. 그리고 정부는 은행의 자본금규모에 최저기준을 설정하는 등의 조치로 살아남은 소은행의 합병을 촉진하였다. 또 국민도 작은 지방은행으로부터 유명한 큰 은행으로 자신들의 예금을 전환하였다. 이리하여, 상업은행 수는 1919년의 약 2,000개에서 1932년의 625개로 격감하였다. 사람들의 예금은 미쓰이, 미쓰비시, 스미도모(住友), 야스다(安田), 다이이찌(第一)의 5대 은행으로 집중하게 되어, 지방에 밀착한 중소은행의 감소는 중소기업에 대한 융자를 줄이게 되었다. 그렇지만 다른 방면으로부터 보면, 약소한 기관은행이 일제히 제거된 것은 은행시스템의 근대화에 있어서 바람직한 것이기도 하였다.

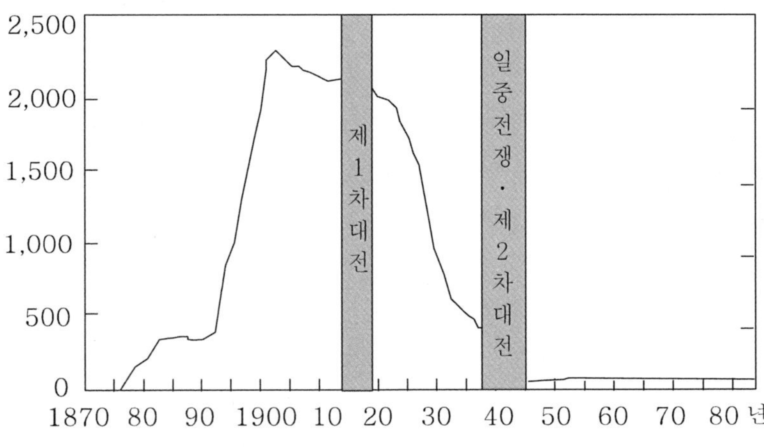

자료: 総務庁統計局 『日本長期統計総覧 3』 日本統計協会, 1988年.

<그림 8-2> 은 행 수

분명히, 오늘날과 비교하여도 1920년대의 금융시스템은 불안전한 것이었다고 할 수 있다. 예금보험은 존재하지 않고, 은행을 감시하는 메커니즘과 BIS의 자기자본비율과 같은 규제도 없고, 그리고 일본은행은 '최후의 대부자'로서의 역할을 도중에서 포기해버린 것이다. 그렇지만 이 마지막에 관해서는 아직 논의해야할 것이 남아있다. 금융위기의 결정적 순간에 대만은행을 거절한 일본은행은 비난받아야 할 것인가. 이것에 관해서는, 다음의 여러 점을 고려할 필요가 있을 것이다. 그 위에서 판단은 독자 각자에 맡기고 싶다.

① 그때까지 일본은행은 자신의 의지와 자산건전성에 반하는 은행구제를 때때로 강요받아 왔다. 확실히 대만은행 휴업이 금융시스템에 미친 피해는 매우 컸지만, 그러나 긴급융자를 제한 없이 계속

하는 것이 올바른 해답이었다고는 할 수 없는 것은 아닌가.

② 일본은행은 금융시스템의 붕괴를 방지하기 위해서는 자금을 무제한으로 공급할 필요가 있다는 것을 인식하고 있다. 그렇지만 일반국민과 의회에 있어서는 소수의 큰 은행에 공적자금을 투입하는 것에 대한 정치적 반발은 매우 강하다는 것이었다. 이 때문에, 일본은행에 대하여 엄격한 태도를 취하지 않을 수 없었다.

③ 확실히 은행파탄은 단기적인 희생을 강요하고 있지만, 만약 사후처리가 잘 되었다면, 장기적으로는 살아남은 은행의 전체적인 건전성을 확보할 수가 있다.

〈하마구찌오사찌(兵口雄幸)와 고이즈미 준이찌로(小泉純一朗)〉

"다음은 하마구찌내각(1929-31년)과 고이즈미내각(2001-2006년)의 정책을 비교한 2001년10월에 종합잡지 〈논좌(論座)〉에 게재된 반노(坂野潤治)의 논고 〈하마구찌(兵口雄幸)와 고이즈미(小泉純一朗)〉에서 발췌한 것이다. 이 장과 다음 장의 양쪽에 관련하는 내용이지만, 여기에 게재한다."

1920년대의 일본은 무엇보다 경제의 구조면에서 현재와 마찬가지의 문제를 안고 있었다. 먼저 제1차 대전의 거품의 뒤, 그것을 어떻게 처리할 것인가를 둘러싸고, 헤이세이(平成)거품 뒤의 1990년대의 대응과 비슷한 현상이 일어나고 있었다. 당시도 고통이 두려워 처리를 애매하게 하여, 뒤로 미루었기 때문에, '잃어버린10년'이라고 할 수 있는 정체(停滯)를 초래하고 있었던 것이다.

이 20년대의 불량채권의 처리라는 과제로부터 금해금(金解禁)이라는 정책결단에 이르기까지의 상황은 고이즈미정권시기에 직면하고 있는 경제상황에 겹쳐서 보인다. 당시도, 재정으로 뒷받침하여 온 일본경제가 어쩔 수 없는 상황에까지 이르렀다. 경제의 경쟁력을 붙이기 위해서는, 금본위제를 도입하여, 열악한 기업은 퇴출시키고, 우량기업의 기술혁신을 촉진하는 등의 방법은 없었던 것이다.

그렇지만 최근, 언론 등에서 논의되고 있는 하마구찌내각에 대한 평가는 그러한 경제개혁을 단행한 재무장관, 이노우에(井上準之助)에 대한 평가도 더하여, 결코 훌륭한 것은 없다고 해야 할 것이다. 금해금을 단행한 직후에 일본경제가 조우한 세계공황의 역사도 겹쳐, 하마구찌·이노우에의 경제정책의 고통의 부분만을 제거하려는 것이다. 그 뒤, 재정의 확대에 타(陀)를 되돌린 재무장관, 다까하시(高橋是淸)의 쪽에 깃발(軍配)을 들어주어, 고이즈미내각은 하마구찌내각의 두 가지의 춤을 추게 하여서는 아니 된다는 교훈이라는 것이다. 과연 그것이 역사의 교훈인 것일까.

평가가 높은 다까하시재정의 구체적 내용은 만주사변의 군사비를 공채로 메웠다는 것과 지방경제를 불경기로부터 벗어나기 위하여 토목예산을 지출한 것이었다. 시국구제, 현대풍으로 말하면 '당면의 경기대책'이다. 농촌에 돈을 돌려 공공사업을 일으켜, 그것에 의하여 실업자는 직업을 구할 수 있다고 한다. 일거양득의 정책이었다. 이것만으로, 그 뒤에 기업의 생산성이 상승하여 국제경쟁력이 향상되어, 경제의 활황이 일어났다고 생각하는 데에는 무리가 있다.

실은 잘 조사해 보면, 이노우에재정과 다까하시재정의 평가에는, 거시경제만이 반영되어 있어, 미시경제의, 민간 측의 관점이 빠져있는 것이다.

앞에서 설명하였지만, 20년대의 일본은 경제를 본격적으로 회복시키기 위해서는, 제1차 세계대전 뒤의 불량자산을 정리, 새로운 경쟁력을 창출하는 구조개혁이 어떻게 해서도 필요한 것이었다. 하마구찌내각의 이노우에재정 아래에서, 실업과 기업의 파탄이 계속된 것은 사실이지만, 그 가운데에 많은 기업이 철저한 재건에 대처, 산업의 재편이 이루어져, 수출산업의 경영합리화와 기술혁신이 진행되었다. 이 시기의 노사일체(勞使一體)가 된 필사의 경영노력이 있었기 때문이야말로, 다음의 경제회복의 기반이 만들어졌다고 생각한다.

이러한 역사의 이해 가운데에서, 고이즈미수상은 그 교훈을 어떻게 살릴 것인가가 문제이다. 당시 일본은 하마구찌내각의 교훈을 기초하여, 하마구찌가 이끌었던 민정당으로부터 배워, 민정당을 만드는 것이야말로 필요하다고 주장하는 견해가 많다.

경제의 구조개혁은 당연히, 고통을 수반한다. 눈에 보이는 모습으로 실업이 늘어, 도산이 증가하고, 경기도 잘 회복되지 않는다는 것도 있을 것이다. 이 때, 어느 당이 책임을 지고, 개혁을 누가 추진할 것인가. 전전부터의 교훈은 '민정당에서 배워, 민정당을 만들어라'라는 것을 경제전문가들이 생각하여 왔다. 정우회로는, 말하자면 자민당으로는 개혁은 불가능하기 때문이다.

제 9 장

1930년대와 전쟁경제

戦い終わる（シンガポール）

機銃掃射（大阪府堺市）

1   쇼와경제공황(昭和經濟恐慌)의 도래(到來)

<사진> 이노우에준노스께
(井上準之助, 1869-1932年
은행가, 일본은행총재를 거쳐
재무부(大蔵省)의 장관을 역임

일본이 근대화를 개시한 이래, 최악의 경제불황을 경험한 것은 1930-32년의 일이다. 이것은 앞 장에서 본 1927년의 은행위기보다도 훨씬 큰 영향을 경제·사회·정치의 모든 면에 걸쳐 미쳤다. 이 대불황은 두 가지의 내외요인이 동시 진행함으로써 초래된 것이다.

첫째로, 국내적으로는 1929년7월에 발족한 민정당의 하마구찌(浜口雄幸)내각(재무장관: 이노우에(井上準之助, 외무장관: 시데하라(弊原喜重朗)이 의도적으로 채용한 디플레이션정책의 결과이다. 이 디플레이션은 비효율적인 은행과 기업을 도태하여, 일본이 제1차 세계대전 전의 평가로 금본위제로 복귀하기 위한 전제가 되어 있다. 디플레이션정책과 금본위제복귀는 이노우에재무장관에 의해 강력하게 주장되고 실행되게 되었다.

둘째로, 대외적으로는 1929년10월의 미국월가의 주식대폭락(암흑의 목요일)에 발단한 세계대공황이 일본경제에도 심각한 타격을 주었다. 미국의 불황은 모든 자본주의 국가에 영향을 미쳐, 격심한 물가하락과 실업증가가 발생하였다.

일본은 1929년대를 통하여 금본위제에로의 복귀를 목표로 하고 있었지만, 마지막으로 1달러＝2엔의 옛 평가로 복귀한 것은 1930년1월, 하마구찌내각의 이노우에재무장관의 굳은 결의에 의한 것이었다. 하마구찌내각은 금해금(金解禁)을 실시할 준비로서 거시경제정책의 긴축을 단행하였다. 옛 평가는 현재의 물가수준에서 보면 지나치게 높다는 것으로, 우선 물가를 인하한 뒤에 금본위제로 이행하고자 한 것이다. 이노우에재무장관은 다음과 같이 설명하였다.

"금의 수출금지 때문에, 우리 재계가 이와 같이 불안정하게 되고 있으므로, 하루라도 빨리 금해금을 실시하지 않으면 아니 된다는 것이다.

그렇지만 오늘의 현상대로는 금의 해금을 할 수 없는 것이다……

그러면 무엇을 준비하여야 하는가에 대하여, 정부는 재정을 긴축하는, 그 태도를 국민이 이해하여 국민도 소비절약을 하고, 국민도 긴장하면, 여기에 물가도 하락하게 될 것이다. 수입도 감소하는 상태로 되었다……오늘의 상태는 전적으로 앞이 보이지 않는 불경기이다. 이대로 방치해두면 점점 심각해지는 불경기이다.……과거의 일본의 경제상태를 보면, 일본의 불경기는 외부의 힘에 의하여 호경기로 전환하는 것이 많은 것이다……그렇지만 오늘의 세계 각국의 상태를 보면, 유럽의 전쟁에 의하여 너무나 피폐하고 있다.……이러한 상황에서, 외국의 힘에 의하여 오늘의 불경기가 타개되리라고는 생각할 수 없는 것이다. 자신의 힘, 자신의 근검노력에 의하는 수밖에 길이 없는 것이다(井上準之助 論叢 제1권, 1935년)

그러나 이노우에재무장관의 인플레이션정책은 시기적으로 세계대공황의 개시와 중복되어 버렸다. 일본경제는 매우 심각한 불황에 돌입하여, 실업자가 넘쳐, 이노우에의 정책에 대한 국민의 원성의 소리가 높았다. 금본위제는 2년 뒤의 1931년12월, 즉 라이벌정당의 정우회가 정권을 잡을 때까지 계속된다.

옛 평가로의 금본위제 복귀에 관해서는, 영국에서 케인즈(J.M Keynes)가 이미 반대론을 전개하고 있었다. 각국의 물가가 상이한 속도로 상승한 뒤에는 균형환율은 원래의 수준이 될 수 없었다. 만약 자국에 있어서 지나치게 높은 환율수준이 선택되었다면, 국내에서 불황이 발생할 것이라는 것이 그의 주장이었다. 케인즈의 계산에 의하면, 파운드가 옛 평가로 복귀하자, 10%의 과대평가로 된다. 일본에서도, 동양경제신보사의 저널리스트 이시바시(石橋甚山)가 옛 평가가 아니라, 보다 낮은 환율수준에서의 금본위제 복귀를 제안하고 있었다. 그렇지만 그와 같은 주장은 소수파에 지나지 않았다.

이노우에 재무장관의 사고는 이 주장과는 달랐다. 그에 의하면 일본에는 진정으로 불황이 필요한 것이었다. 1920년대를 통하여, 채산이 맞지 않는 기업과 불량은행이 합병·폐쇄 등을 회피하지 않고 살아남아왔지만, 이것은 오로지 정부와 일본은행이 그들에게 구제의 손을 뻗혔기 때문이다. 그렇지만 불량기업·불량은행은 언젠가 제거되지 않으면 아니 된다. 이를 위한 방책으로서는 고통을 수반하는 불황밖에 있을 수 없다는 것이 이노우에의 신념이었다. 그런데도 대다수의 사람들은 세계대공황 가운데에서 디플레이션정책을 적극적으로 추진한 이노우에의 바보스러움을 규탄하였다. 이 이노우에 비판은 오늘날에도 계속되고 있다. 그렇지만 그 자신은 1932년에 암살되기까지 자신의 주장을 철회하려 하지 않았다.

2 사회의 피폐(疲弊)와 파쇼화(化)

이 대불황이 일본의 경제사회에 가져온 영향은 컸다.

첫째로, 거시경제의 하락은 주로 생산의 축소가 아니라, 가격의 폭락을 일으켰다(이 시기의 추정실질성장은 플러스(+)를 나타내고 있다). 대폭적인 가격하락에 직면한 기업은 매상을 유지하여 조업을 계속하기 위하여 다시 생산을 증가하였다. 그렇지만 분명히 이 행동은 개별기업에 있어서는 합리적이라도, 경제전체의 초과공급과 물가하락을 점점 가속하는 효과를 갖는다. 1929년부터 1931년에 걸쳐 도매물가는 30%, 농산물가격은 40%, 섬유가격은 50%의 하락을 기록한 것이다.

둘째로, 1931년경부터 농촌의 피폐가 격심하게 되었다. 다시 1934년에는 기근이 뒤따랐다. 특히 동북지방의 농촌의 피해는 심각하여, 결식아동과 딸의 인신매매가 큰 사회문제가 되었다. 이 농촌의 비극은 정부와 재계에 대한 반감과 비판을 불러일으켰다.

셋째로, 정부주도 아래에서 칼텔과 생산설비의 합리화가 추진되었다. 자유경제는 대불황을 다시 악화시킨다고 생각하였기 때문에, 기업이 연대하여 생산량을 제한하는 것이 적극적으로 요구되었다. 생산조정은 면사, 인견, 카바이트, 종이, 시멘트, 철강, 석탄, 맥주, 설탕 등 다수의 업종에 이른다. 소재산업에서는 대개 전체업종으로 확대되었다.

넷째로, 정치화한 군부와 우익이 독재정권을 타도하려고 하는, 소위 파쇼세력이 대두하였다. 경제참상과 정당부패의 비판 가운데에서, 정우회·민정당의 2대 기성정당이 격렬하게 규탄되었다. 일반국민은 군국주의를 싫어하였지만, 정당정치에 애정을 가진 사람들 가운데에는, 파쇼세력이 창도하기 시작한 개혁운동에 공감을 느낀 자가 많이 나타났다.

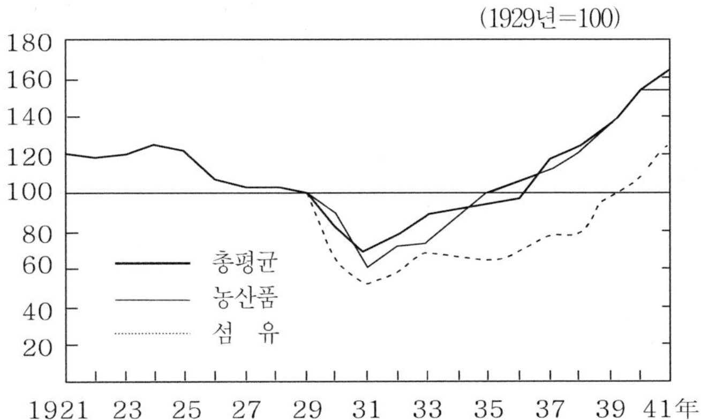

주: 농산품과 섬유에 관해서는 1929년 이전의 지수가 없다.
자료: 総務庁統計局『日本長期統計総覧 4』日本統計協会, 1988年.

<그림 9-1> 도매물가수준

1930년대의 정치·사상적 조류는 자유시장을 신봉하는 자유주의로부
터 점차 결별하여, 국가관리에 기초하는 경제운영을 지향하게 되었다.
이 배경으로서는 ① 마르크스주의 영향, ② 자본주의 국가의 대공황과
소련경제의 약진, ③ 쇼와대공황의 발생, ④ 과당경쟁이 불황을 악화시
키고 있다는 인식, ⑤ 정치가와 정당에 대한 환멸, 등이 복합적으로 작
용하고 있었다. 많은 식자(識者)는 미국모델의 자유시장경제의 시대는
이미 끝나고, 지금부터는 국가관리와 산업독점이야말로 경제경쟁력을
유지하는 열쇠라고 생각하게 된 것이다.

군부와 우익이 노린 또 하나의 목표는 적극적인 대외침략이다. 그들
은 시게하라외교(弊原外交)의 중국정책을 연약하다고 비난하였다. 그들
의 당면의 목적은 만·몽(滿·蒙) 권익의 방위였다. 여기에서의 ‘만’이란
만주(滿洲) 즉, 중국동북부, ‘몽’이란 중국령에 속하는 동부 내의 몽골
을 지칭한다. 그렇지만 중국에 대한 군사침략은 구미와의 약속인 중국

의 '문호개방·기회균등'을 포기하게 되어, 전투는 중국전토, 동남아시아, 다시 세계전쟁으로 확대해가는 위험을 잉태하였다.

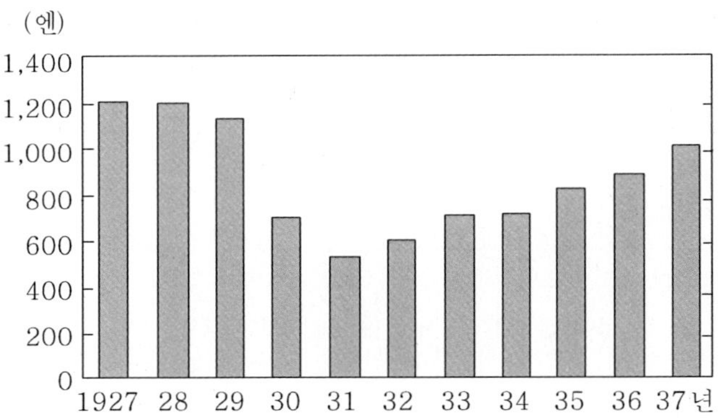

자료: 総務庁統計局『日本長期統計総覧 2』日本統計協会, 1988年.

<그림 9-2> 농가1호당소득(농외 소득을 포함)

3 정우회(政友會)와 민정당(民政黨)

정우회(정식으로는 입헌정우회)는 정부협력으로 방향 전환한 이전의 야당과 한벌정치가(藩閥政治家)인 이또히로부미(伊藤博文)가 결합됨으로써, 1900년에 성립한 정당이다. 그 특징으로서는 ① 지방·산업인프라의 건설을 노린 '적극재정', ② 지주·부농층과 도시의 부유층에 대한 이익유도를 통한 지지기반의 확보, ③ 군비확장과 군사침략에 대한 태도의 허용(특히 쇼와에 들어선 이후) 등을 들 수 있다. 말하자면 정우회는 공공투자와 보조금을 통하여 큰 정부를 목표로 하는 정당이었다.

<표 9-1> 戰前의 二大政党

	민정당	정우회
지지기반	지식층, 도시주민	지방지주·부농, 도시부유층
경제정책	작은 정부, 자유시장원리, 재정금융긴축에 의한 비능률기업의 도태	큰 정부, 적극재정, 산업·지방개발을 위한 공공투자의 확대
외교정책	대미협조, 중국의 군사침략반대(일본의 이권외교교섭으로 유지한다	군대 확대 허용. 혹은 지지, 정치투쟁을 위해서는 군부의 제휴도 불사함
1930년대의 재무장관과 경제정책	1931년 12월까지 이노우에 재무장관, 의도적 디플레이션 정책에 의한 전전평가로의 금본위복귀	1931년 12월부터 1936년 2월까지 다까하시 재무장관, 금본위제포기, 변동환율에 의한 엔의 감가, 재정확장(뒤에 긴축), 금융완화

민정당(정식으로는 입헌민정당)은 1916년 이래의 헌정회가 다른 당과 합류하여, 1927년에 민정당으로 개명한 것이다. 그 정책은 ① 자유경제와 작은 정부 아래에서의 산업합리화·효율화, ② 전전평가로서의 금본위제 복귀(하마구찌내각), ③ 국제협조와 평화외교, 특히 미국과의 우호중시(시게하라외교), ④ 일관된 반파쇼의 자세, 등을 특징으로 하고 있었다. 그 주된 지지기반은 지식층과 도시주민 등이었다.

당시의 일본국민은 선거에서 항상 동일정당에 투표한 것은 아니라, 그 때 그 때의 문제와 내외상황에 따라 정당지지를 크게 변경하고 있었다. 또 1925년의 보통선거실현에 의한 선거권확대에 따라서, 농민과 노동자를 지지기반으로 하는 무산정당도 몇 개 탄생하여, 의석수는 적지만, 1937년의 일·중전쟁 발발에 이르기까지 지지를 계속 늘렸다.

위에서 설명한대로, 민정당은 하마구찌내각(1929-31년)의 이노우에재무장관의 디플레이션정책과 금본위제 복귀에 불태우고 있었다. 이 정책은 격심한 불황을 일으켰지만, 이노우에는 결코 정책변경을 하지 않고 후회도 하지 않았다. 국민들 사이에는 민정당 제2차 와까끼(若槻)내각은 군부의 쿠테타 미수사건(10월사건)을 계기로 총사직을 하게 되고, 1931년12월13일에 정우회의 이누가이(犬養)내각이 성립한다. 이리하여 이노우에의 정책은 종언을 맞이하게 되었다.

이누가이 내각의 다까하시재무장관은 이노우에의 정책을 전부 뒤집었다. 취임 첫날에, 다까하시는 금본위제와 고정환율을 포기하고, 변동환율제로 이행한 엔은 급락하였다. 또 국채발행에 의한 재정확장이 개시되었다. 재정적자를 보전하기 위하여 발행되는 국채를 일본은행이 인수하는 것을 '재정적자의 manetalization'이라고 하지만, 일본정부가 이런 방법으로 경기자극을 일으킨 것은 이것이 처음이었다. 그리고 금융완화에 의한 저금리 경기자극을 뒷받침하였다.

다까하시 고래요시
(高橋是清,
1854-1936年)

다까하시 재무장관의 정책전환의 덕택으로, 일본경제는 1932년부터 회복의 징조를 보여, 그 이후 1936년(전쟁경제의 전년도)까지 호경기가 지속하였다. 선진공업국 가운데 1936년대의 세계대공황에서 탈출하는 것이 가장 빨랐던 나라는 일본이었다. 재정금융완화는 그 때문에 적절한 정책이었다. 단, 환율평가인하는 '근린궁핍화정책'으로서 비난받을 가능성을 내포하고 있었다. 즉, 엔화평가절하(円安)는 일본의 산업에는 유리하였지만, 반대로 다른 나라에 있어서는 자국통화가 일본에 비하여 오히려 높게 되기 때문에 불이익을 입는 것이다.

대불황탈출의 공적에 의하여, 다까하시는 '일본의 케인즈'라고 일컬어지고 있다. 즉, 영국경제학자 케인즈가 유명한 '일반이론'을 1936년에 발표하기 이전부터 케인즈정책을 실시하고 있었다고 하는 것이다. 현재에 있어서도 다까히시의 정책은 칭찬받고, 반대로 이노우에의 정책은 완고한 오류로서 규탄되고 있다. 그렇지만 양자를 그렇게 간단하게 평가할 수 없는 것 같이 생각된다.

이노우에를 비판하는 통설에 대해서는, 사까노(坂野潤治)가 의문을 제기하고 있다(제8장 box참조). 비효율적 기업의 퇴출과 살아남은 기업의 필사적인 노력을 강제한 이노우에의 디플레이션정책은 뒤의 다까하시의 적극재정과 함께, 1930년대 중반의 경기확대를 가능하게 한 전제조건이라고도 생각되기 때문이다. 이런 의미에서는, 이노우에의 재정긴축과 그것에 이어서 다까하시의 경제확대가 세트가 되어 비로소 경기회복은 가능하게 되었다고 할 수 있다. 다른 한편으로, 기업도태라는 미시수준의 체력개선이 불가능하였음에, 이노우에와 같은 상황을 고려하지 않은 독선적인 긴축정책에는 큰 문제가 있었다고 할 수 있을 것이다. 세계대공황이 일본에 파급하기 시작하였을 때, 디플레이션정책은 완화 혹은 철회되어야 하였다. 외래의 불황에 의하여, 거시개혁의 목적은 충분히 달성되는 것이어서, 무엇이든 일본경제는 고통을 받아야하는 것을 목적으로 하지 않으면 아니 되기 때문이다. 이런 관점으로 본다면, 정치적으로는 파시즘으로 일관하여 반대하여온 민정당이지만, 공황의 확대라는 경제정책의 실패를 통하여 군부와 우익을 대두시키기 위한 최악의 사회환경을 준비해 버렸다고 하는 이상한 해석도 가능하게 되는 것이다.

1934년에 이르자, 일본경제는 분명한 확대궤도에 올랐다. 거기에서 다까하시재무장관은 재정파탄을 회피하기 위하여 궤도를 수정하여 지출삭감을 시작하였다. 이것도 또 적절한 판단이었을 것이다. 그렇지만, 육·해군은 재정위기에도 불구하고 군대확대예산의 대폭적인 증가를 계속 요구하였던 것이다. 다까하시는 이에 저항하였지만, 1936년2월 26일의 쿠테타에 의하여 암살되었다.

이노우에와 다까하시는 일본은행 총재를 거쳐 재무장관으로 근무하였다. 그러나 두 사람의 성격과 경우는 대조적이라고 할 정도로 달랐다. 오랫동안 이노우에는 동경대학출신의 인텔리형이었다. 한편 오뚝이의 별명을 가진 다까하시는 교육도 제대로 받지 못하고, 젊을 때는 상당한 고통과 무모함을 거듭하여온 서민파였다. 국민의 인기는 말할 필요도 없이, 친하기 쉽고, 또 항상 경제위기를 구출해준 다까하시였다.

4 정치테러와 중국침략

1931년부터 1937년에 걸쳐, 군부의 정치개입이 점차 강해졌다. 특히 1931-32년과 1936-37년의 두 시기에는 내외의 위기가 집중하였다. 대외침략과 국내테러를 포함한 많은 비참한 사건이 발생하여, 그때마다 정당정치의 기반이 침식되어 갔다. 육·해군에 몇 개의 파벌이 생겨, 상호 대립하거나 협력하거나 하면서, 정당정치타도, 천황친정에 의한 국가통일, 계획경제도입 등을 목표로 하는 각각의 개혁운동을 개시하였다. 그 가운데의 과격파그룹은 쿠테타와 요인암살을 몇 번이나 반복하였다. 이 어두운 시대의 발자취를 연대별로 요약하면 다음과 같다.

1. 1931년도

① 3월의 사건 - 군사쿠테타미수

만주사변(9월18일) - 관동군(중국동북부 주둔의 일본육군) 참모의 이시하라(石原), 이다가끼(板垣征四朗)등이 철도를 폭파하여, 그것을 중국군의 소행으로 간주하여 군사침략을 개시, 이시하라의 지론은 동양의 맹주인 일본과 서양의 대표 미국의 사이에는 인류사상의 마지막 전쟁이 불가피하며, 그 준비를 위하여 만주를 탈취하지 않으면 아니 된다고 한다. 그의 주장은 정연하지만 기괴하고 황당무계한 것이었다. 그들은 동경의 정부와 육군참모본부에 보고도 하지 않고 이 침략을 실행하였다. 시계하라외무부장관은 관동군에 대하여 군사확대를 신중히 하도록 명령하였지만, 이시하라의 그룹은 이것을 무시하였다. 중국 측은 무저항전술을 취하였기 때문에, 만주는 곧 일본군에 의하여 점거되었다. 만주사변은 정당정치에서도 이제 군부의 행동을 억제할 수 없다는 것을 명료하게 나타낸 사건이었다.

② 10월 사건 – 군사쿠테타미수, 제2차 와까기(若槻)내각붕괴

2. 1932년도

① 혈맹단사건 – 이노우에(전 재무장관)와 단수마(團琢摩, 미쓰이재벌)가 한사람 살해주의를 표방하는 우익단체에 의하여 암살되었다.
② 만주국수립 – 일본의 괴뢰국가가 정우회 이누가이내각 아래에서 설립되었다.
③ 5·15사건 – 해군 청년장교 등이 이누가이수상을 사살. 쿠테타는 실패로 끝났지만, 이것에 의해 이누가이내각은 총사직, 다이쇼민주주의 이래 계속된 정당정치가 종언하였다.

3. 1933년

국제연맹탈퇴 – 만주침략을 둘러싸고, 일본이 국제연맹에서 비난받았기 때문에, 이 연맹에서 탈퇴.

1933-35년은 경제적으로는 호경기가 계속, 내외의 사건도 그렇게 발생하지 않았기 때문에 비교적 평온한 시기였다. 그렇지만 이것은 태풍의 앞의 고요함에 지나지 않았다.

4. 1936년

2·26사건 – 눈 내리는 이른 아침, 육군황도파(陸軍皇道派)의 현역청년장교들이 인솔하는 부대가 동경에서 쿠테타를 기도한 사건. 다까하시재무장관, 사이또(齊膽 實)내무장관, 와다나베(渡邊錠太朗)교육총감을 살해, 수도의 중심부를 4일간 점거하였다. 육군은 처음 그들의 행동을 용인하였지만, 쇼와천황의 노여움과 진압명령으로, 드디어 정부는 반란군 진정에 착수하였다. 이 쿠테타도 실패로 끝났지만, 이 사건을 고비로 군부의 정당공격이 격심하게 되어, 드디어 군부독재로 연결되어 간다.

이들 일련의 사건을 통하여, 정우회는 라이벌 민정당을 공격하기 위하여 육군황도파와의 연대와 천황기관설 배격 등의 기회주의적 행동을 계속하고 있었다. 군부의 목적은 정당의 일소였기 때문에, 이것은 매우 위험한 전술이라고 하지 않을 수 없다. 또 미노베(美濃部達吉)의 천황기관설은 메이지헌법 아래에서도 정당정치가 가능하다는 것을 주장한 학계의 정설(定說)이며, 그것을 유력정당의 정우회가 비난하는 것은 분명하게 모순이었다(坂野, 1993, 2004).

한편, 민정당은 군부와 타협하지 않고 끝까지 대결자세를 계속 취하였다. 그럼에도 불구하고, 국민으로부터는 정우회·민정당 어느 정당도 타락·부패하여, 또 노동자와 농민에 있어서는 그들이 바라는 개혁－시장경제의 부정, 생활안정·복지정책, 경제통제에로의 이행－에 냉담한 부르주아 정당으로서 두 당이 함께 규탄되었다. 이와 같이 하여 국민과 무산정당은 조건부이긴 하지만 군부에 대한 공감을 점차 굳혀 갔다. 대부분의 사람들은 군부가 좋아하는 침략전쟁에는 반대였지만, 군부가 목표로 하는 반자본주의적인 사회개혁에 관해서는 찬성의 주장도 많았던 것이다.

5. 1937년

일·중전쟁의 발발－7월7일, 일·중 양 군대는 북경근교의 마르코폴로다리(盧溝橋) 부근에서 작은 충돌을 일으켰다. 이 작은 사건은 현지에서 곧 정전이 되었지만, 동경의 근위내각은 이것을 기회로 화북(華北)에로의 파병을 결단하였다. 이리하여 1945년까지 계속한 일·중 전면전쟁이 개시된 것이다.

일본이 대전쟁에로의 되돌릴 수 없는 선(線)을 밟고 넘어 간 것은 언제일까. 다양한 견해가 있겠지만, 1931년의 만주사변이 분수령이라는 것이 정설인 것 같다. 이 사건을 고비로 평화를 지향하는 시게하라외교는 중단되어, 군부의 영향력이 증대하여 갔다. 무력에 의하여 중국 국내에 괴뢰정권을 수립하여 자국이익을 확보한다는 행동은 중국에 있어서 문호개방·기회균등이라는 1920년대 이래의 강대국 약속을 완전히 무시하는 것이었다. 이것에 의하여 일본에 대한 국제적 비난과 고립이 불가피하게 되어, 이 대외정책의 흐름을 억압하여 중지하는 데에는 정당정치도 언론도 힘이 부족하였다. 정우회와 민정당은 두 당의 협조에 의하여 몇 번인가 군부에 대항하고자 하였지만, 그 시도는 주효하지 못하였다. 만주사변으로부터 종전까지의 1931-45년을 '15년 전쟁'이라고 하는 사람도 있다. 단, 일·중전쟁이 시작하기까지는 일본국민에게는 전시의 감각은 없었을 것이다.

이 시기, 언론탄압에 의하여 국민과 의회는 필요한 정보를 주지 않고, 군부비판도 할 수 없었다고 하는 통설이 있지만, 그것은 잘못이다. 적어도 1937년에 일·중전쟁이 시작하기까지는, 군부·군대확대의 비판과 반파쇼전선결성의 호소는 왕성하게 일어나고 있었다. 의회에서는 군인에 대한 도발적인 비판이 통용되고 있어, 노동자·농민을 대표하는 사회대중당도 선거마다 약진을 계속하고 있었다. 사태가 급변하는 것은 마르코폴로다리사건 이후이다. 전면전쟁이 시작돼 버리자 그때까지의 민주주의에로의 발걸음은 파산되어 모든 것이 전쟁일색으로 돌변해버렸다.

5 1937-45년의 전쟁경제

군부는 중국과의 전쟁은 단기간으로 끝난다고 예상하고, 또 그러한 기대도 하고 있었다. 그렇지만 실제로는 전면전쟁은 8년간이나 계속된 것이다. 현실적인 비전도 전략도 없이 전선은 계속 확대되어, 전투는 진흙탕으로 빠져들었다. 중국에서는 국민당과 공산당이 적대하고 있었지만, 드디어 양자는 항일(抗日)을 위하여 협력하게 되었다.

일본에 있어서 경제계획을 요구하는 소리는 이전부터 있었지만, 1936년까지의 일본경제는 기본적으로 시장경제원리로 움직이고 있었다. 그렇지만 일·중전쟁 발발 이후는 전쟁수행을 목적으로 하여 경제메카니즘이 크게 수정되었다. 국민·기업·자원을 관리하여 동원하기 위한 시책이 차례로 도입되어 갔다. 대부분의 기업은 사유였지만, 엄격한 국가규제 아래에 두어져 전쟁에 대한 공헌이 요구되었다. 전쟁경제를 실현하기 위하여 수립된 시책 가운데 주된 것을 들면 다음과 같다.

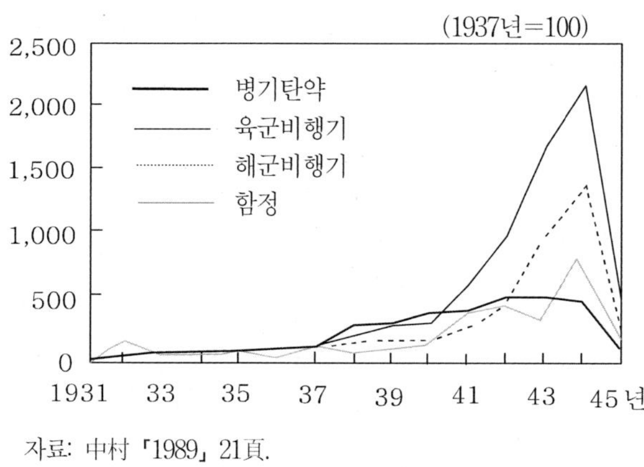

자료: 中村 「1989」 21頁.

<그림 9-3> 군수생산지수

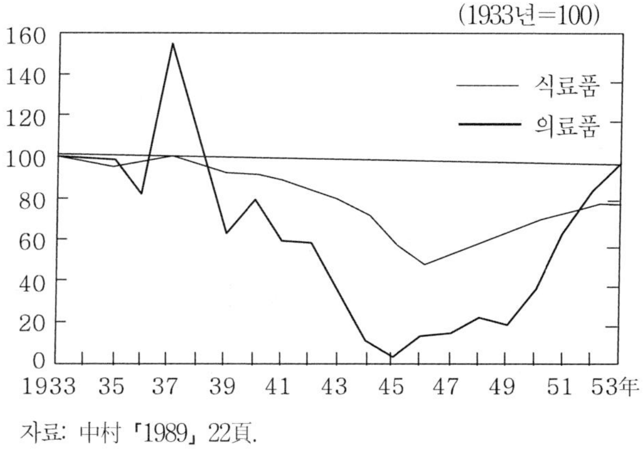

자료: 中村 「1989」 22頁.

<그림 9-4> 국민1인당필수품공급량

6. 1937년 ··

　기획원 설치. 기획원은 수상의 직속에 두어, 전시의 국가자원 동원의
계획과 실시를 임무로 하는 기관이다. 그 일은 이전의 사회주의국가에
있어서 국가계획위원회와 기본적으로 동일하다. 각 부처의 엘리트관료
들이 여기에 모였다.

7. 1938년 ··

　기획원이 물자동원계획을 발표. 이것은 일본 최초의 경제계획이었다.
국가총동원법이 공표되었다.

8. 1940년 ··

　신체제운동. 일본군의 동남아시아침략 및 유럽에 있어서 독일의 승리
에 따라, 고노에 후미마로(近衛文麿)를 중심으로 국민동원 강화를 위한
일당체제를 노린 운동이 일어나, 마지막으로 대정익찬회(大政翼贊會)가

결성된다. 이 과정에서 기존 정당은 해체되었다.

9. 1943년

군수회사법제정. 지정된 민간군수기업은 경영, 생산계획, 벌칙규정 등을 통하여 정부(군수부(軍需剖))의 관리 아래 두었다. 동시에 이들 기업은 원재료의 공급을 우선적으로 받았다.

경제계획의 목적은 한정된 국내자원과 수입의 아래에서 군수생산을 최대화하는 것이었다. 군수생산 가운데에서도 특히 중요한 것이 선박과 전투기이다. 단, 전쟁말기가 되어, 광범한 군수생산이 불가능하게 되자 전투비행기 생산에만 우선되어 갔다. 중공업생산을 증강하기 위하여 국민소비는 대폭적으로 감소하여, 경공업도 규제되었다. 일본경제에서 그때까지 주도적 지위를 점하고 있던 섬유산업은 대부분 괴멸상태로 몰아넣어 국민은 새로운 의류와 신발 없는 생활을 강요받았다. 옥외·가정 내의 금속은 군수생산의 재료로서 공출되었다. 배급제도, 기업합병의 강제, 공장에서의 근로봉사 등이 실시되어, 시간의 흐름과 더불어 강화되어 갔다.

전시계획에 있어서는, 외화준비 및 원료·연료(그것을 해상수송하는 능력을 포함)의 두 가지가 결정적이었다. 1940년 즈음까지는, 이 두가지 제약 아래에서 어떻게 하여 군수생산을 최대화할 것인가가 문제였지만, 1940년 이후는 다른 나라와의 무역관계가 절대적이었기 때문에, 식민지와 점령지로부터 천연자원을 어떻게 일본본토로 수송할 것인가라는 물리적 문제가 중심이 되었다.

일본은 '엔블록'(조선, 대만, 만주, 일본점령 아래의 중국)으로부터의 자원만으로 전쟁수행이 불충분하다고 판단하였다. 1941년7월에는 말할 나위없는 자원확보를 목적으로, 일본은 프랑스·인도(프랑스령 인도지나-현재의 베트남)을 비롯하여, 동남아시아를 공략하기 시작하였다. 이것에 분노한 미국은 일본에 대하여 석유수출금지와 자원수출을 동결하였다. 만약 미국으로부터의 석유수입이 중지되면, 일본의 석유비축은 1-2년밖에 되지 못하였다. 이 시점에서 일본은 미국과의 전쟁을 결단하였다. 자원이 아직 있는 동안에 싸워버린다는 무모한 도박이다. 외교협상에 의한 진주만 화해의 길이 동시에 모색되었지만, 열매를 맺지 못하였다. 1941년12월의 진주만공격에 의하여, 일본은 미국과 그 동맹국을 적으로 하는 태평양전쟁으로 돌입하였다.

군부는 미국과 싸우기 위한 명확한 전략을 갖지 못하였다. 대개 승산이 있는 전쟁이 아니었다. 그렇지만, 그들은 유럽전선에 있어서 나치독일의 화려한 승리의 연속에 혈안이 되었다. 그들에게는 미국의 자본주의와 개인주의는 이제 시대에 뒤떨어지는 것이며, 일본·독일·소련의 전체주의야말로 새로운 시대를 개척하는 체제라고 믿고 있었다.

태평양전쟁의 개전 직후, 일본은 동남아시아의 광대한 지역을 전격적으로 공략하였다. 그렇지만 곧 연합국측의 반격에 의해 퇴각하기 시작하였다. 일본의 선박과 비행기는 적의 공격에 의하여 급속하게 상실하였다. 한편, 미국의 군수생산은 점점 증강되었다. 1944년 말부터 미국의 일본본토 폭격이 격렬해져, 교또 등 극히 일부를 제외하고, 대부분의 도시는 공습에 의하여 파괴되었다. 1945년3월말에 미군은 오끼나와에 상륙하여 지상전이 확대되었다. 동년8월에는 원자폭탄(原子爆彈)을 히로시마(廣島)와 나가사끼(長崎)에 투하하고, 소련이 일본에 참전하였다. 그 며칠 뒤에, 일본은 항복한 것이다.

일본패전의 정치·외교적 이유는 따로 하고, 그 경제적 이유는 연료와 원재료의 부족이며, 그것이 가져온 전시경제의 붕괴에 있었다. 일본은 선박의 거의 전부를 상실하여, 식민지·점령지로부터 본토로 물자를 수송하는 것이 전적으로 불가능하게 되었던 것이다.

〈일본형 경제시스템의 원류〉

전후의 일본경제가 갖는 특징의 대부분은 1937-45년의 전쟁기(戰爭期)에 그 원류(原流)가 있다고 할 수 있다. 이들의 특징은 전부 장기관계(長期關係) 내지 정부개입을 중요한 요소로 하는 것이다. 이하와 같은 제도·관습을 포함한다.

① 중화학공업드라이브.
② 기업별노동조합.
③ 행정지도.
④ 금융계열과 주요은행(main banking)제도.
⑤ 하청제도.
⑥ 일본은행 창구규제와 호송선단시스템.
⑦ 소유와 경영의 분리.
⑧ 식량관리제도.
⑨ 종신고용과 연공서열.
⑩ 외환예산과 외화집중제도

이들은 전부 1930년대 후반부터 1940년대 초반에 걸쳐, 전시경제를 구축하기 위하여 정부가 도입한 제도와 관습이다. 그 이전의 일본경제는 자유참가, 단기계약, 자유로운 노동이동을 특징으로 한다. 보다 신고전파적인 자유경제시스템이었다.

이들의 전시시스템은 제2차 세계대전 뒤도 상당한 부분이 해체되지 않고 살아남았다. 이들은 일본이 고도성장을 실현한 1950년대부터 1960년대에 걸쳐서는 비교적 잘 기능하고 있었다. 그런데 그때부터 다시 수십 년을 지난 오늘날, 이들도 이제 IT와 글로벌화의 시대에 적합하지 않는 구시대의 유물 혹은 발전의 장애물로 간주되게 되었다. 위의 리스트 가운데에는 외환예산·외화집중제도는 철폐되었지만, 기타에 관해서는 오래 유지되어, 정도의 차이는 있으나 오늘날에도 잔존하고 있는 것도 있다.

일본형 경제시스템의 해석에 관해서는, 경제학자들 사이에서 논쟁이 계속되고 있다. 다수의 경제학자들은 장기관계·정부개입형의 시스템은 원래 일본에 있어서 이질적이며, 지금부터의 일본은 자유경제모델을 목표로 해야 한다고 주장하고 있다. 현행 시스템은 전시에 무리하게 도입된 제도의 유물이며, 전후의 한 시기에 적극적인 역할을 수행하였는지도 모르지만, 고도성장기를 끝낸 성숙경제의 일본에 있어서는 대부분 무용지물이라는 것이다(단, 고용안정의 중시 등을 부분적으로 남긴 것은 괜찮다고 할 수 있을 것이다.)

그렇지만, 전후의 경제시스템은 일본에 있어서 결코 이질적이 아니라, 그러한 시스템은 과거도 현재도 필요한 것이라고 주장하는 소수파도 있다. 후발경제가 섬유·식품가공 등의 경공업단계를 졸업하여 중화학 및 기계산업으로 이행하려고 할 때, 자유시장경제는 최적의 시스템은 아닐 가능성이 높다. 이들 산업의 발전에는 거액의 초기투자, 고도의 기술, 기업 내 노동시장, 기술자의 축적 등이 요청되지만, 이들의 실현에는 정부지원과 장기관계가 불가결한 것이다. 1920년대부터 1930년대에 일본이 중화학공업화를 추진할 때, 뿌리 없는 풀과 같은 메이지의 자유경제는 부적합하며 수정을 요구받고 있었다. 실제 대기업에서는 제1차 세계대전 전후부터 노동자를 회사 내에 고정시키기 위한 움직임을 볼 수 있었다. 일·중전쟁의 발발은 정부가 경제시스템의 변경을 한꺼번에 이룩하는 구실을 제공해 주었지만, 예를 들어 전쟁이 없어도, 물건 만들기를 심화한다는 내적 이유에서 일본에는 신경제시스템이 필요하였던 것이다. 하라 요노쓰께(原洋之介)는 이와 같은 견해를 제시하고 있다. (原, 1996). 하라로부터 보면, 메이지의 자유경제야말로 이질적인 것이어서, 에도시대로까지 거슬러 올라가면, 장기관계와 정부개입 쪽이 일본에 있어서 역사적으로 오히려 정상적인 것이다.

후자의 견해에 따르면, 현재의 개도국에 대한 정책적 의미는 다음과 같다. 경공업, 의류봉제, 전자조립과 같은 노동집약형산업은 자유무역과 직접투자유치에 의하여 충분히 발전할 수 있지만, 만약 그 나라가 기술을 본격적으로 흡수하여, 고도의 제조능력을 몸에 익히고자 한다면, 일정한 제도개혁과 산업진흥정책이 불가결하다. 일본, 대만 및 한국은 전부 이 과정을 거쳐 공업국이 되었다.

제 10 장

전후부흥

1　전쟁의 물리적 피해

　제2차 대전에서 패전한 일본은 연합국-실제는 미국-의 점령 아래 놓였다. 점령군은 SCAP(연합국최고사령관) 혹은 GHQ(총사령부)라고 일컬어졌다. 아마 후자가 일본인에게는 친숙한 용어일 것이다. 미국육군 원수 맥아더(Duglas McArther)가 GHQ최고사령관으로 임명되었다. 같은 패전국이라도 독일과는 달리, 일본의 점령은 간접통치였다. 즉, 점령국이 직접 통치하는 것이 아니라, 일본정부는 존속·기능하면서, 때로는 GHQ와 협상하거나 반항하거나 하면서 정책을 실시하고 있었다. 그리고 미·영·불·러 4개국 통치 아래에 있었던 독일과는 대조적으로, 일본은 미국 한 나라에만 점령되었다. 이 점령에 의하여, 그 이후의 냉전기에 일본이 분할되는 위험을 피할 수가 있었던 것이다.

　미국은 전시의 일본 공격의 유효성을 검증하기 위한 사후조사를 하였다(전략폭격조사단). 거기에서는 일본을 굴복시켰던 요인으로서, 다음의 두 가지가 지적되었다.

　첫째, 해상봉쇄-일본이 보유한 군함·상선의 대부분이 침몰되었기 때문에, 본토와 식민지·점령지를 연결하는 수송수단이 상실되었다. 석유를 비롯한 해외로부터의 연료·원자재의 수송이 단절되었기 때문에 생산은 정지되지 않을 수 없었다. 이것이 일본의 전쟁경제를 붕괴시킨 최대의 이유였다.

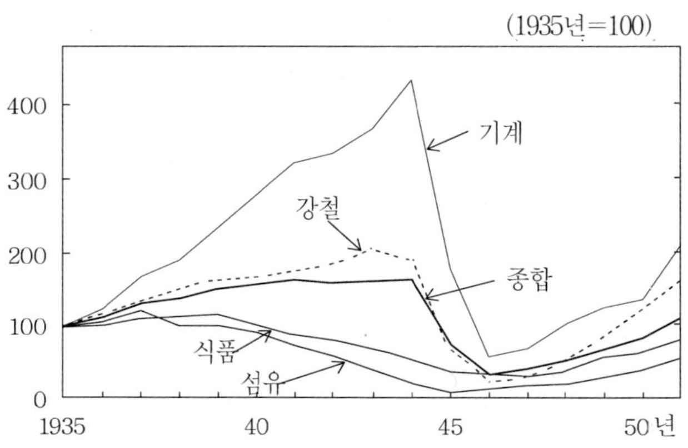

자료: 総務庁統計局 『日本長期統計総覧 2』 日本統計協会, 1988年.

<그림 10-1> 광공업생산지수

둘째, 전략폭격－1944년에 시작하여 1945년에 본격화한 본토공습은 일본의 거의 대부분의 주요도시를 공격하였다. 그 가운데에서도 1945년3월10일 미명의 동경대공습은 소이탄과 저고도 무차별폭격에 의하여 동경의 주민들을 화염 속으로 몰아넣어, 몇 시간 동안에 10만 명의 생명을 앗아갔다. 또 히로시마(廣島)와 나가사끼(長崎)에는 원자폭탄이 투하되어, 즉사자(即死者)는 각각 9-10만명 및 6-7만명이나 되었다. 그렇지만 이들 폭격은 일본인의 전투의욕에 영향을 미쳤지만 미국이 기대하는 정도의 생산능력을 감소시키지 못하였다.

<표 10-1> 태평양전쟁에 의한 국부피해

(단위: 패전의 가격, 100만엔)

물리적자산의 종류	피해전	피해후	피해율
총자산	253,130	188,852	25.5%
선 박	9,125	1,796	80.3%
공업용기계기구	23,346	15,352	34.2%
건축물	90,435	68,215	24.6%
생산재	32,953	25,089	23.9%
가구가재	46,427	36,869	20.6%
전신전화수도	4,156	3,497	15.9%
전기가스설비	14,933	13,313	10.8%
철도·차량	15,415	13,892	9.9%

자료: 経済安定本部『太平洋戦争我国被害綜合報告書』1949年.

때문에 이 미군보고서는 전략폭격보다도 해상봉쇄 쪽이 효과적이었다. 또 폭격에 관해서는 일반가옥보다도 철도를 목표로 하였다고 결론 맺고 있다.

일본정부도 전쟁피해에 관한 보고서를 작성하였다. 그 보고서에 의하면 전쟁 전후의 물적자산의 상황은 <표10-1>과 같다. 격심한 폭격에도 불구하고, 3분의 2에서 4분의 3에 미치는 기계, 건물 및 산업의 인프라가 남아 있는 것을 알 수 있다. 단, 연료와 원자재의 부족으로, 잔존한 공장과 철도를 운전할 수 없었던 것이다. 전쟁 직후, 즉 1945년부터 1946년 사이의 생산은 전시의 피크의 20% - 전전을 기준으로 하여도 30% - 로 떨어졌다.

2 물자부족과 인플레이션

계획경제는 패전 뒤에도 1949년까지 계속되었다. 위기적 경제상황 가운데에서 기능하지 못한 민간활동에 관련하는 경제관리가 필요하게 되었다. 전시 중과 마찬가지로, 생활필수품은 배급되고, 정부는 생산과 원재료의 입수를 지시하였다. 가격통제와 보조금도 계속되고 있어, 국민경제는 엄격한 통제 아래 두어져 있었다. 단, 전시 중과 상이한 것은 다수의 암시장의 발생으로 경제통제가 점점 효과를 거두지 못하게 된 것이다.

물자부족이 더욱 심각하게 되어 국민의 생활수준이 최저로 된 것은 패전 다음해의 1946년이었다. 특히, 식량난이 심각하여, 다수의 아사자가 발생한 것이 아닌가라고 걱정될 정도였다(단, 그것은 현실로 나타나지 않았다). 도시의 주민은 초만원의 열차로 농촌으로 식량 구하러 나서, 겨우 남은 재산—일용품, 의류, 일본옷 등—을 식량과 교환하지 않을 수 없었다. 대부분의 사람들은 살아가기 위하여 비정상적인 부문(informal sector)에서 일하였다.

<사진> 전쟁 직후의 생활상

식량배급은 너무 적어, 사람들은 법률을 무시하고 암시장에서 거래하여 살아가는 방법밖에 없었다. 동경지방재판소의 야마구찌(山口良忠)판사는 법률위반자를 재판하는 입장에서 식량관리법을 준수하는 것을 고

집하여, 배급 이외의 식량을 먹는 것을 거절하였기 때문에 영양실조로 사망하였다고 한다. 1947년10월의 일이다.

패전 뒤, 병사와 일반인이 전장(戰場)과 구식민지로부터 속속 귀국함에 따라, 실업문제가 심각하게 되었다. 실업자는 1,000만 명을 넘는 것이 아닌가라고 추정되었다. 그렇지만 실제로는 대부분의 귀환자가 비정상적인 부문 혹은 농업에 흡수되었기 때문에, 통계상으로는 그 정도로 위험한 상황에는 이르지 않았다.

생산의 붕괴와 실업문제에 직면한 일본정부는 한편으로 보조금의 재원으로서 지폐를 인쇄하면서, 동시에 가격통제를 강화하고 있었다. 분명히 이들의 정책은 모순되어, 오래 유지할 수는 없었다. 재정적자를 메우기 위한 화폐발행은 1946-49년에 세 자리 숫자의 인플레이션을 발생시켰다. 특히 패전 직후에는, 암거래가격의 인플레이션은 공정가격 인플레이션보다 훨씬 높았다. 이 시기의 인플레이션은 역사상 일본이 경험한 가장 심각한 것이었다.

외국무역도 엄격하게 통제되어, 수출입은 전부 GHQ의 허가를 필요로 하였다. 민간무역은 존재하지 않았다. GHQ는 품목마다 달러가격과 엔가격을 따로따로 결정하여, 그 비율이 그 상품의 암묵리의 환율이 되어, 그것은 상품마다 제멋대로였다(복수환제도). 수출품의 환율범위는 1달러=150-600엔 정도이며, 이것은 수입품의 환율범위의 125-250엔보다도 엔가격이 하락한 상황이었다.

무역액 그 자체도 매우 한정되어 있었다. 또 무역과는 별도로, 미국은 일본에 대하여 거액의 인도적 경제원조를 실시하여, 그 금액은 1946-50년 누적으로 19억5천만 달러에 이르렀다. 이 원조에 의하여 패전 직후의 식량·소비재부족이 완화된 것이다. 일본경제는 보조금과 미국의 원조라는 두 가지의 인위적 지원에 의하여 가까스로 연명하고 있는 '죽마경제(竹馬經濟)'라고 일컬어졌다. 이들의 지원은 가능한 한 빨리 제거되지 않으면 아니 되었다.

3 1946년의 기본문제

패전과 거의 동시에-준비는 그 이전부터 시작하고 있었지만-두 사람의 젊은 관료가 일본을 전쟁피해의 밑바탕으로부터 부흥시키기 위한 대책을 논의하기 시작하였다. 그 젊은이들의 이름은 오오끼다(大來佐武朗), 고또(後藤譽之介)라고 한다. 그들은 각각 전기기사로서 북경에 체재하였지만, 일본의 패색이 짙어지게 됨에 따라, 오오끼다는 일본경제의 전후 재건문제에 관심을 가지게 되었다. 그들은 동경에서 이를 위한 연구회를 창립하였다.

연구회의 제1회 회합은 1945년8월16일로 예정되어 있었지만, 그 하루 전에 실제로 전쟁이 끝나버렸다. 제1회 회합의 테마는 전년에 체결된 브레튼우즈협정 및 IMF와 세계은행의 창설에 관한 보고였다고 한다. 이것을 시작으로 다양한 문제에 관한 토의가 관료·학계로부터 제1급의 논객(論客)들을 모아 주 2회 정도 논의하였다. 오오끼다와 고또우는 논의의 요점을 중심으로 보고서를 작성하는 등 사무국의 역할을 맡았다. 연구회는 사적인 것으로 시작하였지만, 뒤에 외무부의 특별조사위원회로 발전되었다. 중간보고서가 1945년 말에 작성되어, 1946년3월에는 문서화되었다. 그리고 약간의 가필·수정을 거쳐 같은 해 9월에 최종보고서가 완성되었다.

'일본경제재건의 기본문제'로 제목이 붙은 이 보고서는 개발에 관한 일본인의 사고방식을 이해하는데 매우 중요한 문헌이다. 여기에 담겨진 사고방식은 오늘날에도 일본이 저소득국에 대하여 전개하는 정책어드바이스에 강하게 반영되어 있다. 예를 들면 1990년대 이후, 가네다(金田辰婦)교수가 킬기스탄에 제출한 권고서와 이시가와(石川滋)교수가 집필한 베트남 경제분석에 포함되는 제언은 이 '일본경제재건의 기본문제'의 그것과 대개 같은 내용을 담고 있다. 물론 육성되어야할 산업은 나라에 따라 상이하지만, 유망산업을 선별하여 지원책을 검토하는 절차는 상당부분이 공통적이라고 할 수 있다.

이 '일본경제재건의 기본문제'의 보고서는 193쪽으로 작성되어, 두 가지의 부분으로 나누어져있다.

제1부는 전후의 신세계정세를 분석하여, 그 가운데 패전국 일본이 놓여 있는 지위를 검토하고 있다. 거기에서는 전쟁피해가 상세하게 열거된 뒤, 일본의 장래에 있어서 적극적인 면도 있다는 것이 설명되어있다.

제2부는 산업진흥과 수출달성에 관하여, 업종마다의 검토와 구체적인 정책행동의 제언이 기록되어 있다.

보고서는 재정금융문제에도 언급하고 있으며, 여기에서의 중심과제는 역시 산업, 고용, 경쟁력이라는 실물부문의 문제이다. 보고서의 기본적인 주장을 요약하면 다음과 같다.

① 일본의 경재정책비전은 변화하고 있는 세계정세의 분석에 입각시키지 않으면 아니 된다.

② 포괄적으로 구체적인 경제부흥전략이 작성되어 실시되어야한다. 전략의 중심은 공업화, 기술향상, 무역구조의 변화를 탄생시키는 것이 아니면 아니 된다.

③ 중요산업에 관해서는 각각 상세하게 분석되어, 진흥을 위한 현실적으로 구체적인 정책이 제시되지 않으면 아니 된다. 아시아 여러 나라의 대두에 의하여 섬유, 농업에 있어서 비교우위가 상실된 지금, 일본은 숙련노동집약적인 산업입국을 목표로 하여야 한다.

<표 10-2> 외무부의 '일본경제재건의 기본문제(1946년)로부터 발췌

---

* 축소재생의 최대의 요인은 국내에 있어서 석탄생산의 부진과 외국으로부터의 원료수입의 부족에 있다.
* 자본주의적 자유경쟁 아래에서는, 다수의 일본의 공업은 외국의 근대적 대공업의 경쟁에 의하여 압도되어버릴 것이다. 이리하여 일본의 산업구성은 기형적인 것으로 어쩔 수 없이 변모하게 될 것이기 때문에, 기초적인 산업에 관해서는 국가적 시책으로 그 유지를 도모하는 것이 필요하게 될 것이다.
* 국민 전부가 당분간 소비생활의 풍족함을 누리지 못하고, 최저의 생활을 감내하여, 소비를 절약하고 저축을 증대하여 경제력의 회복을 도모, 소비를 절약하고 저축을 증대하여 경제력의 회복을 도모하여, 싫어도 생활을 위한 소비자금을 외부로부터 원조에 기대하지 않고 국내체제를 확립하지 않으면 아니 된다.
* 궁핍의 밑바탕에서부터 일본경제를 재건하기 위해서는, 종합적 구체적인 재건연차계획이 수립되지 않으면 아니 된다. 재건의 일정을 신속하게 마련하기 위해서는, 자유경제에 의한 경제력의 낭비는 허용되지 않을 것이다.
* 일본경제의 재건에는 공업이 주역을 맡지 않으면 아니 된다.……장래 일본의 정치경제가 민주화되어 침략적 성격이 불식되게 되면, 일본의 중공업은 상당 정도 발전하게 될 것이다. ……한편 종래와 같이 정부의 강력한 보호조장의 은혜를 입는 것은 어렵게 될 것이기 때문에, 경영의 합리화와 기술의 고도화에 의하여 생산비에 있어서도 외국품과의 경쟁에 이길 수 있는 힘을 배양하지 않으면 아니 된다.

이 보고서는 많은 사람들에게 자극을 주었지만, 그 정책권고가 정부에 의하여 정식으로 채택된 것은 없었다. 그렇지만 간접적으로는 '잔존하는 궁핍한 경제력을 들어 확대재생산의 방향으로 집중투하' 시키자고 하는 주장은 연구회의 주요회원이었던 아리사와(有澤廣巳)교수의 경사생산방식(傾斜生産方式, 제5절 참조)을 통하여 실천되게 된 것이다.

4 물가안정책

인플레이션율은 1946년에 최고에 이르러, 그 뒤도 1949년까지 3자리

수의 물가상승이 계속되었다. 인플레이션의 원인은 분명하였다. 그것은 재정적자를 메우는 것을 목적으로 하는 화폐발행의 증가에 의한 것이며, 재정적자는 다음의 두 가지의 정책의 귀결이었다.

(1) 보조금－석탄, 철강, 동, 비료 등의 중간생산재에 대한 보조금이 주축이었지만, 식량 등의 소비재에도 제공되었다. 즉, 가격통제에 의하여 기업이 입는 손실을 보전하기 위한 생산보조금('가격차액의 보조금'이라고 한다)이 공여된 것이다.

(2) 부흥금융금고(복금융자(復金融資))－재무부에 의하여 경사생산의 대상산업에 정책융자가 지급된 것이다. 그 주요한 수급대상품목은 석탄, 전력, 비료, 철강 등이었다. 융자의 재원으로서 국채(復金債)가 발행되어, 그 대부분은 일본은행이 인수하였기 때문에 화폐공급의 증가요인이 되었다.

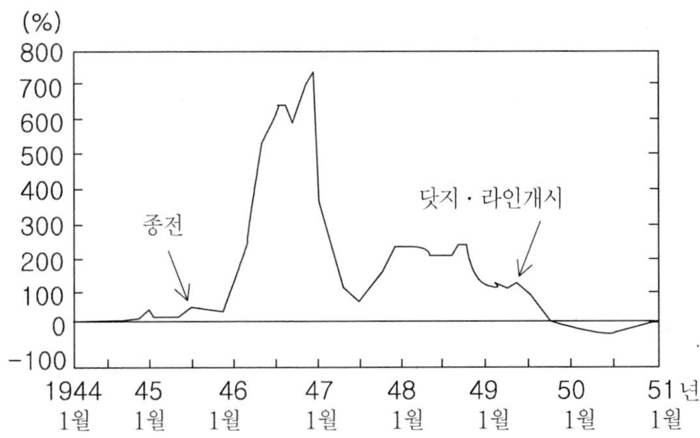

자료: 総務庁統計局 『日本長期統計総覧4』 日本統計協会, 1988年.

<그림 10-2> 도교의 소매물가인플레이션(공정가격, 전년동월대비)

생산지원을 위한 보조금·융자의 시비를 둘러싸고 오늘날에도 논쟁이 계속되고 있다. 물가안정의 관점에서 본다면, 이들은 분명하게 불건전한 시책이며 조급히 폐지되어야 하였다. 한편 실물부문 회복의 관점에서 보면, 인플레이션 억제와 생산지지(生産支持)의 사이에는 균형이 필요하였다. 이들의 보조금과 융자를 갑자기 폐지하는 것은 뭔가 살아남아 있는 산업활동을 전부 말살해버리는 것이 되지 않을 수 없기 때문이다.

인플레이션을 억제하기 위한 최초의 시도는 1946년의 예금동결이었다. 정부는 갑자기

① 은행예금의 인출은 각자 1개월 당 500엔을 상한으로 한다.
② 현행지폐는 은행에 예치되지 않는 한 효력을 상실한다,

라는 선언을 발표하였다. 즉, 국민은 격심한 인플레이션이 진행하는 가운데, 저금을 전부 은행예금에 동결되어버렸던 것이다. 이 직후, 화폐공급은 일시적으로 3분의 1로까지 감소하여, 인플레이션도 약간 수습되었다. 그렇지만 이것은 정부에 의한 혀가 잘리는 것과 같았기 때문에, 금융정책에 대한 국민의 신뢰는 잃어버렸다. 재정적자의 폐수공해(廢水公害)를 방치한 대로, 얼버무리며 넘기는 술책을 실시하여도 효과가 없는 것은 분명할 것이다. 인플레이션은 다시 고등하고, 예금동결은 실패로 끝났다.

물가안정이라는 목표는 동일하여도, 이를 위한 정책어퍼로치는 다음과 같이 여러 가지가 있으며, 결렬한 논쟁이 계속되고 있었다.

(1) 인플레이션의 허용 - 1946년7월, 이시바시(石橋 甚山)재무부장관은 생산붕괴와 실업을 방지하는 데에 도움이 되는 한, 재정적자와 인플레이션은 오히려 바람직하다고 연설하였다. 그에 의하면 당시의 인플레이션은 수요 측의 과다가 아니라 공급 측의 부족에 의하여 초래되고

있다. 이와 같은 경우에는, 생산자와 노동자를 지원하는 것이 없이 물가안정을 가져올 수 없다. 때문에 현황에서는 적자를 허용하는 것이야말로 건전재정인 것이라고 주장하였다.

(2) 일거안정론(一擧安定論, shock approach)-1948년1월, 사회당의원의 기무라(木村禧八朗)는 전적으로 반대의 논의를 전개하였다. 그에 의하면 물가안정이야말로 생산회복의 전제조건인 것이다. 인플레이션이 계속되는 한, 사람들은 장래의 가격인상을 예측하여 물자를 계속 보관하려고 할 것이다. 이것은 공급을 감소시켜 물가를 다시 등귀시킨다. 이 악순환을 단절하는 데에는 대담한 재정금융긴축에 의한 인플레이션이 필요하다는 것이다. 워싱턴의 미국정부도 이와 같은 견해를 가지고 있었다.

(3) 중간안정론(gradualism)－경제안정본부 및 GHQ의 맥아더원수는 빅뱅형의 물가안정책은 산업을 붕괴시켜 사회위기를 초래할 위험이 있다고 생각하고 있었다. 이 때문에 인플레이션 억제는 급격하지 않고, 보조금·복금융자·미국의 원조를 활용하여 생산증강을 도모하면서, 단계적으로 실시해야한다고 하는 주장이었다. 이것이 성공하면 이러한 지지정책을 서서히 철폐할 수가 있는 것이었다.

(4) 조건부 일거안정론(conditional shock approach－동경대학의 아리사와(有澤廣己)교수는 재정금융의 긴축은 생산을 일시적으로 감소시키는 것을 인정하였다. 그렇지만 동시에 물자의 투기 및 보관을 억제하기 위해서는 인플레이션 근절이 필요하였다. 거기에서 그는 계획경제의 수단을 이용하여 생산을 전전의 60% 수준으로까지 끌어올린 뒤에 강력한 인플레이션 억제책을 수립하여야 한다고 주장하였다. 그 쇼크로 생산은 전전의 30% 정도로 떨어질지도 모르지만, 그 정도라면 1946년에 실제로 경험한 사람들은 무언가 살아갈 수 있을 것이라고 하는 것이다. 생산회복에 관한 대책도 없이 인플레이션 억제가 단행되면 충격이 너무나 클 것이라고 생각되었다.

실제로 채택된 정책은 아리사와교수의 제안에 상당히 가까운 것이었다. 단, 긴축의 타이밍은 아리사와교수가 산정한 것보다도 빨랐다(이 장의 끝 박스내용 참조).

5 1947-48년의 경사생산방식(傾斜生產方式)

경사생산방식(傾斜生產方式)이란 한정된 자원을 소수의 전략적 중요 산업에 집중적으로 투하하여 경제회복의 기회를 포착하려고 하는 정책이다. 이것은 경제계획의 한 종류이며, 몇 가지의 중요산업이 성장함에 따라, 경제전체에 플러스(+)의 파급효과를 가져오게 하는 방법이다.

아리사와교수는 요시다 시게루(吉田茂)수상의 개인적 브레인의 회원이었다. 1946년7월, GHQ의 맥아더는 전시보상중지에 관련하여 일본에 다소의 물자를 해외로부터 수입하는 것도 좋다고 요시다수상에게 말하였다. 요시다수상은 각 부처에 희망품목의 리스트를 제출토록 하였지만, 제출된 품목이 너무 많아, 그의 사적 브레인이 모인 모임에서 이것을 몇 품목으로 줄이는데 무엇을 선택하면 좋은가를 상담하였다. 그 결과, 철강, 무연탄, 중유, 고무, 트레일러버스 등의 5개 품목이 선정되었다.

그렇지만 맥아더는 세계적으로 부족한 중유를 일본으로 수입하는 것에 난색을 표시하였다. 거기에서 아리사와교수는 요시다수상에게 만약 중유를 수입하면 국내에서 3,000만 톤의 석탄을 채탄하는 것을 일본정부는 약속할 것에 관하여 다시 GHQ와 재교섭하도록 제언하였다. 중유는 철강생산에 필요하며, 철강은 노후화한 탄광을 회생하는 데에 필요하였다. 일본에 있어서 석탄은 국내에서 유일하게 자급이 가능한 연료이며, 만약 석탄생산이 어느 수준을 넘어 회복하면, 잉여분을 다른 산업의 연료로서 배분할 수 있기 때문이다.

맥아더는 이 약속을 좋다고 하여 일본에 중유수입을 허락하였다. 여기에서 제안자인 아리사와교수는 석탄소위원회의 위원장으로 취임하여, 3,000만 톤의 석탄생산의 실현에 책임을 지게 되었다. 또 상공부도 그의 사고방식에 공감하였다. 거기에서 채택된 것은 먼저, 전국의 탄광의 책임자를 모아 정보를 수집, 매장량, 채굴막장, 굴삭속도, 노동시간 등으로부터 가능한 공급능력을 추정하고, 다음으로, 수요측은 점령군, 전력회사, 철도, 모든 산업에서 석탄사용량을 견적해 간다는 실제적인 방법이었다.

이리하여 ‘3,000만 톤의 석탄을 캐라’는 국가목표가 되었다. 상공장관은 팬티만 입고 도끼와탄광(常磐炭鑛)의 내부를 시찰하여 노동자를 격려하였다. 거리에는 매일의 탄광량이 게시되었다. NHK라디오는 ‘탄광에 보내는 저녁’이라는 프로그램을 매주 방송하여 탄광노동자에게 성원을 보냈다. 정부는 보조금과 복금융자를 구사하여 탄광생산에 필요한 원재료를 확보하여, 탄광노동자에게 주택을 우선적으로 제공하였다. 실제의 중유수입은 계획보다 늦어졌지만, 1947년의 채탄량은 2,932만 톤이 되어 생산목표가 실현되었다. 이리하여 일본경제는 1947년보다 향상하기 시작하였지만, 다른 한편 인플레이션은 아직 높은 그대로였다.

6 미국의 일본점령정책

일본은 1945년부터 1921년까지 미국의 점령 아래 놓여 있었다. 이 사이 미국의 일본정책은 크게 바뀌었다.

당초, 최대의 점령목적은 일본의 비군사화였다. 미국은 장래 다시 군수생산이 되지 않을 때까지 일본경제의 활력을 박탈하고자 하였다. 이를 위해서는 중공업의 부흥을 허용해서는 아니 되었다. 전쟁으로 파괴되지 않았던 기계는 제거한 위에, 현물배상으로서 선박으로 아시아 여러 나라로 이송한다고 하는 방침조차 수립되어 있었다 (단, 이들은 실행되지 못하였다). 또 하나의 중요한 점령목적은 민주주의의 도입이다. 이것은 독점자본, 노동자의 억압, 지주에 의한 소작농의 착취 라는 민주주의의 부재(不在)가 군국주의의 대두를 허용하였다는 신념에 기초한 정책이었다. 점령 아래의 민주화로 특히 중요하다고 생각되는 것이 다음의 세 가지의 정책이다.

첫째, 재벌해체-거대독점자본은 대외침략을 조장하였다고 간주되었다. 이 때문에 기업그룹은 해체되어 개개의 기업으로 분리되었다. 그렇지만 이 정책은 뒤에 철회되어, '계열(系列)'이라고 일컬어지는 새로운 기업그룹으로 다시 탄생하였다.

둘째, 노동3법-새로이 제정된 노동기준법, 노동조합법, 노동관계조정법에 의하여, 노동자는 노동조건, 단결·단체교섭권, 노동쟁의에 관한 권리를 부여받았다.

셋째, 농지개혁-부재지주의 소유지 및 일정면적을 초과하는 농지보유는 전부 접수되어, 실제의 경작자에게 배분되었다(토지의 양도가격은 낮았는데 격심한 인플레이션이 그 실질가격을 제로로 돌렸다). 전후 일본의 토지개혁은 소농의 토지소유를 대폭적으로 증가시켰다는 점에서 정치적으로는 대성공하였지만, 경제적으로 보면, 토지가 효율적 경작의 한도를 넘어 세분화되는 약점이 있었다. 이 문제는 오늘날에도 해결되지 않고 있다.

1947년5월3일에는 GHQ의 지도 아래에서 기초된 새로운 헌법이 시행되었다. 이것이 현행의 일본국헌법이며, 5월3일은 '헌법의 날'이라는 국민의 축제일로 지정되어있다. 메이지헌법과 비교하면, 신헌법의 현저한 특징은 다음과 같다.

① 주권은 국민에게 있다.
② 천황은 일본국의 상징이며, 정치적 기능을 가지지 못한다.
③ 전쟁의 포기와 군비의 불소지(제9조).
④ 기본적 인권의 보장.
⑤ 입법·행정·사법의 3권분립.

헌법 제9조는 일본만이 갖는 독특한 조문이며, 이 조문에 관한 시비와 해석을 둘러싸고 많은 논쟁을 불러일으켜 왔다.

제9조의 전문은 다음과 같다.

> 일본국민은 정의와 질서를 기조로 하는 국제평화를 성실하게 희구하며, 국권의 발동인 전쟁과, 무력에 의한 위협 또는 무력의 행사는 국제분쟁을 해결하는 수단으로서는 영구히 이것을 포기한다.
> 전 항의 목적을 달성하기 위하여, 육해공군 기타의 전력은 이것을 보유하지 않는다. 국가의 교전권은 이것을 인정하지 않는다.

이것을 솔직하게 해석하면, 일본은 군대를 가질 수 없다는 것이지만, 현실적으로는 이미 육·해·공 자위대가 존재하고 있다. 매파의 사람들은 제9조를 개정하여, 일본이 당당하게 정규군을 보유하도록 하여야 한다고 말한다. 다른 사람들은 반대로 제9조를 사수하여 자위대를 없애야 한다고 바라고 있다.

냉전의 시작이 분명하게 된 1947년을 고비로 미국의 일본점령정책은 크게 변화하였다. 미국은 이전의 일본의 비군사화·민주화보다도, 오히려 일본을 자본주의 진영의 동맹국 및 반공기지로서 강화하는 것을 고려하기 시작하였다. 이에 더하여, 일본경제원조는 미국 국민에 있어서 큰 부담이 되어 왔다. 거기에서 일본의 재군비화와 경제부흥-중공업의 부흥을 포함-이 새로운 정책목표가 된 것이다. 한편, 사회주의와 노동운동은 제지되도록 되었다.

일본경제정책을 둘러싸고는 미국이 한결같지 못하였다. 워싱톤 정부의 방침은 일본에 빅뱅형의 재정금융긴축을 단행시켜, 빨리 자유시장의 원리를 도입해야 한다고 하는 것이었다. 이에 대하여 동경의 맥아더와 그의 GHQ스탭은 정부개입과 규제를 중시하는 점진주의를 주장하였다. 이 그룹은 이전의 1930년대의 대공황을 공공정책에 의하여 극복하고자 한 뉴딜러(new dealer)라고 일컬어지는 사람들로 구성되어 있었다.

7   1949년의 닷지·라인(Dodge line)

그렇지만 미국 내부의 정책대립은 워싱톤 정부가 1949년 초에 조세프 닷지(Joseph Dodge)를 동경에 파견함으로써, 일거안정론(shock approach)의 승리라는 형태로 결착을 맞이하였다. 디트로이트은행 행장이었던 닷지는 완고한 자유경제주의자였다. 그는 인플레이션 근절 때문에, 닷지·라인이라는 다음과 같은 정책페키지를 정부에 지령하였다.

① 복급융자(復金融資)는 정지.
② 보조금을 철폐하여 공공요금을 인상.
③ 징세강화, 세출삭감.

④ 초균형예산－이것은 기초균형(국채의 발행·이자지불·상환을 제외한
   순수예산)의 균형을 의미한다. 통상의 예산계정으로는 흑자가 된다.
⑤ 환율을 1달러＝360엔으로 통일하여 고정한다.

이어서 콜롬비아대학교 교수인 샤프(C.S.Sharp)가 세제개혁을 위하여
일본으로 파견되었다. 그의 권고는 1950년에 채택되어, 전후 일본의 조
세시스템이 되었다. 이것은 닷지·라인을 재정(財政) 면에서 뒷받침하는
개혁이라고 할 수 있다. 샤프세제는 소득세, 법인세 등의 직접세에 크
게 의존하는 것이며, 이것은 오랫동안 일본의 재정의 특징으로 되었다.
1989년에 소비세가 도입될 때까지, 일본에는 부가가치세·소비세라는
국민에게 널리 얕게 과세하는 유형의 간접세는 없었던 것이다.
　급격한 닷지·라인은 인플레이션 퇴치에 훌륭하게 성공하였다. 그렇
지만 우려했던 바와 같이, 그 쇼크가 실물부문에 미치는 영향은 아주
엄격한 것이며, 사람들은 불황의 도래를 각오하였다. 실제, 생산은 잠시
하강국면으로 전환하였다. 일본은행은 닷지의 명령을 무시하여, 금융완
화를 시작하고 있었다. 아리사와는 닷지의 물가안정책의 도입은 지나치
게 빠르다고 한다. 그에 의하면 그 실시는 1년을 더 기다려야 하였다.
　닷지·라인이 일으킨 불황－당시의 용어로 '안정공황(安定恐慌)'－이
어느 정도 격심한 것이었는지는 알 수가 없다. 왜냐하면 그 때, 대사건
이 발생하여 불황 자체가 갑자기 사라져버렸기 때문이다. 즉, 일본경제
가 하강국면에 접어서자마자 이웃나라에서 한국전쟁(1950-53년)이 발발
하였다. 이 전쟁의 정치·외교적 영향은 별도로 하고, 그 전쟁은 일본경
제에 대한 큰 자극이 되었다. 미군은 일본을 보급기지로서, 군수·비군
수의 대부분의 물자를 조달하였다. 일본의 산업계에서 보면, 이것은 이
전의 제1차 세계대전기에 경험한 외수(外需)의 격증에 필적하는 것이
었다. 불황은 일소되어, 일본경제는 성장을 재개하였다. 인플레이션도
되돌아왔지만, 그것은 이전 정도로 높은 것은 아니라, 한국전쟁이 끝나

자 인플레이션은 대개 제로(0)로 수습하였다.

닷지·라인은 경제시스템에도 큰 영향을 미쳤다. 1937년 이래, 일본은 계획경제 아래에 있어, 종전 직후의 부흥도 경제계획 아래에서 실시되었지만, 인플레이션의 종식과 가격통제의 철폐는 드디어 일본이 보다 자유로운 시장경제로 되돌아가는 것을 가능하게 한 것이다. 닷지·라인에 의하여 다양한 경제규제가 제거되고, 정부의 역할도 축소되었다. 단, 이것은 일본이 완전한 자유시장경제가 된 것을 의미하지 않는다. 계획경제의 종료 뒤도 많은 정부개입이 존속하고, 혹은 새로이 도입되었기 때문이다.

닷지는 한편으로, 인플레이션 파이터(inflation fighter) 및 자유경제의 회복자로서의 공적을 칭찬받으면서, 다른 한편으로, 무신경한 충격요법의 강제자로서 비판받았다(단, 불황의 영향은 한국전쟁에 의하여 상계되었지만). 닷지의 정책에는 이와 같은 양면이 있지만, 아마 대부분의 일본인은 그에게 비난이 아니라 감사의 인사말을 보내는 것이 아닐까 라고 생각된다.

〈아리사와 히로미(有澤廣巳)와 오오끼다사부로(大來佐武郎)-전후 부흥정책을 말하다〉

다음은 1988년에 이루어진 아라사와 오오끼다의 회고대화의 발췌이다(有澤1989, pp.33-34). 두 사람은 전후 부흥정책에 깊이 관련된 지적 지도자였다.

아리사와 히로미(有沢広巳)와 오오끼다
사부로(大来佐武郎)

오오끼다: 탄광의 국가관리문제[1946-47년경의 석탄국유화 제안]에
관해서는 어떠한 생각을 하였던 것입니까.

아리사와: 적어도 나는 생각하고 있지 않았지만(웃음)

오오끼다: 미스다니(水谷長三朗)상공장관입니까, 국가관리의 법안을 제출
하였지요.

아리사와: 나는 생각하고 있지 않았다. 실제 일본의 탄광은 정부가 말
하는 대로 움직이고 있었다. 말하자면 사실상 국가관리 아
래에 있었던 것이었다. 독일의 경우도 석탄의 사회화(국유
화)라는 것이 있어서, 그것은 나도 상당히 어딘가에 언급
하였다고 생각하면서도, 석탄의 사회화를 해야 한다고 하
는 기분은 없었다. 그것은 '그럼'이라고 할 때에는 석탄도
생각해도 좋지만, 석탄만을 사회화한다고 말하는 것은……

오오끼다: 그 즈음, 기무라(木村禧八朗)씨(사회당의원)와 인플레이션
에 관하여 소위 중간안정론의 논쟁이 있지요. 전전의 일정
수준까지 생산을 회복시킨 뒤에 인플레이션을 수습시키자
고 하는 것이 아리사와선생의 의견이었지요. 그것에 대하
여 기무라씨는 생산회복에는 인플레이션 수습이 전제라고
하며, 그것으로 논쟁이 있었습니다. 그것은 역점(力點)을
두는 방법이 다르자, 아리사와선생은 논문에 쓰지 않았지
만, 선생의 <과도기의 경제학>으로부터 말하면 큰 차이라
고 생각합니다.

아리사와: 인플레이션 수습의 문제는 그 때, 나의 생각은 경사생산으로
해서, 전전의 60%까지 생산수준이 회복하였다면 일거안정
론을 하자, 이것이 나의 생각. 그 전에 일거안정론을 실시
하는 것은 일본경제를 대혼란으로 빠뜨리는 것이 되기 때
문에 아니 된다. 어느 경우라도 인플레이션을 안정시키면
안정공황(安全恐慌)이 일어날 것이야. 그것이 어느 정도 엄

격하게 될까 되지 않을까 라는 것이 포인트이다. 일거안정론을 실시하지 않을 수 없었지만, 해야 할 시기는 내가 말한 경사생산이 더욱 진행하여, 생산이 전전의 60%에 도달하였을 때이다.

나의 생각은 일거안정론을 실시하면, 안정공황이 일어나는 것은 틀림없다. 그 안정공황의 정도가 심각할 때에는 생산수준은 절반이 된다. 그것으로 안정공황으로 생산이 절반으로 감소하여 또 전전수준의 30%정도라면, 종전 직후는 30%로 무언가 해간다는 것으로, 나는 그것으로 전후의 생산이 60% 정도로 회복하면 하자, 이러한 것입니다.

닷지씨가 오기 직전에 나는 진주군(進駐軍)에 가서, '좋다'고 하는 진주군의 경제과학국의 재정고문과 만났다. 그가 인플레이션을 일거안정론으로 실시한다고 말하므로, 그것은 아직 빠르다고 말하였다(웃음).

자네, 아직 그러한 것 말하고 있는가라고 말하였지만, 나는 빠르다고 말하였다. 그때의 논리는 그러한 것이다.

고도성장기

1945-49년의 전후 부흥기와 1950-53년의 한국전쟁을 거쳐, 일본경제는 고도성장기로 돌입하였다. 1950년대 중반부터 1970년대 초반에 걸쳐, 실질성장율은 10% 전후를 기록하였다. 이처럼 매우 높게 지속한 성장은 일본의 사회를 크게 변모시키는 원동력이 되었다. 1970년경에는 일본은 GNP로 서독을 제치고, 미국에 이어 자본주의 세계 제2위의 경제대국이 되었다. 일본이 구미에 따라붙기 위하여 질주하여 온 긴 과정은 드디어 끝난 것이다. 이 장에서는 다이내믹한 전후경제성장의 궤적을 검토하고자 한다.

1 합리화의 시대

1945-49년, 즉 계획경제가 아직 계속되고 있던 전후 부흥기에 있어서 최대의 정책목표는 계량적 회복이었다. 당시의 일본경제는 국제경쟁에서 격리된 상황에 있었다. 효율성보다도 경제부흥의 발판을 마련하는 것이 정책의 사명이었다. 그것을 위하여 보조금, 복금융자, 미국의 원조가 투입되었다.

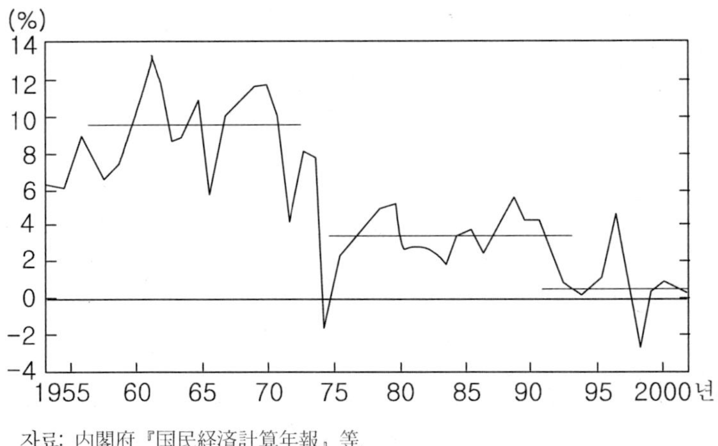

자료: 内閣府 『国民経済計算年報』 等.

<그림 11-1> 고도성장기 이후의 실질 GNP성장률

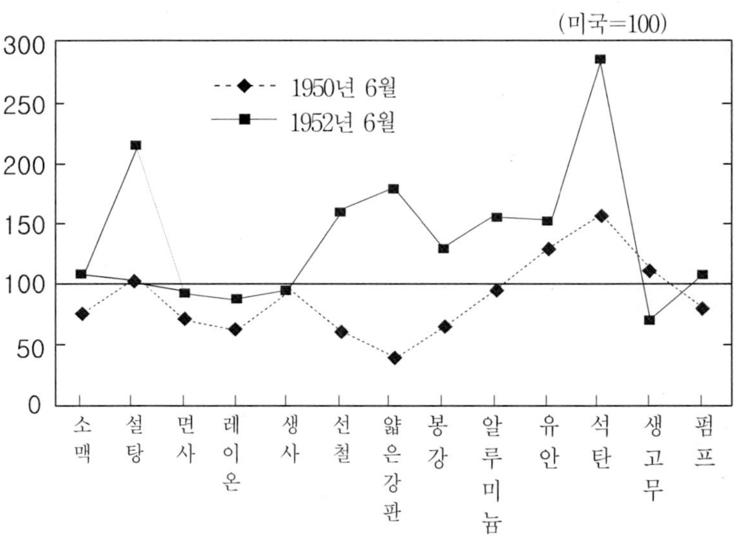

자료: 香西 [1995] 56頁.

<그림 11-2> 미·일생산자물가비교

그렇지만 닷지 라인(Dodge line)을 거쳐 1950년대 초반에 접어들어, 일본경제는 새로운 단계로 진입한다. 이 변화는 다음과 같이 묘사될 수 있다.

첫째, 경제통제와 보조금이 철폐되어, 시장메커니즘이 대부분 회복되었다.

둘째, 민간의 국제무역이 재개되었다(단, 아직 자유무역이 아니라, 외환관리, 수입보호, 외화집중제, 행정지도 등의 아래에 있었다).

셋째, 한국전쟁에 수반하는 인플레이션이 세계적으로 발생하였다. 단, 일본의 인플레이션은 두드러지게 높아, 도매물가는 1949-51년 누적으로 64%의 상승을 기록하였다(이 기간에, 미국은 16.1%, 영국은 11.1%였다).

넷째, 1949년에 새로운 고정환율 1달러=360엔이 설정되었을 때에는 이 수준은 타당하였지만, 한국전쟁 인플레이션을 거친 뒤에는 과대평가(경쟁력상실)되었다.

다섯째, 1951년의 샌프란시스코강화조약에 의하여 일본은 주권을 회복. 동시에 체결된 일·미안전보장조약(1960년에 개정)에 의하여, 냉전 아래의 일본은 자본주의 진영으로 편성되었다.

여섯째, 일본의 외화준비는 아직 부족한 상태였다(1950년 말에 5억 6,700만 달러).

이 새로운 상황에 직면하여, 일본의 산업은 효율성과 경쟁력을 높이기 위한 노력을 경주하게 되었다. 계획경제와 양적 확대의 시대가 끝나고, 코스트삭감과 품질향상에로의 도전이 시작된 것이다.

한국전쟁 직전의 1950년6월에는 일본의 생산재가격은 미국과 같은 정도였다. 그렇지만 2년 뒤의 1952년6월에는, 일본의 대부분의 생산재가격은 미국보다도 비교적 높았다. 특히 석탄과 철강의 값은 매우 높았

다. 이 두 품목은 1947-48년의 경사생산방식에 있어서 최우선산업이었
다. 고탄가(高炭價)·고철(高鐵)가격문제로서 석탄과 철강을 사용하는
모든 국내산업의 경쟁력을 상실한 것이다.

환율고등 즉, 경쟁력상실을 해결하는 방책으로서는,

① 엔평가절하(円切下),
② 재정금융긴축에 의한 가격디플레이션,
③ 생산성향상 등의 세 가지가 고려될 수 있다.

이 때, 일본은 주로 제3의 길(생산성향상)을 선택하였다. 제2의 길(거
시긴축)도 어느 정도 실시되었다. 그렇지만, 제1의 길(엔평가절하)은 정
책의 고려범위 밖이었다. 일본은 전후의 혼란으로부터 드디어 탈출하
여, 1949년에 환율통일을 이룩하였다. 1951년에 주권을 회복하였을 뿐
이었다. 브레튼우즈통화제도 아래에서, 설정된 새로운 평가를 바로 변
경하는 것은 정치적으로도 대외적으로도 바람직하지 않다고 생각하게
된 것이다.

거기에서 채택된 것이 '합리화'의 추진이다. 합리화란 새로운 설비와
기술에 대한 투자와 생산·경영의 재편을 통하여 생산성을 높이는 것을
의미한다. 1950년대 초반 이래, 합리화는 국가적인 경제목표가 되었다.
많은 기업은 한국전쟁기의 미군특수(美軍特需)에 의하여 많은 이윤을
축적하고 있었기 때문에, 그것이 신기술과 기계도입의 주된 자금원이
되었다. 한편, 노동조합은 합리화의 슬로건은 노동자를 해고하기 위한
구실이라고 간주, 가끔 합리화 반대운동을 전개하였다.

합리화에 의하여 크게 비약한 산업도 있지만, 성과를 거두지 못하고
쇠퇴한 산업도 있다. 석탄과 철강에 관하여 말하면, 전자는 합리화레이
스에 패하고, 후자는 승리하게 되었다. 한편, 퇴출함으로써, 다른 한편,
경쟁력을 붙여 확대함으로써, 어느 것이나 경제전체의 생산성을 높이는

데에 공헌하였다. 특히 석탄산업은 세계의 에너지수요가 석탄에서 저렴한 석유로 이동함에 따라 큰 타격을 입었다. 자급이 가능한 석탄에 비하여 석유는 국내공급이 한정되어 있어, 일본은 석유의 90%를 수입에 의존하지 않으면 아니 되게 되었다.

산업합리화를 추진하기 위하여 정부도 중요한 역할을 수행하였다. 1953-54년에 수입이 증가하였지만, 한편으로, 한국전쟁 특수(特需)가 종식하자 일본은 국제수지의 위기에 빠졌다. 일본은행은 금리를 인상, 정부는 예산과 재정투융자의 긴축을 실시하였다. 여기에서 '재정투융자'란 우편저금과 연금적립금 등을 주된 원금으로서 국가의 제도와 신용을 통하여 공적인 투융자활동을 하는 구조이다. 일반예산의 절반 정도라는 규모의 크기, 일반예산과 합친 계획적·보완적 이용이라는 점에서 다른 나라에 예를 찾아 볼 수 없다. 일본 특유의 제도이다. 생활기반의 정비·인프라건설에 매우 중요한 역할을 수행하였다.

이 정책의 의도는 오랫동안의 현안인 인플레이션의 완전한 근절을 달성한 위에, 각 산업에는 보다 많은 코스트삭감을 촉구하는 것이었다. 이것은 제1차 세계대전 거품이 터진 뒤, 1920년대에 채용된 정책과는 상이하다는 데에 주목하고 싶다. 1920년대에는 불량화한 기업은 우선 구제되었지만, 1950년대에는 어려움에 빠진 기업은 효율을 필사적으로 개선하던가, 그렇지 않으면 퇴출하도록 하는 것이다. 이상한 호경기가 끝난 뒤의 정체(停滯)로부터 비약으로 이행하기 위해서는, 먼저 엄격한 기업노력·도태를 촉구하는 긴축기를 통과하는 것이 필요할지도 모른다.

또 하나 주목해야 할 점은 1950년대 전반에 산업정책을 실시하기 위한 제도가 수많이 신설되었던 것이다. 전후 초기의 물가통제·보조금·복금융자에 대신하여 다음과 같은 정책수단이 도입되었다.

① 외환예산.
② 국제자본이동규제(기술수입의 규제를 포함).

③ 중점산업지원을 목적으로 하는 세제상의 각종우대조치.
④ 일본개발은행을 비롯한 정책은행의 설립.
⑤ 기업합리화추진을 위한 여러 법률.

　이들의 정책수단을 장악한 일본정부는 본격적으로 산업진흥에 착수하게 된다.

　1960년은 전후 일본에 있어서 분기점이 되는 해였다. 이 해, 미쓰이(三井)계열에 속하는 규슈(九州)의 미이께탄광(三池炭鑛)에서는 노사대립이 격화되고 있었다. 탄광노동자와 그 가족은 노조지도자를 내몰기 위한 지명해고 및 록아웃을 강행한 회사에 반발하여, 홋바를 점거하였다. 이 분쟁은 일본에 있어서 자본가계급과 노동자계급의 대결적인 투쟁으로 위치매김되었지만, 최종적으로 노동자 측이 패배하였다. 1960년에 일어난 또 하나의 대사건은 일·미안전보장조약의 개정이다. 자유민주당의 기시(岸信介)내각은 조약개정을 국회에서 강행 채택하여, 이것에 대하여 전국적인 반대운동(안보투쟁)이 일어났다. 연일 데모대가 국회의사당을 둘러싸고, 투쟁이 격화하는 가운데 여대생1명이 사망한 참사가 발생하였다. 그렇지만, 새로운 안보조약은 자연스럽게 성립하고, 동시에 기시내각은 혼란의 책임을 지고 퇴진하였다. 이 두 가지의 사건을 계기로, 격렬한 이데올로기 충돌과 정치대립의 시대는 종식하기 시작하였다.

미이께 쟁의
(三池争議)

안보반대투쟁

2 거시경제운영

1950년대부터 1960년대에 걸친 거시경제운영의 특징은 다음과 같다.
재정은 전반적으로 건전하며, 흑자를 계상하고 있었다. 또 GNP에 대
한 정부규모도 1950년대를 중심으로 축소경향을 보였다. 세입부족을
일본은행의 국채인수로 충당한다는 소위 재정적자의 manetarization은
금지되어 있었다. 재정흑자를 배경으로, 전후 일본의 국채는 1965년까
지 발행되지 않았다. 때문에 통계상으로, 그 이전의 국채잔고와 이자에

관한 데이터는 없다.

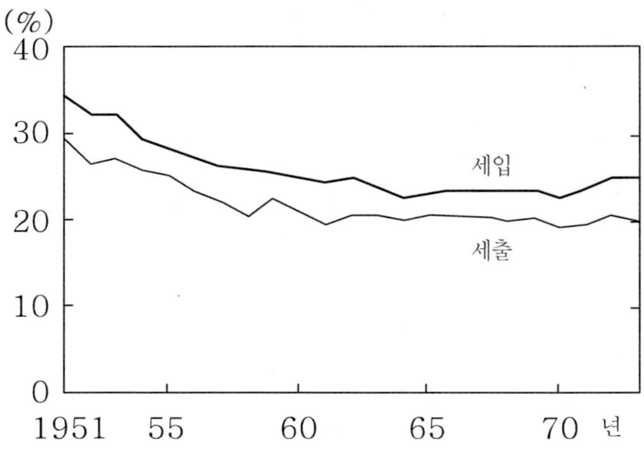

자료: 総務庁統計局 『日本長期統計総覧 3』 日本統計協会, 1988年.

<그림 11-3> 중앙정부재정의 GNP대비의 추이

   금융외환정책으로 눈을 돌리면, 1달러=360엔의 고정환율이 1949년 부터 1971년까지 유지되어 있었다. 브레튼우즈 통화체제는 외환평가 개정의 가능성을 인정하고 있었지만, 일본은 평가변경(平價變更)을 한 번도 실시하지 않았다. 어느 논자는 이 시대는 일본의 생산성향상이 다른 나라보다도 높고, 때문에 생산비가 상대적으로 계속 저하하였기 때문에, 경쟁력으로 본 엔은 점차 과소평가가 되었다고 주장한다. 단, 이와 같은 해석에는 반론도 있을 수 있다. 임금을 포함한 일본의 국내코스트는 생산성향상에 맞는 속도로 계속 상승하였으며, 그것을 고려하면 엔의 과소평가 경향은 인정할 수 없다. 고정환율 아래의 국제조정 메카니즘은 원래 그러한 것이었으며, 파죽지세로 공업화에 매진하는 신흥국이 세계시장을 석권하는 것은 당연하다. 세계경제의 세력변화를 환율조정 만으로 중지할 수는 없다. 이것은 당시의 일본에서도 현재의 중국에

서도 마찬가지일 것이다.

고정환율은 금융정책을 제약한다. 즉, 어느 일정한 환율수준으로 약속하고 있는 한, 중앙은행은 그것을 실현하는 것과 같이 정책을 발동시키지 않으면 아니 되며, 금융정책을 자유로이 결정할 수는 없게 된다. 이것은 고정환율제도 아래의 금융정책의 내생성(內生性)이라고 하는 현상이다. 전후 일본의 경우, 이 제약은 구체적으로는 다음과 같은 형태로 나타났다.

당시는 자본이동의 자유가 인정되어 있지 않았기 때문에, 국제수지의 적자란 대개 무역적자를 의미하고 있었다. 국내경기가 과열하여 수입이 증가하는 경우에는, 일본은행은 단기금리의 인상과 창구지도(일본은행이 개개의 민간은행에 융자한도의 틀을 설정하여 여신을 직접적으로 제한하는 것)를 통하여 금융긴축을 실시하였다. 일본의 기업은 은행융자에 크게 의존하고 있었기 때문에, 이 정책은 강력한 투자억제효과를 가졌다. 바로 경기는 하강국면으로 전환하여, 국제수지적자의 압력도 해소되었다. 일본은행은 경기과열의 국면마다 이와 같은 정책을 어쩔 수 없이 발동하였다. 이런 상황은 '국제수지의 천정(天井)' 혹은 'stop-go-policy'라고 한다. 이 정책은 국제수지의 적자기조가 소멸하는 1960년대 중반경까지 계속되었다.

서독에서는 마찬가지의 고정환율제도 아래의 국제수지 압력에 대하여 독일마르크의 수준을 적당히 수정한다는 조정을 실시하고 있었다. 마르크에는 항상 상승압력이 걸려 있었기 때문에, 수정은 절상방향으로 이루어졌다. 서독과는 대조적으로, 일본은 거시정책(금융정책)의 긴축에 의한 대외조정을 선택한 것이다. 서독은 외화준비를 점차 축적하여 갔지만, 일본은행은 외환개입을 거의 하지 않았기 때문에 외화준비는 1960년대 중반까지 거의 증가하지 않았다(단, 일본은행은 그 뒤, 적극적으로 외환에 개입하여, 달러를 대량으로 축적하게 된다).

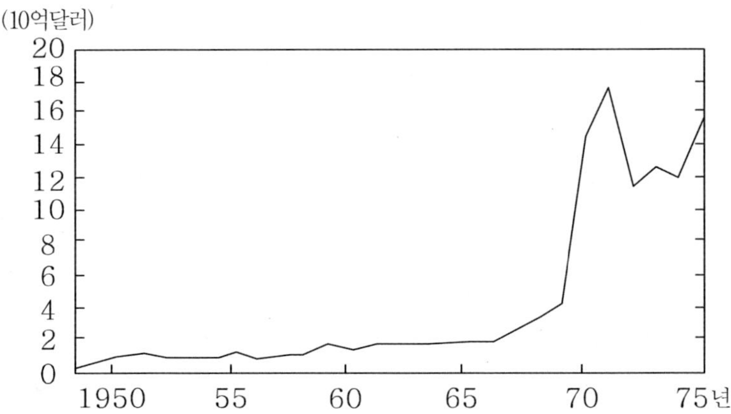

자료: IMF, International Financial Statistics, 各号.

<그림 11-4> 외화준비의 추이(금을 제외)

브레튼우즈체제 아래에서, 일본의 도매물가는 매우 안정되어 있었다. 1951-1971년의 20년 사이에 있어서 도매물가 상승률은 연평균으로 0.7%에 지나지 않았다. 이 사이, 제품의 품질향상이 있었기 때문에, 그것을 고려하면 참된 인플레이션율은 거의 제로(0)로 간주하여도 좋다. 이 놀랄만한 물가안정은 일본뿐만이 아니라 미국과 서독에서도 마찬가지로 볼 수 있었다. 이것은 선진공업국이 사상 처음으로 공통적으로 경험하는 물가안정이었다. 일본은 고정환율의 유지에 의하여, 세계(=미국)의 물가안정을 '수입'하고 있었던 것이다. 일본의 소비자물가는 도매물가보다는 높은 연율4.4%로 상승하고 있고, 이것은 '크리핑 인플레이션'이라고 하는 것이 문제시되었다. 마찬가지 20년 사이 연평균 명목임금은 10.2%, 명목GNP는 14.5%, 화폐공급(M_1)은 15.9%의 상승을 나타냈다. 한편, 실질GNP는 연율9.4%로 성장하고 있었다.

일본은 1952년에 세계은행에 가맹하여, 다음해부터 차입을 개시하였다. 곧 일본은 인도 다음으로 제2의 세계은행 차입국이 되었다. 일본으로의 세계은행융자는 1969년까지 실시되어, 그것들은 전부 산업인프라의 건설에 투입되었다(현재의 세계은행에서 볼 수 있는 빈곤삭감, 의료, 교육이라는 사회부문에 대한 융자는 일체 없었다). 세계은행은 일본개발은행에 융자하여, 그것이 다시 각 산업에 대부하는 'two-step-loan' 형식을 취하였다. 그렇지만, 세계은행융자는 국내투자 전체의 겨우 1%이거나 그 이하이며, 고도성장기의 왕성한 투자는 그 대부분이 일본의 국내저축에 의한 것이다. 해외로부터의 직접투자는 거의 없고, 또 자본규제 아래에서 포트폴리오투자는 전무하였다. 단, 일본기업은 기술수입에 관해서는 아주 적극적이며, 정부도 그것을 강력하게 지원하고 있었다.

3   통상산업부(MITI)와 산업정책

통상산업부(MITI, 이하 '통산부'라고 함)는 상공부, 농상무부, 석탄청, 무역청을 합하여 1949년에 창설된 정부조직의 하나이다. 뒤에 2001년에 경제산업부(METI)로 개칭되었다.

1950년 중반부터 1970년 초반의 고도성장기에, 통산부가 어떠한 역할을 수행하였는가가 관심사이다. 눈부신 제조업의 발전은 통산부의 덕택으로 실현한 것인가 그렇지 않은 것인가. 어느 논자는 통산부의 역할은 결정적이었다고 하며, 다른 논자는 관청의 개입은 해로운 것에 지나지 않았지만 민간부문의 다이내미즘이 그것에 이겼다고 주장한다. 그리고 통산부의 공헌은 플러스이든 마이너스이든 그다지 큰 것은 없었다고 하는 논자도 있다. 사실의 문제로서, 가전, 카메라, 오토바이, 비디오, 시계, 전탁(電卓) 등과 같이, 정부의 지원으로 훌륭하게 육성하여 세계시장을 석권한 산업도 있으며, 석탄, 알미늄정련, 핵융합, 컴퓨터와 같이, 정부의 지원을 받으면서 쇠퇴해 갔던 산업도 있다. 자동차에 관해서는 지원과 방치의 양면이 있으며, 통산부는 미국의 거대메이커와 경쟁하는 데에는 너무 적다고 간주된 국내메이커를 합병시키려고 하였지만, 자동차업계는 이것을 거부하여, 그 뒤, 각 회사가 함께 세계의 톱기업이 되었다. 그렇지만, 발전초기에서 자동차가 관세로 보호받고 있었던 것도 잊어서는 아니 될 것이다.

통산부와 일본개발은행의 역할에 관한 통계적 연구도 있지만, 명확한 결론이 나와 있다고는 할 수 없다. 데이터와 연구자에 따라 다양한 결론이 나와 있는 것이 실정이다. 예를 들면 정부의 지원을 받은 기업이 그렇지 않은 기업보다도 빨리 성장하였는가 아닌가를 보는 연구도 있지만, 업종에 따라 축소·전직 때문에 지원된 경우도 있으며, 또 각 산업의 잠재성장률은 원래 상이한 것으로, 그와 같은 비교는 정당한 평가라고는 할 수 없을 것이다. 산업정책의 효과를 검증하는 통계분석이 매우 어렵다는 것은 설득력이 있는 카운트 팩추얼(만약 통산부가 개입하지 않았다면 그 산업의 발전은 어떻게 변하였을까)을 상정하는 것이 불가능하기 때문이다. 고도성장의 주요 요인은 민간경제의 활력에 있지만, 정책도 결코 무시할 수 없는 보조적 역할을 수행하였다고 하는 것이다(이것은 메이지기의 산업발전에 관해서도 마찬가지이다).

세계은행은 1980년대를 통하여, 업종을 선정하여 지원하는, 소위 '선택적 산업정책'의 유효성을 부정하여 왔지만, 1993년의 <동아시아의 기적> 보고에서 그 가능성을 부분적으로 - 보다 정확히 말하면 일본·대만·한국에 관해서만 - 인정하였다. 1997년의 <세계개발보고>에서는 다시 한 걸음 나아가, 제도가 발달한 개도국에서 산업정책이 가능하다고 논평하기까지 이르렀다. 그 뒤의 세계은행 정책은 산업지원으로부터 빈곤삭감으로 크게 방향을 돌렸지만, 2002년경부터, 성장의 원천으로서의 산업지원과 인프라중시에로 세계은행의 관심이 되돌아오는 것 같다.

일본정부가 채용한 산업진흥정책의 대부분은 당시 세계 가운데에서 실시되고 있었던 정책과 마찬가지이다. 즉, 세제상의 우대조치, 보조금, 저금리의 정책금융, R&D진흥, 중소기업지원, 참여규제, 생산·투자·수출의 조정, 인프라정비 등이다. 이것에 더하여, 통산부는 관계자 사이의 정보공유를 위한 소프트한 정책수단을 가지고 있었다. 그것은 예를 들면 비전과 목표의 제시, 심의회, 업계단체, 행정지도, 일방적인 지시를 포함한 인사교류시스템 등이다.

통산부는 소득탄력성 기준과 생산성 기준에 의하여 중점산업을 선택하였다고 한다. 즉, 수요가 착실하게 확대하고 있으며, 또 생산성의 신장이 기대되는 산업을 선택하였다고 하는 것이다. 그렇지만, 이것만으로는 너무나 당연한 이야기이다. 참된 문제는 그와 같은 판단을 구체적으로 어떻게 해야 하는 것인가, 말하자면 잘못된 선택을 하지 않기 위해서는, 어떻게 하여 정보를 수집, 수요와 경쟁과 생산성을 예측하여, 각 회사와 산업의 잠재능력을 평가한 것일까. 통산부는 공식과 통계모델에 의지하여 유망산업을 선정한 바와 같이는 생각되지 않는다. 아마 일상의 업무 가운데에 필요한 정보와 직감이 교차한 것을 그들은 하고 있었던 것인가, 그것이야말로 놀라워해야할 일인 것이다.

1950년대부터 1960년대에 걸친 통산부의 정책에 관해서는 이론적으로 흥미깊은 문제가 몇 가지 있지만, 여기에서는 두 가지만 지적해 두자.

첫째, 과당경쟁의 유무-전전·전후를 통하여 산업개입의 하나의 중요한 근거는 과당경쟁의 회피였다. 불황시의 생산칼텔, 설비의 통폐합, 기업합병, 혹은 집중호우식 수출을 방지하기 위한 조정 등은 일본정부의 상투적인 수단이었다. 이것에 대하여 자유주의 경제학자들은 과당경쟁을 둘러싼 이론은 명석함을 결여하며, 그 유용성에 관해서도 매우 회의적이다. 그렇지만, 어느 일정한 조건 아래-제품정보의 부족, 지적재산권의 미확립, 생산에 있어서 수확체증, 판매경쟁에 있어서 합성의 오류

등-에서는 국민의 이익을 손상할 정도로 격심한 경쟁이라는 개념이 절대적으로 성립하지 않는다고는 할 수 없게 된다. 예를 들면 전전의 불황 때에는, 가격하락이 시작하면 기업이 매출을 유지하기 위하여 일제히 생산을 증가하여, 그것이 다시 가격폭락을 불러일으키는 악순환을 볼 수 있었다. 또 설비규모가 크면 클수록 단위당 가격이 하락하는 소재산업과 첨단산업에 있어서는, 모두가 앞 다투어 투자하기 때문에 과잉설비가 보통이다. 또 개도국에서는 복사한 상품을 횡행하여, 기술을 가지고 법률을 준수하고 있는 정직한 기업이 도태된다고 한다. 건전한 경제발전에 있어서 우려해야 할 상황이 발생하고 있다.

둘째, 유치산업보호의 시비-유치산업보호를 둘러싼 논쟁은 19세기로까지 거슬러 올라가는 고전적인 논의이다. 어느 나라에서 새로운 산업을 수립할 때에, 처음은 높은 코스트이라도 경험·생산량의 축적과 더불어 낮은 코스트를 실현할 수 있다면, 일시적으로 관세로 보호해야 한다고 하는 것이 그 골자이다. 단, 이것에는 보호 뒤에 발생한 이윤이 보호코스트를 상회하는 등의 몇 가지의 부대조건이 붙어 있다. 여기에서도 수확체증 혹은 학습효과의 유무가 초기의 산업보호가 정당화될 수 있는가 없는가의 열쇠가 된다. 다른 한편, 자유주의를 신봉하는 신고전파 경제학자들은 이론상은 유치산업육성을 정당화할 수 있어도, 현실의 정부는 적절한 산업을 선택하거나 압력단체의 요구를 거부할 능력을 결여하고 있기 때문에, 실시하면 반드시 실패로 끝난다고 경고한다. 이러한 반대론은 '보호의 정치경제학'이라고 한다. 그렇지만, 모든 개도국 정부가 무지무능하다고 가정하는 것은 허용될 것이다. 또 동아시아지역에서는 각국이 명확한 서열과 패턴을 가지고 공업화를 실현하였기 때문에, 태국과 말레이시아의 경험으로부터 베트남과 미얀마가 배울 수 있는 정보는 아무것도 없다고 할 수 없을 것이다. 단, 현재의 후발개도국은 초기단계부터 WTO와 FTA 등의 자유무역체제에 편성되어 있어, 일종의 관세자주권 상실의 상태에 있기 때문에 유치산업육성에 필요한 관세정책의 자유를 거의 갖지 못한다는 점은 충분히 인식할 필요가 있다.

과당경쟁이든 유치산업보호이든, 이러한 정부개입론은 완전히 과거의 유물이며, WTO와 자본이동에 직면하고 있는 개도국에 당장에 도입하는 것은 시대착오도 심하다고 단정하는 경제학자는 구미에 상당히 많다. 그렇지만, 일본의 개발경제학자의 대부분은 그렇게는 생각하고 있지 않다. 이들의 낡은 논의에는 중요한 포인트가 포함되어 있으며, 현대적 상황에 따라 필요한 수정을 시행하면 정책론으로서 충분히 견딜 수 있는 것이라는 견해의 쪽이 오히려 일본에서는 많은 것 같이 생각된다.

4 세계경제에로의 재통합

일본이 전중(戰中)부터 전쟁 직후에 걸친 경제적 고립으로부터 벗어나, 세계경제로 재통합되어 간 발자취는 <표11-1>과 같다.

1949년의 닷지 라인(Dodge line)에 따라 시장메커니즘은 회복되었지만, 그것은 경제활동이 완전하게 자유화되었다고 말할 수 없었다. 오히려 시장에 개입하기 위한 많은 정책은 유지되고, 혹은 새로이 도입되었다. 수입보호는 그 하나이다. 일본의 수입장벽은 전전부터 높아, 이 상황은 전후 초기도 변화한 것이 없었다. 1960년대에 들어, 정부는 국제 재통합 및 GATT의 케네디라운드(포괄적인 관세인하협상)의 실시를 위하여, 수입장벽의 점진적 철폐를 결의하였다. 이것은 정치적·외교적 관점에서 반드시 필요한 조치였다.

<표 11-1> 일본의 세계경제에 대한 재통합에로의 길

1951년	미국에 의한 점령종료, 주권의 회복
1952년	국제통화기금(IMF)과 세계은행(IBRD)의 가맹국이 된다.
1955년	GATT에 가맹. 단, 많은 나라는 GATT의 모든 권리를 일본에 부여하는 것을 보류, 오랫동안 차별대우가 계속되었다.
1956년	UN에 가맹.
1964년	OECD에 가맹. IMF제8조국이 된다(무역 등의 경상거래에 관한 외환규제를 철폐). 동경올림픽주최(신흥국의 올림픽개최는 성장을 가속, 나라의 자부심을 높이다.
1960년대 후반이후	관세인하를 실시.

1960년대의 무역자유화는,

① 점진적으로 실시되어, 또 사전에 잘 다듬어진 것이었다.

② 산업진흥정책과 밀접하게 링크되어 있었다.

③ 국제공약을 방패로 국내이익단체로부터 압력을 피하였다,

등의 특징을 볼 수 있었다. 무역자유화는 일본정부의 명확한 지침 아래에서 착실하게 실행된 것이다. 일본이 세계에 약속한 자유화 일정 (schedule)은 이제 재협상의 여지가 없는 것으로 간주되었기 때문에, 살아가기 위해서는 기업은 보호연장을 요구하는 로비가 아니라 회사의 생산성향상에 전념하였다. 산업지원은 수출실적을 포함하는 각 기업의 퍼포먼스에 따라 제공되었기 때문에, 국내기업은 상호 격렬한 경쟁을 전개하였다. 한편으로, 정부는 탈락·파탄한 기업이 나오지 않도록 경쟁조건을 적절하게 조정하고 있었다. 즉, 고도성장기의 일본에서는 경쟁과 협조가 공존하고 있었던 것이다. 무라가미(村上泰亭)는 이런 상황을 '구획된 경쟁(compartmentalized competition)이라고 한다.

경쟁력강화에 최대한 이용하였다는 의미에서, 전후, 일본의 무역자유

화과정은 이상적인 것이었다. 그렇지만, 이것을 실행하기 위해서는 매우 높은 제도능력이 그 나라에 요구된다. 대다수의 개도국에 있어서는, 이것은 쉬운 것은 아니다.

무역장벽은 서서히 철폐되어 갔지만, 자본거래에 관해서는 고도성장기를 통하여 자유화되는 것은 없었다. 자본규제의 완화가 본격적으로 시작된 것은 1970년대 이후이다. 자본거래의 자유화를 추진하는 중요한 정책변경은 1980년의 신외환관리법이지만, 이것은 우리가 지금 고찰하고 있는 시대보다 훨씬 뒤의 일이었다.

5 성장의 사회적 영향

1950년부터 1960년에 걸친 고도성장의 원천이 무엇이었던가에 관해서는 오늘날에도 경제학자들이 논쟁하는 것이다. 어떤 사람은 활발한 투자의욕이 성장을 견인하였다고 한다. 다른 사람은 수출주도형 성장이었다고 한다. 케인지언경제학자의 요시다(吉田洋, 1997)는 왕성한 소비수요에 주목한다. 그렇지만 모든 요인이 상호 연관되어있을 때, 단 하나의 요인을 성장의 원천으로서 거론하는 데에는 무리가 있는 것 같다고 생각된다.

어떻든, 소비붐이 고도성장기에 있어서 현저한 현상이었던 것은 부정할 수 없다. 1950년대 후반의 소비자는 '3종의 신기(神器)'라고 일컬어지는 세탁기·냉장고·흑백TV를 빠짐없이 구입하고자 하였다. 1960년대가 되자, 모든 사람들의 관심은 컬러TV, 자동차, 쿨러(에어컨)에 집중되었다(이들을 '3c'라고 한다). 시장이 확대하여 생산이 증가함에 따라, 생산비와 가격은 저하하여, 그것이 점점 소비붐을 충동시켰다. 생산면

에서의 대량생산시스템은 그 제품을 구입할 수 있는 화이트 칼러-중
간층을 동시에 낳았다. 이 호순환은 1970년대 초반까지 계속되었다.

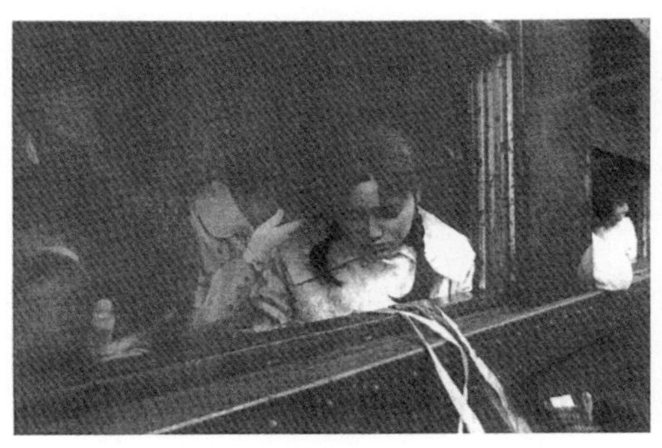

<사진> 집단취직열차
'금계란'이라고 일컬어졌던 젊은이들(1964년)

　고도성장기 이전에는, 의·식·주를 둘러싼 일본인의 기본적인 생활스
타일은 아주 서서히 변화하는데 지나지 않았다. 제2차 세계대전 전에는,
대부분의 사람들은 쌀, 된장, 스께모노(淸物), 물고기, 콩, 술이라는 화
식(和食)을 먹고, 일본옷(和服)을 입고, 나막신과 벼짚신을 신고, 밀창문
과 문종이로 칸막이된 목조가옥에서 살며, 다다미 위에 이불을 펴고 모
기장을 치고 자고 있었다. 그렇지만 이와 같은 생활은 1960년대를 고비
로 큰 변화를 보이고 있다. 빵·커피·양식이 당연하게 되며, 정월과 의
례의 경우를 제외하고 일본옷을 몸에 걸친 사람들은 거의 볼 수 없게
되었다. 사람들은 블라인드와 커튼을 갖춘 철근콘크리트의 아파트와 맨
션에 살게 되었다. 도시화가 진행하여, 대가족에서 핵가족으로 바뀌었
다. 집단지향은 점차 얕아지고, 개인주의가 폭넓어져갔다. 고도성장기는
일본사 가운데에서 가장 급격한 생활스타일의 변화를 초래한 시대이다.
　일본경제에는 장기간에 걸쳐 노동잉여가 있어, 그것이 임금을 낮은

수준으로 억제되어 있었다. 그것이 노동자를 비참하게 하는 큰 원인이 되었다. 그렇지만, 고도성장은 이 사태를 근본적으로 변화시켜 버렸다. 1960년 전후에 노동잉여는 노동부족으로 전환하여, 일본경제는 루이스모델로 말하면 '전환점'에 도달하였다. 루이스모델이란 경제를 전통부문(농업)과 근대부문(도시공업)으로 나눈 위에 후자의 확대가 농촌으로부터 도시로 향하는 노동의 이동을 일으켜, 농촌에 잔존하는 과잉노동을 서서히 감소해 간다는 발전모델이다. 이것이 충분히 진행하여 농촌의 과잉노동이 소멸하면, 그 이상의 고용을 하는 데에는 임금을 인상해 가지 않으면 아니 되는 국면에 도달한다. 이것을 '전환점'이라고 한다. 집단의 취직열차라는 특별열차가 마련되고, 중학과 고등학교를 졸업하는 지방의 젊은이들을 대도시의 취직처로 운반하였다. 노동시장이 핍박함에 따라 이러한 젊은 노동력은 '돈의 알'이라고 할 정도로 아주 귀중한 노동력이었던 것이다.

<표 11-2> 전후 일본의 4대 공해소송

공해명	원인과 증상	피고기업	판 결
水俣病(熊本縣)	1956년에 최초로 공식보고. 공장배수에 의한 유기수은중독. 다양한 뇌장해. 감각장해 등을 일으켰다.	칫 소	1973년3월 원고승소
이다이이다이病 (富山縣神通川流域)	1955년에 최초의 보고. 금속광산으로부터 유출한 카드미니움에 의함. 골연화증후와 신장장해를 일으켜, 전신에 격심한 고통을 수반함.	미쓰이금속	1972년8월 원고승소
니이가다水俣病 (니이가다縣阿賀野川流域)	1965년에 최초의 보고. 熊本水俣病과 마찬가지, 공장폐수에 의한 유기수은중독	쇼와전공	1971년9월 원고승소
요츠까이찌젠소꾸 (三重縣四日市市)	1950년대 후반에 조업개시한 석유화학콘비너트의 주변에서 발생한 대기오염에 의한 호흡기질환. 목과 눈의 아픔, 기침, 현기증 등을 수반함.	미쓰비시유화, 쇼와요츠 가 석 유 등6개회사	1972년8월 원고승소

고도성장기에는 또 급속한 공업화가 환경파괴를 진행시켰다. 일본의 물과 공기는 빠르게 오염되었다. 드디어 사람들은 기업의 무책임과 행정의 무위를 규탄하기 위한 풀뿌리운동을 개시하여, 그것은 점차 왕성해져 4대 공해소송으로 연결되어 갔다. 이들 소송은 1971-73년 사이에 전부 주민원고 측의 승소로 끝났다.

이 시기의 정치로 관심을 돌리면, 1955년에 두 개의 보수정당이 자유민주당으로 합당되어, 그 이래 현재에 이르기까지, 이 당은 일본의 정치의 핵심을 잡아왔다(1993-96년에는 수상의 자리를 다른 당에서 선출되었지만, 그 이후 다시 자유민주당이 정권을 장악하고 있다). 자민당이라는 강력한 보수정당이 약소한 야당의 공격을 받으면서도 안정적인 지배를 유지한다는 정치패턴은 '55년체제'라고 일컬어지게 되었다. 자민당은 전전의 정우회와 많은 공통점이 있다. 그 지지기반은 지방이며, 지방개발과 농업보조금에 주력함으로써 지지를 모아 정권을 유지하여 왔다. 특히 다나까(田中角榮)수상(재임1972-74년) 아래에서, 집표기계(集票)로서의 지방배두렁이라는 자민당의 정치스타일이 완성되어, 그것은 오늘날도 계속되고 있다. 자민당의원의 대부분은 일본이 재정파탄에 직면하고 있는 오늘날에서조차 신간선과 고속도로의 건설을 계속 요구하고 있는 것이다.

전전 소화(昭和)에서 볼 수 있었던 격동과 위험의 정치에 비교하여, 전후의 정치, 특히 55년체제 아래의 정치는 정치체제의 관점에서 보는 한 매우 변화가 적은 안정적(경직적)인 것이었다(사까노(坂野, 2004). 이것은 전전의 민정당에 필적하는 바와 같은 정권담당능력을 가진 대립정당이 탄생하지 않았다는 것, 그 아래에서 안정보장은 미국의 비호에 맡기고, 국내정치의 관심을 성장, 통상, 환경, 사회보장이라는 경제사회문제에 한정하는 것이 쟁점과 파란이 적은 따분한 정치체제를 탄생시킨 것이라 생각된다. 최근의 동향을 보아도, 21세기의 일본이 서서히 2대 정당제로에 전환되는 징조는 있다. 그렇지만, 그것이 현실적이 될 것인가 어떨지는 지금 예단을 할 수 없다.

〈혼다 소우이찌로(本田宗一朗)-전후 일본의 비즈니스영웅〉

혼다 소우이찌로
(本田宗一朗, 1906-91年)

전후 일본은 많은 비즈니스영웅을 탄생시켰다. 그 가운데에서도 혼다기연공업(本田技研工業, 브랜드 이름은 'HONDA')의 창시자 혼다(本田宗一朗), 마쓰시다전기산업(松下電器産業, 브랜드 이름은 내셔날, 파나소닉)의 창시자 마쓰시다(松下幸之助), 및 소니의 창시자 이부까(井深大)와 모리다(盛田昭夫)는 특히 유명하다. 그들은 모두 기술계의 발명가이며, 작은 공장에서 큰 비전과 꿈을 안고 창업하여, 항상 새롭고 보다 좋은 제품을 만들려고 몸부림쳤다. 그 성과를 내걸고 일본시장-나아가 세계시장-에 파고들어, 실패를 거듭하면서도 마침내 큰 위업을 달성한 사나이들이었다. 그들을 내세우게 한 것은 높은 급여도 이윤도 4반기마다의 결산서도 아니라, 몸속에 좀이 쑤시는 '물건만들기'의 정신이었다. 비즈니스에서 크게 성공한 뒤, 그들은 각각 교육, 환경, 경제외교 등의 비즈니스 이외의 세계에로 관심과 공헌을 넓혀갔다.

혼다는 시스오까(靜岡縣)의 철물상회(鍛冶商會)의 아들로 태어났다. 그는 기계적인 것에 몰두하게 되는 소년이었다. 유소년의 즈음부터 아버지의 지도 아래에서, 바람을 불어넣는 방법, 로의 사용방법, 구워넣는 쇠덩어리의 성형(成型)등을 실제로 배웠다. 아버지가 자전거포를 시작하자, 그는 자전거수리를 도왔다.

중학교를 졸업한 뒤, 그는 아트상회라는 동경의 자동차수리공장에 근무하였다. 6년 뒤, 21세의 그는 근면함이 인정되어 하마마츠(浜松)에 있는 아트상회의 지점을 열었다. 그렇지만, 그는 단순한 자동차수리에

만족하지 않고, 기계·기기를 구비하여 자동차부품을 제작하고자 하였다. 당시의 자동차는 대부분이 수입이며, 국내부품의 공급이 일본의 중요한 목표가 되어 있었다. 그는 엔진의 중요부품인 피스톤링을 손으로 만들려고 하였지만, 그것은 쉽게 성공하지 못하였다. 경험만으로는 아니 된다고 느낀 그는 이론을 배우기 위하여 하마마쓰상고(浜松商高)의 청강생으로서 금속공학과 기계공학의 기초를 배웠다.

종전 뒤, 그는 뒤의 혼다기연공업(本田技研工業, Honda Motor Company)이 되는 오토바이생산회사를 설립하였다. 혼다의 최초의 본격적인 오토바이인 드림호(146cc)와 카프호(50cc)는 크게 히트하였다. 그 뒤, 1954년경에는 경쟁의 격화와 제품의 기술적 문제가 원인으로 회사는 위기에 빠지지만, 이 위기는 영업전략을 담당한 후지사와(藤澤武夫)의 노력에 의하여 극복되었다.

그는 영국에서 개최되는 국제오토바이경주인 TT경주에 출장하여 우승하고싶다고 생각하였다. 그는 사내에 경주용의 강력엔진을 개발할 프로젝트팀을 만들고, 기술연구소를 세웠다. 혼다가 TT경주에 첫 출장한 것은 1959년의 일이다. 그 2년 뒤의 1961년에는, 250cc부문과 125cc부문에서 1위에서 5위까지를 혼다가 독점하는 완전한 우승을 이룩하였다. 동시에 효율적인 50cc엔진을 갖춘 수퍼카프호를 시장에 투입하였다. 이 모델은 소비자 사이에서 그때까지의 대히트가 되었다.

1960년대에 들어 혼다는 자동차생산에 착수하였다. 이것은 미국과 경쟁하기 위하여 일본의 자동차메이커를 정리·통합하여야 한다는 통산부 정책에 따른 것이다. 만약 이 정책이 실시되면 생산실적이 없는 혼다는 배제되기 때문에, 그것을 피하기 위하여 빠르게 자동차시장에 참여한 것이다. 최초의 자동차모델은 N360이며, 이것은 잘 팔렸지만, 뒤에 결함차로 비판을 받았다.

미국에서는 자동차배기가스를 엄격하게 규제하는 마스키법이 1970년에 성립하여, 저공해 자동차의 개발이 자동차메이커의 중요한 과제가 되었다. 혼다는 신형의 CVCC엔진을 발명함으로써, 세계에서 처음으로 이 엄격한 기준을 통과한 회사가 되었다. 이것은 혼다가 오토바이뿐만 아니라 자동차에 있어서도, 세계최고의 기술을 가진 것을 증명하게 된 것이었다. 혼다의 성공에 자극받아, 일본의 다른 자동차메이커도 효율적인 저공해 자동차의 생산에 질주하였다.

혼다씨의 어록(語錄)을 몇 가지 소개하여 두자.
⇒ "처음 무책임한 내가 우리 회사의 사장이었다."
　"그렇기 때문에, 모두가 무척 훌륭하게 하지 않으면 아니 된다."
　(1983년, 창립35주년기념식전에서)
⇒ "역대사장은 반항하였습니다. 반항하지 않는 사람은 이상합니다."
　(CVCC엔진개발에 있어서 공냉엔진 대 수냉엔진 논쟁에 관하여, 그는 공냉지지, 久米·川本 두 사장은 수냉지지였다.
⇒ "당신들은 기업을 위한 희생이 되지 마라. 자신의 생활을 엔조이하기 위하여 일하러 와야 한다."(신입사원연수회에서)
⇒ "대부분의 사람들은 모두 성공을 꿈꾸고, 바라고 있지만, 나는 '성공은 99%의 실패로 뒷받침된 1%이다'라고 생각하고 있다. 개척정신에 의하여 자신을 새로운 세계에서 도전하여, 실패, 반성, 용기 등 세 가지의 도구를 반복하여 사용함으로써만, 최후의 성공이라는 결과에 이를 수 있을 것이라고 나는 믿고 있습니다."
　(1974년, 미시건공과대학에서 명예박사학위를 수여받으면서)
⇒ "그 기름투성이의 손이 좋습니다. 나는 기름의 냄새를 아주 좋아합니다."
　(종업원이 손을 내밀면서, 자신의 기름투성이의 손에 신경쓰면서 당황하며 손을 끌어당기는 것에 대하여)
(本田宗一朗硏究會編, 本田宗一朗語錄, 小學館文庫, 1998.)

제 12 장

경제의 성숙과 성장둔화

일본의 고도성장은 1970년대 초반에 끝났다. 그 뒤, 1970년대부터 1980년대에 걸친 경제성장률은 평균 4% 정도로 하락하였다. 정부는 이것을 '안정성장'이라고 한다. 왜 1970년대를 고비로 일본경제는 슬로다운하였던 것일까. 그 전후에 무엇이 일어난 것일까.

여기에서 하나 잊어서는 아니 되는 것은 1970년대의 성장둔화는 일본뿐만 아니라, 북미와 서유럽의 선진공업국들에 공통적으로 볼 수 있었던 현상이라는 점이다. 따라서 이 사태를 이해하는 데에는, 일본특유의 원인에 더하여, 세계 공통의 원인도 검토하지 않으면 아니 된다. 또 1970년대는 세계 가운데에서 인플레이션이 진행되고 있었던 시기이기도 하였지만, 이것도 각국의 성장둔화와 무언가의 관계가 있을 것이다. 이하에서는 성장둔화의 국내요인과 국제요인을 검토하여 보자.

1 국내적 요인—추월(catch-up)의 완성

성장둔화의 국내요인으로서 일본경제의 성숙을 들 수 있다. 구미경제에의 케치업을 달성한 일본경제에 있어서 성장률이 저하하는 것은 자연스럽고 불가피하였다. 케치업의 과정에 있는 개도국은 선진공업국으로부터 새로운 기술과 제도를 도입할 수가 있지만, 일단 선진국 대열에 들어가 버리면, 이제 다른 나라의 복사(copy)만으로 성장할 수는 없으며, 혁신에 의하여 항상 새로운 것을 만들지 않으면 아니 된다. 다른 사람이 걸어온 길을 따라가기 보다도, 새로운 길을 개척하여 가는 쪽이 속도가 떨어지는 것은 당연하다.

1인당 GNP로 보면, 일본과 미국의 소득비율은 1950년에는 일본1에 대하여 미국14로 크게 벌어져 있었지만, 1960년에는 1 : 6, 1970년에는 1 : 2.5로 그 격차는 빠르게 축소되어 갔다. 1970년대 이후는 엔 / 달러 환율이 변동하기 시작하였기 때문에 해마다 격차가 크게 되어, 국제비교는 점점 복잡하게 된다. 1980년의 일본과 미국의 소득격차는 1 : 1.3, 1990년에는 1 : 0.93이 되었다. 즉, 1990년에는 드디어 일본이 미국을 (일시적으로) 추월한 것이다. 단, 일반적으로 일본의 물가는 미국보다도 높기 때문에, 이것은 일본사람의 생활이 미국사람보다도 풍요하게 되었다고 하는 것을 반드시 의미하지 않는다.

물가수준을 고려한 위에서, 소득을 비교하는 데에는 구매력평가라는 개념을 사용한다. 물가가 높은 나라와 낮은 나라에서는 동일한 소득으로도 구매하는 것의 양이 다르다. 물가가 높은 일본에서는 같은 1달러(의상당액)로 구입하는 양은 다른 나라보다 훨씬 적다. 이 차이를 조정하지 않으면, 소득과 생활수준을 올바르게 국제비교할 수는 없는 것이다. 여기에서 구매력평가로 측정한 1인당소득을 보면, 그것으로도 일본은 1966년에 이태리를 추월하고, 1975년에는 영국을 따돌렸다. 일본은 미국, 서독, 프랑스를 추월하기 시작하였지만, 1970년 중반에는 이들 나라들에 대개 같은 수준에까지 접근하였다. 때문에 정확하게 서기 몇 년이라고는 지적할 수 없지만, 1970년대에는 일본은 완전하게 고소득국의 동지가 되었다고 해도 좋을 것이다.

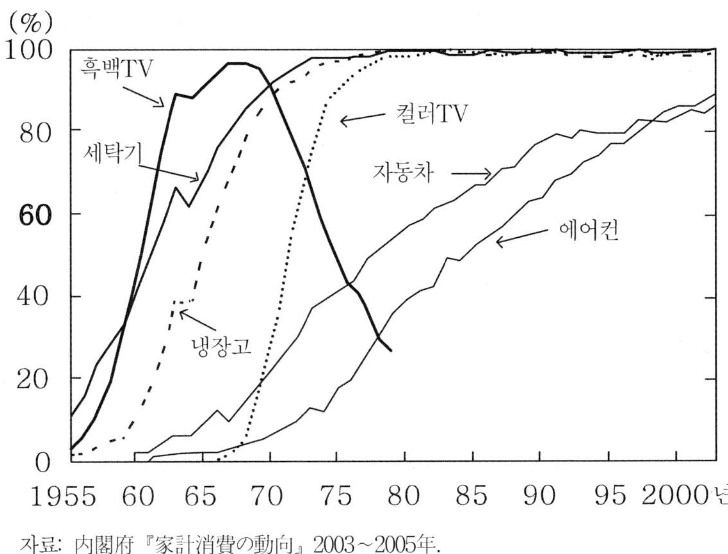

자료: 內閣府 『家計消費の動向』 2003~2005年.

<그림 12-1> 내구소비재의 보급율

생활수준을 측정하는 또 하나의 지표는 내구소비재의 보급률이다.
1966년에는 평균적 소득의 샐러리맨이 새 차(도요타 칼로라의 기본모
델)를 구입하는 데에는 10.7개월을 일하지 않으면 아니 되었지만, 1974
년에는 이 비율은 4.0개월까지 내려가 있다. 그리고 1991년에는 2.4개
월분의 노동으로 새 차가 구입될 수 있었다. 1970년대까지에, 일본의
대부분의 모든 가정에는 세탁기, 냉장고, 전기소제기, 전화, 칼러TV 등
이 구입되었다(자동차와 에어컨에 관해서는, 이들이 필요하지 않은 가
정도 있어, 보급율은 100%에 이르지 않는다).

2 국제적 요인 — 2차례의 석유위기(oil shock)

성장둔화를 국제요인으로서 1970년대에는 석유위기와 주요통화의 변동제(변동환율제, froating exchange system)라는 두 가지의 큰 쇼크가 전 세계를 동요시켰다.

제2차 세계대전 뒤, 오랜 기간에 걸쳐 원유가격은 낮은 수준에서 안정되어 있었다. 이것은 일본과 같은 석유수입국에 있어서 좋은 사정인 것이었다. 그런데 1973-74년에, 석유수출국기구(OPEC)는 원유가격을 1바렐당 2달러에서 11달러로 대폭적으로 인상함과 동시에, 선진국으로의 수출량을 10% 정도 삭감하였다. 이것을 제1차 석유위기라고 한다. 여기에, 1978-80년에는 OPEC가 원유가격을 다시 30달러 정도로 인상하였다. 이것을 제2차 석유위기라고 한다. 두 번에 걸친 오일쇼크는 어느 것이나 중동의 정치정세를 반영한 것이었다. 즉, 제1차 석유위기는 제4차 중동전쟁, 제2차 석유위기는 이란혁명과 연동되어 있었던 것이다.

선진국으로 구성된 OECD제국은 원유수요의 67%를 수입에 의존하고 있었지만, 일본의 경우, 원유수입의존도는 99.7%로 어느 나라보다 훨씬 높았다. 제1차 석유위기는 일본의 도매물가와 소비자물가를 석유가격의 변화만으로 설명할 수 있는 범위를 훨씬 넘어 급상승시켰다. 소비자는 공황(panic)에 빠져, 물건이 없어지기 전에 화장지, 세제, 경유 등의 일용품을 앞 다투어 가면서 구입하였다. 그렇지만, 모든 소비자가 구매에 매달리며, 생산은 소비에 충당하는 데에도 불구하고, 슈퍼마켓의 진열장은 바로 비어지게 되며, 그것을 본 소비자는 다시 공황에 빠진다는 심리적 영향으로 악순환이 발생하였다. 상품부족은 소비자만이 아니라, 공업용 원재료에까지 넓혀져 갔다. 그리고 업자들에 의한 투기적 매점·매석도 가격상승을 가속하였던 것 같다. 당시 이 혼란을 '광란물가(狂亂物價)'라고 하였다. 1974년의 성장률은−0.8%를 기록하였다. 이것은 전후 첫 마이너스(−)성장이었다. 불황 아래의 높은 인플레이션을 '스태그플레이션(stagflation)'이라고 한다.

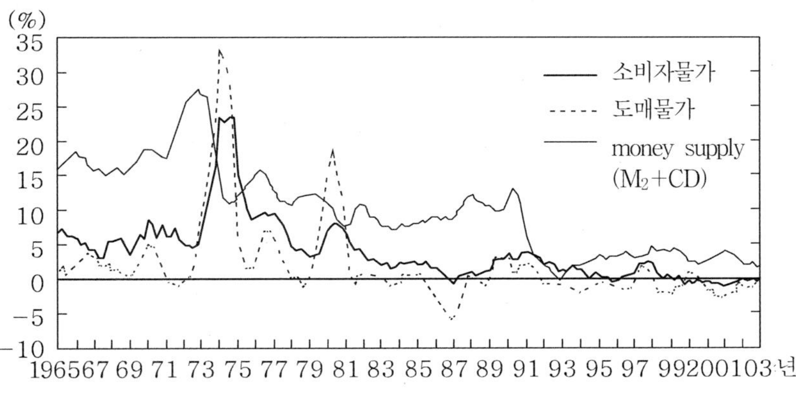

자료: 日本銀行『物価指数月報』『金融経済統計月報』, 総務省『消費者物価指数』.

<그림 12-2> money supply와 inflation

그렇지만 데이터를 구체적으로 보면, 화폐공급의 급증과 인플레이션의 가속은 제1차 석유위기가 발발하기 전의 1970년대 초반부터 이미 시작하고 있었던 것을 알 수 있다. 이 화폐증가는 브레튼우즈체제의 고정환율제의 붕괴 때에, 일본은행이 엔화가치상승(달러가치하락)을 방지하기 위하여 환율에 개입한 결과였다(일본은행이 대량의 달러를 매입하면 그 대가로서 엔화가 시장에 풀린다). 그리고는 1970년대 초반의 확장적인 재정정책이 인플레이션에 박차를 가하였다. 일본 각지를 고속도로와 신간선(新幹線)으로 연결하기 위하여 공공사업을 대폭적으로 확대한다는 다나까(田中角榮)수상의 '일본열도개조론'이 1972년에 발표되어, 재정지출이 경기를 과열시켜, 건설예정지에서는 매점·매석, 투기가 발생하였다.

제1차 석유위기와 광란물가에 직면하여, 다나까수상의 적극재정은 단

기간에 포기되었다. 또 금융정책도 점차로 긴축으로 향하였다. 일본은
행은 격심한 인플레이션을 허용한 책임을 지게 되고, 그 정책은 화폐적
인 것으로 변모하여 갔다. 즉, 화폐공급 증가율을 억제함으로써 인플레
이션을 회피하고자하는 것이다.

그리고 정부는 구조조정의 일환으로서, 에너지절약, 및 제지·알루미
늄정련 등의 에너지 대량사용형 산업의 합리화(축소·폐쇄)를 추진하였
다. 바지런한 소등, 냉난방의 온도를 낮게 설정, 네온사인의 정지 등
에너지절약운동이 전국적으로 전개되었다. 단, 본격적인 에너지절약에
는 소등운동을 넘어 에너지효율의 전체적인 향상이 요구된다. 이것은
신기술과 설비투자를 수반하기 위하여 실효를 올리는 데에는 기간이
걸리지만, 장기적으로 보면 일본은 이 점에서 대성공을 거두었다. 제1
차 석유위기로부터 10년이 지난 1980년대 초반에는 일본은 공업국 가
운데에서 에너지효율이 가장 좋은 나라가 되었다. 일본의 자동차메이커
도 클린으로 연료효율이 좋은 자동차를 대량생산하는 데에 성공하여,
그 대부분이 미국을 비롯한 해외시장으로 수출되었다(11장 박스참조).

1973-74년의 제1차 석유위기에 비하면 1979-80년의 제2차 석유위기
가 일본경제에 미친 영향은 비교적 작았다. 인플레이션 상승률은 높았
지만, 제1차 석유위기의 정도는 아니며, 경제는 플러스(+)성장을 지속
하였다.

3　석유위기가 원인인가 결과인가

세계 가운데의 이코노미스트들이 1970년대의 스태그플레이션의 성격

을 둘러싸고 논의가 계속되었다. 석유위기에는 상이한 두 가지의 해석이 있으며, 그 대립은 오늘날에 있어서도 끝나지 않고 있다. J. 샥스, M.부르노, B.보스와니 등은 공급쇼크설을 지지하며, H.겐바그, A. 스워보더, R.맥킨 등은 글로벌 마네타리스트설을 제시하였다.

(1) 공급쇼크설－제1의, 보다 평범한 견해에 의하면, 석유위기는 그 이름대로, OPEC의 가격지지력에 의하여 일어난 공급쇼크였다. 정치적 사상으로부터 원유가격이 대폭적으로 인상되었기 때문에, 거시경제학으로 말하는 총공급함수가 좌상방향으로 이동한 것이다. 총공급함수란 종축에 물가수준, 횡축에 소득(GDP)을 측정하는 그래프에서, 경제의 수요측(IS-LM분석)으로부터 우하의 총수요곡선, 공급측(생산함수와 노동시장)으로부터의 우상의 총공급곡선이 도출된다. 이들이 교차하는 점이 균형점이다. 석유위기가 공급쇼크로 간주되면, 그것은 총공급곡선의 좌상방향의 이동으로서 해석할 수 있고, 균형점은 물가상승, 소득감소를 가져오도록 작동한다.

이것은 물가의 상승과 생산의 저하, 즉, 스태그플레이션을 초래하였다. 그리고 선진국에서는 노동조합의 완고한 임금인상요구가 코스트상승을 일으켜, 세계의 인플레이션을 가속시켰다. 때문에 이 설에 의하면, 이 상황을 타개하는 데에는 에너지절약과 임금경직성의 타파라는 공급사이드의 대책을 수립하지 않으면 아니 된다는 것이다.

(2) 글로벌 마네타리스트설－1970년대의 물가상승은 세계적인 화폐증가에 의하여 일어났다. 그 화폐증가의 원인은 브래튼우즈체제의 고정환율제의 붕괴에 있었다. 1971-73년의 고정환율제에서 변동환율제로의 이행기에서, 일본과 유럽의 중앙은행은 자국통화가치의 상승을 방지하기 위하여 대량의 달러를 외환시장에서 매입, 이것이 일본과 유럽의 화폐공급의 급증을 초래하였다. 세계 가운데에 유동성(화폐)이 넘쳐, 이것이 다양한 1차산품의 가격등귀를 일으켜, 원유가격의 폭등이 그것에 이어졌다. 석유위기는 세계적인 금융완화가 초래한 인플레이션의 최종적인 결과이며, 그 원인이 아니다. OPEC는 항상 공격적이었으며, 그들이 원

유가격인상에 성공하는 것은 세계가 과잉유동성(여유 돈)의 상태에 있는 시기뿐이다. 때문에 1970년의 인플레이션은 국제통화제도의 내적불안정에 의하여 설명되어야 한다는 것이 이 설의 주장이다.

4 주요통화의 변동

브래튼우즈체제(1944-71년)는 달러를 기축통화로 하여 미국을 중심국으로 하는 고정환율제였다. 1950년대 이후, 이 체제 아래에서 세계경제는 역사상 드물게 보는 물가안정, 고도성장, 및 무역자유화를 실현하였다. 그러면서, 1960년대 중반경이 되어, 브래튼우즈체제에는 내부로부터 균열이 발생하게 되었다.

미국은 복지국가건설·베트남전쟁·우주개발경쟁을 수행하기 위하여, 점차 확장적인 재정금융정책을 채택하기 시작, 그것이 1960년대 후반에 미국, 나아가 세계의 물가를 서서히 인상시켜갔다. 이 때문에 달러에는 하락압력이 걸려, 반대로 금시장과 일본·유럽통화에는 상승압력이 발생하였다. 1971년8월, 드디어 닉슨미국대통령은 달러와 금의 연동성을 완전히 정지하여, 달러는 변동하기 시작하였다. 그렇지만, 일본은행과 유럽 각국의 중앙은행은 달러에 대한 상승을 싫어하여(수출경쟁력을 상실하기 때문에), 거액의 달러매입을 위하여 외환개입을 실시하였다. 1971-73년의 사이, 각국의 통화당국은 새로운 환율로 주요통화를 다시 고정하려고 노력하였지만, 이 시도는 실패로 끝났다. 격심한 투기공세 가운데에서, 1973년 초에 세계는 주요통화변동의 시대로 돌입한 것이다.

주요통화의 변동은 현재까지 계속되고 있다. 단, 변동제로 이행하여 곧, 자유로운 변동은 너무나도 불안정하여 각국의 경제에 큰 손실을 주는 것이 판명되었다. 1985년에는, 당시 지나치게 높게 평가되어 있던 달러를 감가시키기 위하여, 미·일·독·영·불로 구성된 G5가 본격적으로 외환협조개입을 개시하였다(프라자협정). 이 정책협조의 틀은 1987년에 이태리와 캐나다를 더하여 G7으로 확대되었다(룰 합의). 여기에서 성립한 암묵이 국제통화체제는 주요통화의 변동을 허용하면서 극단적인 움직임이 보일 때에는 협조개입한다 라는 것이다. 이 체제는 오늘날까지 계속되고 있다. 그리고 일본은행은 과도한 엔화가치상승을 저지하기 위해서는 가끔 단독으로도 외환시장에 개입(달러구매, 엔화판매)하여 왔다. 그 결과, 일본의 외화준비는 증가하면서 세계최고수준에 이르렀다. 또 유럽에서는, 1970년대 이후, 역내통화통합의 움직임이 가속하여, 1999년에는 단일통화 유로가 탄생, 2002년에는 유로지폐 경화가 유통하기 시작한 역사적 위업이 달성되었다.

일본은 외환변동에 의하여 큰 영향을 받는 나라이다.

그 이유로서는,

① 엔이 단독변동이며, 주위에 엔권(円圈)을 갖지 못하다.
② 무역거래의 상당 부분과 대외민간자본거래의 대부분이 달러 기준이다.
③ 세계최대의 채권국인 일본은 헷지되어 있지 않다(환리스크에 처한 대로의) 막대한 달러자산을 보유하고 있다.
④ 엔환율의 변동이 국내물가에 미치는 영향(환의 바스켓 룰)이 비교적 작다, 등을 들 수 있을 것이다. 때문에 엔이 대폭적으로 상승할 때에는, 일본제품의 가격경쟁력이 급속하게 상실하여 경기후퇴, 투자부진, 산업공동화, 물가·임금의 하방압력 등이 발생한다. 이것을 '엔가치상승 불황(円高不況)'이라고 한다.

5   시기를 벗어난 구조개혁

1950년대부터 60년대에 걸친 장기관계(長期關係)에 따른 일본시스템-메인뱅킹, 종신고용, 연공서열, 행정지도 등-은 1970년대에는 이미 시대에 뒤떨어지게 되었다고 하는 주장이 있다. 일본시스템은 케치업 과정에 있어서는 잘 기능하였지만, 성숙한 공업국이 된 뒤에는 무용지물이라는 것이다. 이러한 논자에 의하면, 일본은 1970년대 가운데에서 시장지향적으로 정부개입이 적은 시스템으로 이행하여야 했다. 그렇지만, 석유위기와 통화변동이라는 두 가지의 큰 거시경제 쇼크가 발생하였기 때문에, 일본정부는 이들에 대한 대처에 전념하지 않을 수 없어, 경제시스템의 전환이 무책임하게 돼버렸다. 더하여 무역마찰이 중대한 대외문제로서 부상하였다(다음 절 참조). 그 결과, 오늘날에 이르기까지, 일본시스템은 근본적으로 변모한 것은 없으며, 과잉규제와 혁신부족 이라는 케치업 과정의 부(-)의 유산을 끌고 오는 그대로이다. 이것이 일본이 처한 발전에 있어서의 제도적 장해가 되어 있다고 한다.

6   미국과의 무역마찰

일본에 있어서, 1950년대부터 1960년대 중반에 걸친 주요한 대외경제문제는 어떻게 하여 무역적자의 발생을 피하는가 라는 것이었다. 제11장에서 소개한 '국제수지의 천정(天井)', 'stop-go-policy'라는 용어는 이 문제를 지칭하는 것이었다. 그런데 1960년대 후반 이후는 문제가

역전되었다. 즉, 증대하는 무역흑자를 어떻게 억제할 것인가가 일본의
국가적 과제가 되었던 것이다. 일본의 무역흑자는 미국의 의회와 산업
계를 분노시키기 때문에, 정치적·외교적으로 곤란한 것이다. 특히, 1980
년대 이후, 일본의 무역흑자 및 미국의 무역적자는 각각 세계제일이 되
어, 양 자는 시간의 흐름과 더불어 확대하여갔다. 그런데 일본의 무역흑
자와 미국의 무역적자는 대개 비슷하였다. 일본인의 저축이 미국인의
소비·투자를 금융하여, 그것이 세계최대의 자본플로우가 되었던 것이다.
　일본의 미국과의 무역마찰의 역사는 길어, 정치적 어려움으로 가득하
였다(유럽에 대한 무역마찰도 일어났지만, 미국 정도로 격화하지 않았
다). 최초의 미국과 일본과의 무역마찰은 1960년대로 거슬러 올라간다.
그것은 일본의 저렴한 의류(원달러 블라우스)가 미국시장을 석권하고
있다고 하는 비난에서부터 시작, 일본은 섬유품의 수출자율규제를 강요
받았다. 이 이후, 비판의 대상이 된 일본제품은 철강, TV, 공작기계, 자
동차, 비디오기기, 반도체 등으로 점차 에스컬레이터 하여 갔다. 1980
년대부터는, 미국에로의 수출을 감소시키려는 압력에 더하여, 일본은
미국제품을 더 구입해야 하는 요구가 시작, 오렌지, 쇠고기, 자동차부
품, 건설업, 금융업, 통신 등의 수입과 참여 등의 압력을 받았다. 그리
고 미국은 일본의 경제시스템은 비효율적이며 외국제품에 대하여 폐쇄
적이기 때문에 대폭적인 개혁을 단행해야 한다는 압력을 받았다. 개별
품목으로부터 시작한 마찰은 이어서 일본의 경제시스템에까지 주문을
하게 되었던 것이다.

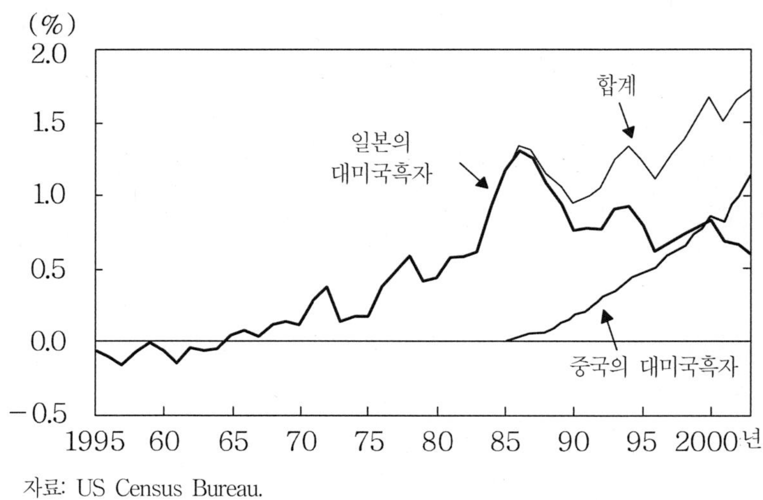

자료: US Census Bureau.

<그림 12-3> 미·일무역수지와 미·중무역수지(미국의 GDP대비)

미국의 무역적자는 일본의 무역흑자의 덕분이기 때문에, 2국간 협상에 의하여, 그것을 시정해야한다는 사고방식은 올바른 것일까. 이 견해는 잘못이며, 환율조정과 통상협상에서는 일본과 미국 사이의 무역수지를 시정할 수가 없는가, 새로운 문제가 발생할까 라는 '엔화가치신드롬' 가설을 제시한 경우도 있다(맥키논＝大野, 1998년). 미국에서는 이단(異端)이지만, 일본에 있어서는 상당한 지원을 얻고 있는 것 같이 생각된다.

그 골자는 다음과 같다.

첫째, 미국의 일본에 대한 무역적자가 정치적으로 용납할 수 있는 수준을 돌파한다고 하는 상황이 5-7년에 한 번 발생하지만, 그때마다 미국은 엔화가치상승 조정과 2국간 통상협상을 일본에 요구한다. 이것은 1971-73년, 77-78년, 85-87년, 93-95년에 실제로 있었던 것이다. 미국고관(통상은 재무장관, 때로는 대통령도)이 엔화가치상승 유도발언을 하여, 시장이 그것에 반응하여 실제로 엔화가치가 높아지게 된다. 동시에 일본과 미국과의 무역마찰이 높아진다는 패턴이 1-2년 정도 계속된다.

둘째, 그렇지만, 이 정책대응은 일본과 아시아의 경제를 불안정시킬 뿐이며, 미국의 무역적자를 감소시키는 효과는 전혀 없다. 미국의 무역적자는 정부와 가계의 저축부족이라는 장기적·구조적인 국내문제로부터 발생하고 있으며, 통화조정과 통상협상이라는 대외정책에 의하여 해소될 수 있는 것 같은 성격의 문제가 아니다. 근본적인 해결은 미국의 과소비를 억제하고 저축을 장려하는 국내정책에 의하여 해결하지 않으면 아니 된다는 것이다.

셋째, 일본이 대외적으로 문호를 개방하여, (미국뿐만이 아니라) 세계 가운데에서 수입 및 직접투자를 촉진하는 것은 중요한 것이다. 이것은 일본경제를 미시적·구조적으로 활성화한다는 관점에서 바람직하다. 단, 대외개방은 거시경제적 관계에 의하여 결정되는 무역수지에는 기본적으로 어떤 영향도 미치지 않는 것일 것이다. 일본과 미국양국은 정책의 악순환으로부터 벗어나기 위하여, ① 무역문제－국제수지라고 하는 거시문제가 아니라－미시수준 혹은 구조문제로서 처리하기(혹은 WTO에 맡긴다)위한 통상합의, 및 ② 엔／달러 환율을 안정화하기 위한 통화협정, 등을 체결해야한다.

1990년대에 이르러, 일본과 미국의 경제마찰은 새로운 국면을 맞이한다. 1990년대 중반 이후, 미국경제는 IT붐과 자산거품에 의하여 대약진을 이룩, 한편으로, 일본경제는 만성불황에 빠져있다. 일본과 미국 사이에는 큰 무역수지불균형이 남아있지만, 대외개방·엔화가치상승 유도라는 미국의 언제나 일본에 대한 요구는 1995년 이후 발동되게 되었다. 이것은 약체화한 일본경제를 이 이상 따지는 것은 세계경제 나아가 미국에 있어서도 불안정 요인이 된다고 하는 판단이다. 특히, 일본의 금융시스템이 와해하면, 국제금융시장에 혼란이 일어난다는 것이다. 그렇지만, 2004년에 들어 일본경제는 회복기조를 나타내어, 일본에 '집행유예'를 부여하는 근거는 사라졌다.

1990년대 중반이후, 재정·금융정책이 함께 속수무책이 된 상황을 배경으로, 일본정부의 일부와 내외의 경제학자들 사이에서는, 엔화가치하락 유도에 의하여 경기를 자극시키라고 하는 주장이 들끓었다. 그렇지만, 환율에는 상대가 있다. 앤/달러환율을 둘러싸고 일본과 미국의 생각이 일치하면 좋지만, 양국이 함께 자국통화의 감가를 요구한다면 어떻게 될 것인가. 실제로는 엔화가치하락 유도의 기대와는 반대로, 2003-04년에 달러는 엔과 유로 어느 것에 대하여도 감가하였다. 그 사이, 미국정부의 태도는 '달러가치상승 정책을 견지하지만, 환율수준은 시장이 결정해야 한다'라는 매우 애매한 것이었다.

또 하나 유의해야할 중요한 사실은 중국이 일본을 추월하여 2000년경부터 최대의 미국에 대한 무역흑자국이 되었다는 것, 때문에 이전의 일본과 미국의 무역마찰과 비슷한 사태가 미국과 중국 사이에서 반복되고 있는 것이다. 미국의 저축부족이 증가하고 있는 현상에서는, 만약 일본이 충분한 미국에 대한 흑자=미국에 대한 대부를 제공하고 있지 않는 것이라면, 다른 나라가 대신에 제공하지 않으면 아니 된다는 것이다. 중국은 WTO가맹 시의 약속이행과 인권·지적소유권 등을 둘러싼 '불공정무역관행'을 둘러싸고 미국과 대치하고 있다. 그리고 특기해야 한 것은 예상대로, 미국이 중국의 수출공세에 감당하여, 원(元)의 절상을 강하게 요구하기 시작한 것이다. 중국은 고정환율과 자본규제 아래에 있으며, 일본과 중국의 경제발전단계의 차이도 있기 때문에, 미국과 중국과의 무역마찰의 구도가 일본과 미국의 그것과 같다고는 할 수 없다. 그래도 중국이 외압에 처해 있으면서 환율을 적절하게 운영한다고 하는 거시정책과제를 새로이 계속 떠맡고 있는 것은 부정할 수 없는 것 같다. 또 그 성공여부가 주변국에 큰 영향을 미치는 것은 피할 수 없다. 중국정부는 장래보다 신축적인 원(元)의 환율로 이행할 의도를 표명하고 있지만, 그 시기를 포함하여 상세한 것은 분명하지 않다.

7 재정확장, 긴축, 그리고 확장

1950-60년대의 고도성장기의 정부재정은 대개 건전하였다. 재정수지는 항상 흑자이며, 국채도 1965년까지 발행되지 않았다. 그런데 1970년대 중반부터 후반이 되면, 경기자극을 위한 재정확장이 대대적으로 일어나게 되자, 그 재원은 10년 만기(뒤에 보다 중·단기)의 신규국채발행에 의하여 매워지게 되었다. 이리하여 국채잔고는 급격하게 쌓여갔다.

1980년대가 되어, 재정악화를 걱정하는 재무부는 재정정리를 신중하게 검색하기 시작한다. 그들은 긴축예산과 대담한 지출삭감을 지향하게 되고, 또 정부 내에서 행정개혁이 제공되는 그 일부는 실시되었다.

경제단체연합회의 도고(土光敏夫)씨를 좌장으로 하는 정부의 제2차 인사행정조사회(1981-83년)는 재정재건의 방침으로서 증세 없는 지출삭감을 권고하였다. 그리고 이 보고는 ODA와 방위비의 증가를 통한 국제공헌의 강화, 국민의료비의 삭감, 민간부문의 활용 등을 권고하였다. 이들의 권고는 도고씨 자신의 솔직·청빈한 성격이 반영된 것이라 할 수 있을 것이다. 그는 아들이 주기적으로 와서 이발을 하고, 아침식사 준비를 아내가 할 정도로 검소하고 솔직한 사람이었다.

이어서, 전 일본은행 총재의 마에가와(前川春雄)를 좌장으로 하는 나까소네(中曾根)수상의 개인적 자문기구는 그 마에가와 리포트(1986-87년)에서, 내수자극을 위한 적극적인 재정금융정책, 규제완화, 및 무역흑자삭감에 의한 일본과 미국과의 마찰의 회피를 권고하였다. 그가 추천한 저금리정책은 뒤에 자산거품의 원인으로서 비판을 받게 된다. 그리고 고미야(小宮隆太朗)는 무역흑자는 거시변수로, 시장이 결정하는 것이라고 하여, 마에가와 리포트의 흑자삭감권고를 강하게 비난하였다(이 장의 박스참조).

재무부의 긴축노력과 자산거품이 초래한 호경기에 의하여, 1980년대 후반을 통하여 재정수지는 점차 개선하여 갔다. 그렇지만, 자산거품은 1990-91년을 고비로 붕괴하여, 일본경제는 긴 불황으로 돌입하였다. 재정정리는 도중에 포기되어, 1990년대는 다시 경기자극을 위한 적극재정이 화살처럼 빠르게 수립되어, 재정적자와 국채누적잔고는 폭발적으로 증가하여 오늘날에 이르고 있다.

〈고미야(小宮隆太朗)교수와 미·일무역마찰〉

고미야(小宮隆太朗, 1928 -)는 일본의 대표적 경제학자의 한 사람이다. 동경대학 졸업 후, 하버드대학교, 스탠포드대학교 등에서 연구하였다. 또 동경대학의 교수 및 경제학부장을 역임하고, 아오야마학원대학(青山學院大學) 등에서 교수생활을 하여왔다. 그리고 통산부의 통상산업연구소 소장에도 취임하였다.

고미야교수의 전공분야는 국제경제학이다. 그에게는 이론적 저서뿐만이 아니라, 일본은행과 일본·미국정부에 대하여 솔직하게 언급하는 정책비판도 많다. 1994년의 저서<무역흑자·적자의 경제학>에서, 그는 일본의 무역흑자가 폐쇄적 시장의 덕택이라는 통설을 정면으로 부정하였다. 그에 의하면, 무역수지는 기본적으로 저축·투자바란스라는 매우 거시경제학적인 현상이다. 만약 미국이 무역적자를 감소시키기를 희망한다면, 자국의 저축률을 높이기 위한 국내정책을 수립하는 수밖에 없다. 무역불균형 문제를 해결하기 위하여 아무리 통상협상과 환율조작을 거듭하여도, 아무런 효과도 없다고 고미야교수는 말하는 것이다. 그리고 마에가와 리포트의 권고도 전적으로 틀렸다고 한다. 이 사고방식은 본문에서 소개한 맥키논·오오노(1998년)의 '엔화가치상승 신드롬 가설'에 가깝다. 고미야교수의 저서(<貿易黑子·赤字의 經濟學>)에서 다음의 문장을 인용하자.

"내가 왜 이 책을 세상에 묻고자 생각한 것인가, 지금의 기분을 스스로 분석하여 정리하여 보면, 대개 다음과 같은 대답이 된다고 생각한다. 1983년경부터 현재까지 10년 이상에 걸쳐, 일·미 경제관계에서 일본의 경상수지의 거액의 흑자와 미국의 거액의 적자, 혹은 일본의 미국에 대한 무역흑자 즉, 미국의 일본에 대한 무역적자가 마찰의 초점이 되어왔다. 그리고 일본의 거액의 흑자를 배경으로 하여, 미국 측으로부터는 흑자삭감과 그것을 위한 일본시장의 개방을 강력하게 요구하여 왔다.

그러나 나에게는

첫째로, 일본의 무역흑자삭감의 요구와 일방적인 시장개방의 요구, 혹은 더 조금 정확하게 말하면, 그 배경에 있는 사고방식이 심하게 부조리, 부당하다고 생각하지 않는다. 그리고 미국 측으로부터의 요구에 대한 1986년의 소위 <마에가와 리포트> 이래의 일본 측의 대응에는 지나치게 부적절하다고 생각된다.

둘째로, 일본과 미국의 경상수지의 불균형을 둘러싼 논의는 경제학적으로 보아 초보적인 오류로 가득한 것 같이 생각된다. 일·미경제마찰에 관한 논의는 '바보', 넌센스로 가득차 있다 라고 나는 생각한다. 경제학자로서 그것들의 틀림과 넌센스를 올바르게 고치는 것은 나의 사명이라고 느껴왔다.

셋째로, 나는 결코 국민주의적이 아니라, 오히려 국제파라고 자부하고 있지만, 일본에 대한 오해·편견·악의에 기초하여, 국제사회 가운데에서 일본 혹은 일본인이 부당하게 비판·비난 받는 것은 나에게 있어서 참을 수 없다. 나는 그와 같은 비판·비난에 반론하여, 오해와 편견을 없애고 싶다고 생각하였다

최근 '엔화가치상승에 의하여 일본의 무역흑자를 줄일 수 있다'라는 관념이 다시 확대되고 있는 것 같지만, 기본적으로 틀려있는 환율에 의하여 조정될 수 있는 것은 기껏해야 '악순환 흑자'뿐이다. 원래 변동제 아래에서는 환율(실질)은 '내생변수', '경제내의 상호작용으로부터 결정, 정부가 자유로이 설정할 수 없는 변수'이어서, 장기간에 걸쳐 인위적으로 어느 수준으로 유지할 수 없다.

저축과 투자가 실질환율(혹은 교역조건의 역수)이 영향을 받는지 아닌지는 일반적으로는 아무것도 말할 수 없다, ……당장 제1차 근사(近似)로서는, '교역조건의 변화는 각국의 추세적인 저축과 투자의 수준에 영향을 주지 아니한다'라고 가정하여 좋은 것은 없을까.……저축에 관한 지금까지의 이론적·실증적 연구는 각종의 상품의 상대가격의 변화와 교역조건의 변화가 추세적인 저축률에 어떠한 영향을 미칠까 라는 물음은 문제로 삼지 않았다. 왜 그와 같은 물음을 문제로 삼지 않았는가 라고 말하면, 그러한 물음이 이론적으로 고려하여 상당히 거리가 먼 물음이기 때문일 것이다.

거품붕괴와 장기불황

1 '잃어버린 10년'과 개혁에 관한 논쟁

소비자는 화장지를 구입하기 위하여 줄을 서서 기다렸다.
(東京·港区의 슈퍼마켓에서, 1973년)

<사진> 광란물가(狂乱物価)

1980년대 후반에 일본은 주식과 토지의 자산거품을 경험하였다. 이 거품이 1990년 전후를 피크로 붕괴하면서, 일본경제는 긴 디플레이션 시대로 돌입한다. 1990년대의 실질성장은 매우 낮아, 해마다 마이너스

성장을 기록하였다. 또 전후 처음으로, 물가도 줄줄이 계속 하락하였다. 이 좋지 못한 상황이 계속되는 가운데, 소비자와 기업을 포함한 나라 전체의 무드가 비관적이 되어버렸다. 그런데도 일본은 매우 높은 소득을 과시하는 나라라고 평가하는 사람도 있었다. 또 다른 사람은 표면은 불황이라도 신경제시스템에 대한 준비는 착실하게 진행되고 있다고 하면서. 원기왕성한 기업도 있다고 격려하였다. 그럼에도 불구하고, 과거 10년 동안의 일본경제의 퍼포먼스가 기대에 어긋난 것이었던 것은 부정할 수 없을 것이다.

일본에 있어서 1990년대 초반부터 2000년대 초반까지는 '잃어버린 10년'이었다. 당연하지만, 일본의 경제학자들 사이에서는, 왜 이 불황이 계속하는 것인가, 그것을 끝내는 데에는 어떻게 하면 좋은가가 논의되었다. 여기에서 초점이 된 것은 경재불황 가운데 대담한 구조개혁을 단행해야할지의 여부라는 것이었다. 한편, 경제불황 때야말로 정말 개혁을 하지 않으면 아니 될 때라고 하는 견해가 주창되었다. 이에 대하여 도산·실업이 빈발하고 있을 때에 고통을 배가할 개혁을 하는 것은 바보짓이라고 하는 의견이 대치하였다.

그렇지만, 이 논쟁에서는 잊고 있는 다른 중요한 논의는 없을까. 자민당의 고이즈미(小泉純一朗, 2001-2006)정권은 '개혁'을 실행하려고 하였다. 구체적인 내용으로서는 우정사업(郵政事業)의 민영화, 고속도로의 과잉건설의 저지, 연금개혁, 지방행정개혁, 은행의 불량채권처리 등이 포함되어 있다. 이들의 개혁이 저항세력에 저지되어 흐지부지 한 것으로 끝나는가(끝났는가) 아닌가에 관해서는 판단을 유보해 두자. 오히려 여기에서 제기하고 싶은 것은 이 개혁내용으로 좋은가라는 물음이다. 고이즈미수상이 든 개혁은 국내의 행정과 재정의 개혁적인 것이 주류이다. 그것은 그것으로 중요하지만, 개혁의 또 하나의 측면, 즉 글로벌 시대에 있어서 민간부문의 경쟁력향상이라는 시각이 빠져있는 것 같이 생각된다. '세계의 공장'인 중국과의 새로운 관계구축, FTA와 WTO에 대한 적극적 관여, 동아시아 생산네트워크의 활성화, 그리고 국제경쟁력에 처해 있는 국내취약산업에 대한 일관된 정책방침 등이 정치주도로 정면에서 대처하지 않고, 정부의 대응수준으로 흐지부지하고 있는 것이다. 몇 가지 정부의 구조가 개선되어도, 산업-농업을 포함-의 활력이 상실되어서는 일본의 재생은 가능성이 없을 것이다.

또 하나의 문제는 수상과 당의 비틀어진 현상이다. 고이즈미수상은 개혁파이지만, 그가 이끄는 자민당은 대다수가 전통적인 반개혁파이다. 자민당의 지지기반이 지방에 대한 재정불리기에 의존하는 것을 고려하면, 그것은 당연한 일일 것이다. 전전의 용어를 사용하면, 고이즈미수상은 정우회형 정당의 당수이면서 민정당형 정책을 수립하려 하고 있는 것이다(제9장 참조). 고이즈미수상은 국민에 인기가 높기 때문에, 구래(舊來)의 자민당의원은 선거대책으로, 고이즈미정권을 용인한다. 고이즈미수상도 정책적으로는 자민당에 머물고 있을 이유는 없지만, 당의 세력과 조직을 이용하고 싶기 때문에 오월동주(吳越同舟), 동상이몽(同床異夢)을 선택한다. 이것으로는 국민이 자민당에 투표할 때의 메시지가 개혁을 찬성하는 것인가, 반대하는 것인가 분명하지 않다.

2 자산거품발생

일본의 주식가격은 1980년대 초반에 상승하기 시작하여, 1980년과 비교하면 5배 이상의 수준까지 상승하였다. 그렇지만, 1990년 이후는 중기변동을 수반하면서도 장기하락의 길을 걸었다. 일본의 땅값도 주식가격도 마찬가지, 1980년대를 통하여 가속적으로 상승하여 갔지만, 1991

년을 고비로 긴 하락과정으로 전락하였다. 그 이후 오늘날에 이르기까지, 평균지가는 한번도 상승함이 없이 계속 하락하고 있다. 단, 지가의 변동폭은 시가지(市街地)의 쪽이 지방에 비하여 컸다.

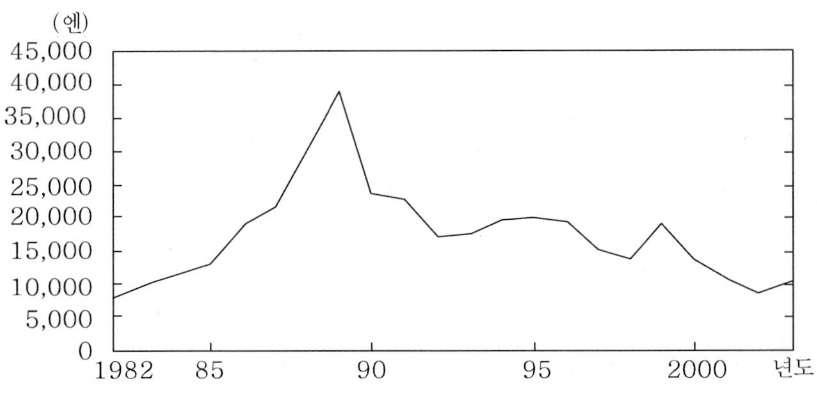

자료: 日本経済新聞社.

<그림 13-1> 日経平均株価 (東証225種)の 推移

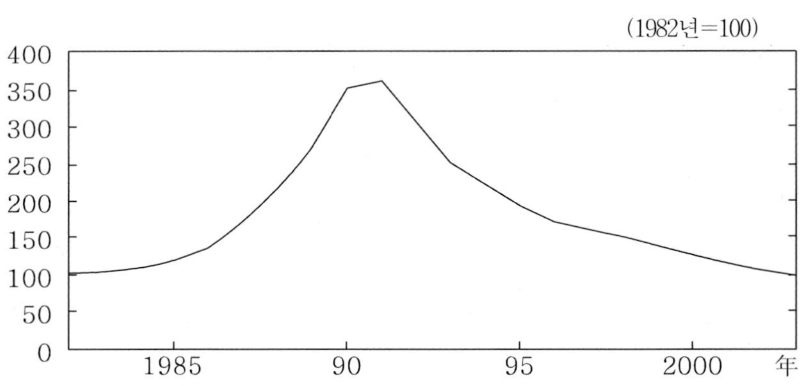

자료: 日本不動産研究所.

<그림 13-2> 시가지 가격지수의 추이

자산거품의 원인에 관해서는 두 가지의 견해가 있다.

(1) 첫째의 견해는 자산거품은 은행자율화라는 구조적인 변화에 따라 양성(釀成)된 것이라고 한다. 이전, 일본의 은행은 재무부의 호송선단 방식(護送船團式)에 의하여 엄격하게 규제되고 보호되고 있다. 거기에서는 금융이노베이션의 유인은 없었지만, 이 체제에 그치는 한, 각 은행에는 적당한 이윤이 보증되어 있고, 또 도산의 리스크도 없었다. 그렇지만 이 안락한 시스템은 1980년대 초반에 규제완화에 의하여 철폐되었다. 드디어 경쟁이 격화하여, 은행의 '랜트', '프란차이즈 벨류'(어느 것도, 은행이 얻어지는 특별이익의 의미)는 점차 소멸하여 갔다. 최근 일본의 대기업의 자금조달은 유보이윤·사채발행·국제금융시장에 대한 접근 등으로 다양화, 은행은 종래 우량대출상대였던 고객을 상실해 버렸다. 거기에서 일본의 은행은 살아남기에 매달려, 새로운 - 보다 리스크가 높은 - 융자상대를 찾아 분주하기 시작하였다. 거기에서 주목된 것이 중소기업융자와 토지개발·부동산투자이다. 그렇지만, 일본의 은행에는 새로운 차입자와 융자조건을 올바르게 평가하는 능력을 마련하지 못하였다(융자는 담보가 있어야 하기 때문에 상환불능이 되어도 은행에 손실은 내지 않는다. 때문에 융자의 사전심사를 엄격하게 할 필요는 없었다. 1980년대 후반의 호경기 가운데에서, 은행은 리스크를 고려하지 않고 대출해버렸다. 경기가 좋아지고 있을 때에는 문제는 표면화하지 않고, 비즈니스전략은 신중함을 상실하는 경향이 있었다. 그렇지만, 거품이 터진 뒤, 이들의 융자의 대부분이 거대한 불량채권의 산더미로 바뀌어 버린 것이다.(吉富, 1998).

(2) 둘째의 견해는 아마 통설이라고 생각하지만, 거품을 기본적으로 금융완화의 결과로 간주한다. 말하자면, 1980년대 후반의 'easy money'가 자산거품을 일으켰다고 하는 것이다. 1985년에 급격한 엔화가치상승이 발생, 이에 대하여 일본은행은 단기금리를 인하하고, 화폐공급을

완화하였다. 일본은행의 정책반응함수(무엇에 반응하여 금융정책을 결정하는가)는 엔화가치상승과 국내불황에 대하여 금융완화를 실시한다는 것이었지만, 이번도 그대로의 행동을 하였던 것이었다. 뒤에 사람들은 절제를 결여한 금융완화를 계속한 일본은행과, 당시의 스미다 사도시(橙田智) 총재를 비난하였다. 그렇지만 1980년대 후반의 물가상승률은 거의 제로(0)였기 때문에, 원래 화폐가 과잉인지 아닌지의 판단이 어려웠다. 자산가격이 폭등하는 한편으로 상품의 가격이 안정하고 있는 경우, 과잉유동성이 있다고 할 수 있는 것인가. 또 일본은행에 있어서, 금융긴축을 발동하여 모두가 즐기고 있던 호황을 끝내는 것은 정치적으로 상당히 어려웠을 것이라고 생각한다. 실제로, 1987-89년의 광의의 화폐공급(M2+CD)의 신장율10%를 넘고 있었다. 4%정도의 성장을 계속하는 경제에 있어서, 이것은 약간 지나치게 빠른 것 같이 생각된다. 1999년 말에 취임임한 일본은행의 미에(三重野康)총재는 대담한 금융긴축을 개시하여 금리를 인상하였다. 이것에 의하여 거품은 한꺼번에 붕괴하였다. 어느 사람은 미에총재의 과격한 방법을 비판하였지만, 거품을 영원히 지속할 수는 없는 것은 자명하여, 누군가가 막을 내리지 않으면 아니 되었다. 아마 그것이 빠르면 빠를수록 후유증은 적게 하는 것을 고려하면, 미워도 그 역할을 수행한 미에총재를 '잃어버린 10년'의 장본인으로 지목할 수는 없다고 생각된다.

위의 두 가지의 해석은 반드시 모순하지 않을 것이다. 은행의 규제완화가 왜 무모한 은행융자가 증가하였는가를 설명하고, 금융완화가 왜 그것이 거대하게 계속적인 거품으로 비대화한 것인가를 설명해 준다. 자산거품의 상승과 하강은 구조적 원인과 거시적 원인을 조합하여 이해할 수 있는 것이다.

1980년대 후반의 거품으로 떠있을 즈음의 일본에는, 그때까지 없었던 현상을 볼 수 있게 되었다. 예를 들면,

① 토지소유자는 갑자기 유복해져, 토지를 갖지 못한 자는 마이홈의 꿈을 단념하지 않을 수 없었다. 이것은 사회전체의 불평등감을 높여, 불만을 만연시켰다.

② 부자가 된 사람들은 고급품 구입으로 치달아, 디자이너 드래스, 브랜드상품, 고급자동차 등의 판매가 증가하였다. 일본인은 세계을 돌아다니며, 돈을 아끼지 않고 고급상품을 구매하였다(제1차 세계대전시의 성금(成金)을 상기하자).

③ 토지가 붙은 건물보다도 새로운 땅이 팔리기 쉽고 가치가 높았던 것으로, 무리하게 건물을 파괴하여, 매각을 강요하기 위하여 폭력단이 동원되었다. 트럭을 집으로 돌진하여 파괴하는 거친 방법도 채용되었다.

④ 도시에서는 오피스빌딩이 수요를 넘어, 다수 건설되었다. 이들은 그 후 몇 년이나 빈집으로 내버려두게 되었다.

⑤ 일본에 너무나도 많은 테마파크와 리조트 호텔이 건설되었다. 거품기를 넘겨 오늘날에도 고객이 많은 곳은 동경디즈니랜드뿐이다. 그 밖의 대부분의 프로젝트는 경영적으로 파탄하여, 대부분은 이미 폐쇄되었다. 또 하우스템포스(長崎懸), 씨가이어(宮崎懸), 도마무(北海道)와 같이, 매각과 경영쇄신을 통하여 무언가 영업을 계속하고 있는 리조트도 있다.

⑥ 중근동, 특히 이란으로부터 많은 남자건설노동자가 직업을 찾아 일본에 들어왔다. 그들 가운데에는 불법체류자도 섞여있다. 주말이 되면 그들은 동경의 우에노(上野)공원에 모여, 친구들과 만나 잠시 쉬며 정보교환을 하고 있었다.

그렇지만 이들의 현상은 거품붕괴 뒤, 전혀 볼 수 없게 되었다.

3 왜 불황은 계속하는 것인가

  GDP와 광공업생산지수로 '잃어버린 10년'을 추적하여 보면, 이 사이 경기가 한결같이 나빴던 것은 아니라는 것을 알 수 있다. 즉, 1992-93년(거품붕괴 직후), 1997-98년(소비세인상과 은행위기), 2001년(미국불황과 세계IT불황)에는 확실히 경기가 좋지 않았다. 그렇지만, 그것들에 물렸던 기간의 일본경제는 그 정도로 심각한 것은 아니었던 것이다. 몇 번인가 경기회복의 징조가 보였지만, 그것들은 오래 지속하지 않고 다음의 하락에로 계속하는 순환이 반복되고 있었다. 거품붕괴기에 세 번의 불황과 그 기간 사이 작은 회복기가 있었다고 하는 사실은 기계수주, 주택착공, 고용자소득 등의 지표를 보아도 마찬가지로 확인할 수 있다. 단, 이 사이, 경기감각, 자금조달 등의 면에서, 중소기업의 어려움은 대기업의 그것보다도 항상 컸다.

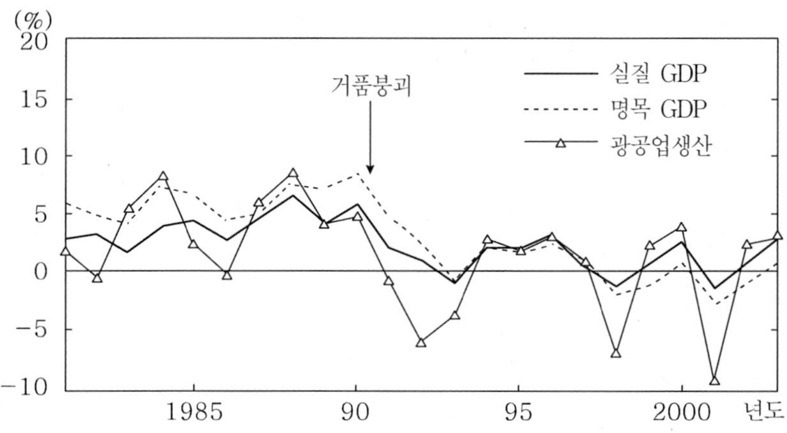

자료: 内閣府, 経済産業省.

<그림 13-3> GDP와 광공업생산

예를 들면, 1996년의 일본의 실질성장은 3.5%이며, 이것은 G7제국에서 가장 높았다. 이 시기는 엔화가치하락이며, 그것은 일본의 수출산업에 있어서 자극이 되었다. 또 재정확장도 경기를 뒷받침하고 있었다고 보여진다. 그렇지만, 1997년4월에 하시모도(橋本)내각은 재무부의 재정건전화의 건의를 수용하여, 소비세율을 3%에서 5%로 인상한 순간, 일본경제는 힘을 다한 것 같이 하강하기 시작하였다(그러나 국제경험으로 보아, 겨우 2%의 간접세인상이 그 정도로 큰 거시효과를 갖는다고는 생각하기 어렵다). 그리고 1997년 말에는 큰 은행과 증권회사들이 집중적으로 파탄하였다. 야마이찌증권(山一證券), 혹가이도척식은행(北海道拓植銀行)이 파탄하여, 그것이 전국적인 은행위기와 대부정체의 방아쇠를 당겼다. 다음해에는 다시 일본장기신용은행, 일본채권신용은행이 파탄하였다. 이리하여 경기회복의 희망은 단절된 것이었다.

그러면 여기에서의 큰 물음은 거품붕괴 뒤의 일본경제가 왜 그 정도로 장기에 걸쳐 원기가 떨어졌던 것인가 라는 점이다. 결정적인 해답은 없다고 하자. 이코노미스트들의 의견을 종합하면 다음과 같은 복합적 원인이 있을 것이다.

(1) 첫째의 의견은 순수한 경기변동에 호소하는 것이다. 거품상승기에 거액의 과잉투자가 이루어졌기 때문에, 자본·스톡크를 정상적인 수준으로 되돌리는 데에는 시간이 걸린다는 사고방식이다. 그렇지만, 그렇게 해서는, 스톡크 조정에 시간이 지나치게 걸린다고 생각된다.

(2) 둘째의 의견은 은행의 불량채권을 문제시할 수 있을 것이다. 일본의 은행은 불량채권을 처리하지 않고, 은행의 금융중개기능이 상실되어, 실물경제의 활력이 상실되었다고 하는 견해이다. 바란스 시트를 정상화하기 위한 은행의 노력과 그것을 뒷받침하는 시책이 수립되기까지, 이 악순환은 계속한다(정부는 이미 은행개혁을 대담하게 진행하고 있다고 하지만……).

(3) 셋째의 의견은 일본의 경제시스템이 시대에 뒤쳐지게 되었다고 하는 일반적인 논의를 들 수 있을 것이다. 종신고용, 연공서열, 기업계열, 하청관계라는 장기관계(長期關係)를 특징으로 하는 일본시스템은 1950년대부터 1960년대에 걸쳐 유효하게 기능하였지만, 오늘날의 글로벌한 세계에서는 효율성을 결여한다는 주장이다(제12장 참조). 어떤 논자는 일본은 제3의 대전환에 직면하고 있는 것이라고 한다(제1은 메이지유신, 제2는 전후개혁). 그렇지만, 다른 논자는 미국시스템을 무비판적으로 도입해야하는 것이 아니라, 일본시스템의 좋은 점은 유지하여 나가지 않으면 아니 된다고 한다. 일본시스템의 원류에 관한 논쟁은 제9장의 박스에서 소개하였다.

(4) 넷째의 의견은 일본사회의 장기적 변모에 착안하는 설명이 있다. 일본은 인구의 급속한 고령화와 국채잔고의 급격한 증가 등 두 가지의 장기문제를 안고 있다. 국민은 장래에 관한 불안을 느끼고 있고, 특히 세부담, 고용, 의료, 연금이라는 측면에서 매우 비관적이다. 이 비관무드가 가계의 소비의욕과 기업의 투자의욕을 꺾고 있다는 것이다.

(5) 다섯째의 의견은 일본의 제조업의 경쟁력에 관한 앞으로의 불안이 있다. 일본은 세계제일의 기술수준을 자랑하지만, 다른 한편 '공동화(空洞化)', 즉 공장의 해외이전에 의하여 국내생산베이스와 고용이 상실되어 간다라는 현상이라는 위기감이다. 특히, 최근 '세계의 공장'인 중국의 약진이 관심의 표적이 되고 있다(단, 중국의 고성장이 언제까지 지속할까, 중국이 안고 있는 경제·사회·정치상의 많은 문제를 해결할 수 있을 것인가는 예단을 불허한다).

일본의 정체(停滯)는 아마 위의 여러 가지 요인들이 상호 중복한 결과라고 생각되지만, 궁극적인 요인을 다시 하나만 든다면, 그것은 정치적 리더십의 결여라는 것이다. 정치시스템의 정점에 서 있는 수상이 이들 문제를 직시하여, 현황을 국민에게 성실하게 호소, 장기적 해결책을 제시하여야 한다는 것이 오늘날의 일본에는 부족하다. 세계 각국이 각각 안고 있는 여러 문제와 비교하여, 일본의 문제가 특히 어려움이라는 것은 없다. 그런데도 불안과 불확실성이 불식될 수 없는 것은 문제 그 자체의 어려움이라기보다도, 리더십의 부재에 기인하는 것이 아닐까. 일본국민에는 현재의 정부에 이들 문제를 해결할 능력이 갖추어져 있다고는 생각하는 사람은 많지 않은 것 같다.

4 은행위기와 금융정책

중소기업과 부동산사업에 거액의 융자를 주입하고 있던 일본의 은행들이 거품붕괴를 맞이하여 심각한 어려움에 빠진 것은 위에서 설명한 바와 같다. 1990년대의 불황은 기업도산·불량채권을 점점 확대하여, 지가·주가의 하락은 은행의 바란스시트를 다시 악화시켰다. 일본의 은행은 토지를 담보로 하는 융자가 많고, 또 관련기업간의 주식을 서로 소유하는 것을 특징으로 하고 있기 때문에, 이들 자산의 디플레이션은 심각한 영향을 미친 것이다. 불량채권이 계속 증가하는 가운데, 일부의 은행은 국제결제은행(BIS)이 정하는 자기자본비율(리스크로 가중평균한 위험자산에 대한 자기자본의 비율)을 정리할 수가 없게 되었다. BIS의 규정에 의하면, 국제업무를 하고 있는 은행은 8% 이상, 그 밖의 은행은 4% 이상의 자기자본비율을 가지지 않으면 아니 된다는 것이다.

1997년 후반에는, 일본의 은행에 대한 걱정이 급속하게 높아졌다. 야마이치증권(山一證券)과 혹가이도척식은행(北海道拓植銀行)이 파탄하여, 그 걱정은 현실화되었다. 나머지 은행은 BIS비율을 높이기 위하여 위험자산의 압축으로 치달았다. 안전하지 않은 차입자－중소기업－에 대한 융자를 정지한 것이다. 그렇지만, 이 '대출정체(貸出停滯)'는 실물경제에 타격을 주어, 도산을 증가시켜, 은행의 바란스시트를 점점 불량자산이 증가하는 악순환을 일으켰다. 이 이상사태(異常事態)는 1997년 말부터 1998년 초에 걸쳐 지속하였다. 해외로부터는 일본의 은행은 매우 위험하다고 간주되어, 그들이 국제금융시장에서 자금을 조달할 때의 추가수수료, 소위 'japan premium'이 급등하였다. 다음으로, 파탄한 은행은 어딘가라는 불온한 소문이 나도는 가운데에서, 많은 예금자는 위험하다고 일컬어지는 은행으로부터 보다 안전한 은행과 우편저금으로 예금을 바꾼 것이다.

1997-98년의 은행위기에 대응하여, 정부는 1998년10월에 금융감독청을, 동12월에 금융재생위원회를 창설하였다. 뒤에 양자의 기능은 2000년에 신설된 금융청으로 통합되었다. 또 정부는 60조 엔의 공적자금을 준비하여 불량채권처리, 은행에 대한 자본주입, 약소은행의 합병·폐쇄로 마련하였다.

한편, 일본은행은 이 은행위기에 직면하여 우선 충분한 유동성을 공급하는 데에 부심하였다. 그 뒤, 1999년4월부터, 소위 '제로금리정책'이 도입되었다. 이것은 일본은행이 직접 통제할 수 있는 은행간거래(inter-bank) 단기이자율인 콜레이트를, 아주 약간의 거래마진을 제외, 제로(0)수준으로 유지한다는 것이다. 일본은행은 2000년 8월에 이 정책을 일단 종료시키려고 하였지만, 경기가 다시 악화하기 시작하였기 때문에 제로금리정책으로 복귀시키지 않을 수 없었다. 중앙은행금리(公定步合)도 마찬가지로 하여, 1990년의 6%에서 1993년의 1.75%, 2001년 이후의 0.10%로 매우 낮은 수준으로 유도되었다. 은행위기의 최악기(最惡期)는 1998년 초반까지로 해소되지만, 그 이후도 디플레적인 상황은 길게 계속하였다.

금리를 제로(0) 이하로 인하할 수는 없기 때문에(만약 그렇게 되면 사람들은 현금만을 보유할 것이다), 일본은행은 제로금리정책의 발동에 의하여 이 이상 방법이 없는 상황으로 몰렸던 것이다. 그럼에도 불구하고, 경기자극을 위하여 금융당국이 할 수 있는 것은 아직 많이 있을 것이라고 하는 의견의 주장이 사라지지 않았다. 예를 들면 다음과 같은 주장이다.

(1) 모든 수단을 사용하여 화폐공급을 증가시켜라-이것은 안전성의 면에서 지금까지 일본은행이 고려하지 않았던 금융자산을 새로이 구입 대상으로 하여, 무엇이 무엇이라도 'manetary base'를 끌어올리려고 하는 요구이다. 종래, 일본은행의 공개시장조작의 대상은 국채뿐이었다. 그것을 공·사채, 외채, 주택채권 등(그리고는 주식?)에까지 확대하려고 하는 것이다.

(2) 인플레이션 목표-이 의견의 추진자들에 의하면, 일본은행은 2-3년 앞으로 플러스의 인플레이션 목표를 발표하여, 그 실현에 책임을 지지 않으면 아니 된다. 동시에 일본은행은 정부의 정치압력으로부터 격리되지 않으면 아니 된다. 인플레이션 목표는 장래의 물가상승에 관한 사람들의 예상을 바꾸기 위하여 필요한 조치라고 간주되고 있다. 해외에서는 P. 크루만, A. 메르츠, 국내에서는 이또(伊藤元重)와 이또(伊藤隆敏) 등이 일본은행의 인플레 타깃트 채용을 제창하여 왔다. 그렇지만, **(翁邦雄)와 우에다(植田和男) 등의 일본은행 이코노미스트는 보다 신중한 태도를 취하고 있다. 그들에 의하면, 예를 들면 일본은행이 인플레이션 목표를 달성하고자 하여도, 'manetary base'를 화폐공급과 은행대출로 연결하는 'transmisioning machanism'이 붕괴되어버려 있기 때문에, 사람들의 물가예상을 바꿀 수기 없다고 한다. 또 반대로, 너무나도 많은 유동성을 공급한 뒤에 인플레이션의 예상에 불을 붙이면, 급격한 물가상승을 제어할 수 없게 되는 것은 아닌가라는 점도 지적되고 있다.

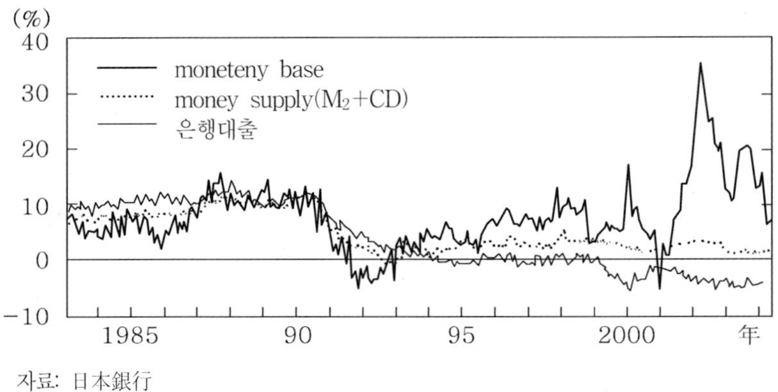

자료: 日本銀行

<그림 13-4> money supply 은행대출

(3) 엔화가치하락 대망론의 주장에 의하면, 적극적인 금융완화로 엔화가치하락을 환영하는 취지의 정치가의 발언을 조합하면, 실제로 엔화가치하락이 실현하여, 일본이 경쟁력향상과 경기자극에 도움이 된다고 한다. 때로 일본정부와 일본은행은 이 전략을 시인하는 것 같은 기색을 보여, 외환시장이 엔화가치 하락으로 흔들리는 일이 몇 번 있었다. 그렇지만, 엔화가치하락 유도는 일본의 무역상대국에 있어서는 반대의 효과를 갖는 근린궁핍화정책이라는 것을 잊어서는 아니 된다. 만약 미국이 엔화가치하락에 다른 주장을 한다면, 그것만으로 이 정책은 수행불가능하게 된다. 동아시아의 대부분의 나라들에 있어서도 엔화가치 하락은 환영받지 못할 것이다. 어쨌든, 환율조정에 의존하여 장기구조문제를 해결하고자 하는 시도는 참된 국내과제로부터 눈을 돌림으로써, 문제를 복잡하게 하여 해결을 지연시킬 뿐이다(제12장 참조). 최근에는, 일본과 미국이 목소리를 모아 중국 화폐(元)의 절상을 요구한다는 엔화가치하락 대망론의 새로운 동향도 등장하고 있지만, 그 난색도 또 동일하다.

일본은행에 의한 외환개입(달러구입 엔화매각)은 최근 점점 가속하고 있다. 이것은 엔화가치 상승의 진행을 방지하기 위해서이다. 덕분에 일본의 외화준비는 급격한 신장을 보여, 그 금액은 2000년말에 4,697억 달러, 2003년말에 6,735억 달러, 2004년말에는 8,445억 달러가 되었다. 말할 필요도 없이 이것은 세계제일이다.

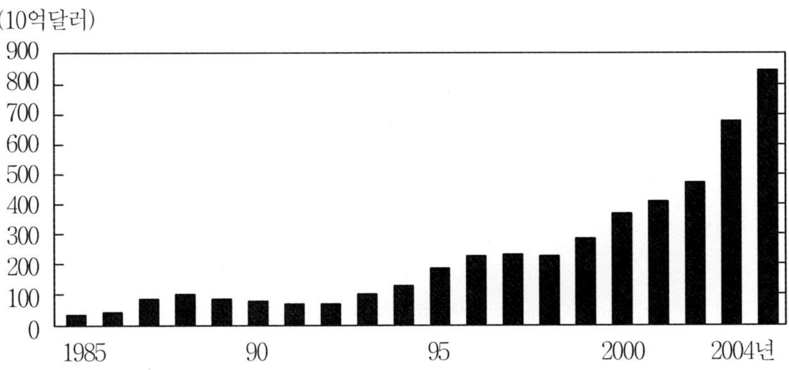

자료: 財務省「外貨準備等の狀況」。

<그림 13-5> 외화준비

한편 부시정권의 환율전략은 "강한 달러정책은 불변이다, 그렇지만 환율은 시장에 의하여 결정되어야 한다"라는 애매한 것이었다. 시장의 힘에 의하여 달러가 하락을 시작할 때, 미국은 그것을 환영하는 것인가 저지하는 것인가. 아마 일관된 환율정책은 없는 것일 것이다. 단, 어느 정도 약한 달러가 미국의 국내경기에 있어서 좋은 사정인 것은 확실하다.

5 재정정책

거품붕괴 이후, 일본의 재정정책은 확대적이었다(단, 일부의 사람들은 그들이 적정하다고 생각할 정도로는 충분히 확대적이지는 않았다고 주장한다). 2004년의 재정예측에 의하면, 국채누적잔고(단기채무와 장래 발생할 것이 예상되지만, 지금 계상되어 있지 않은 지출은 제외)는 GDP의 143.6%에 이른다(일본경제신문 2003년12월20일자). 이 비율은 선진국 가운데에서 최고이다. 그래도 이 비율이 장래 저하할지 어떨지, 상승률이 둔하다는 예상조차 서있지 않는 것이다. 구미의 등급매기는 회사는 일본 국채를 서서히 격하하여 왔다.

정부는 재정건전화의 요청과 재정자극책의 요구 사이에서 고민하고 있다. 거품붕괴 이후의 일본의 재정정책은 경기가 나빠지게 될 때에 확대주의로 달려왔다. 경기하강국면에는 물가하락과 생산축소의 악순환을 회피하기 위하여 재정을 발동시켜야 한다는 정치압력이 비등하였다. 그리고 "경기회복 없이 개혁은 일어날 수 없다"라는 의견이 비등하게 된다. 그렇지만, 일본이 빠진 만성불황 아래에서, 재정지출이 경기회복효과를 가질지 어떨지는 충분하게 논의해야할 문제이다.

적극재정에 반대하는 사람들은 일본은 1990년대 이후 재정자극을 몇 번이나 반복하여 왔지만, 민간경제의 강력한 상승을 일으키는 것은 끝내 될 수 없다고 한다. 또 막대한 건설비에도 불구하고 충분한 이용자가 예상할 수 없는 고속도로, 교량, 공항, 신간선 등에 자금을 계속 투입하는 구태의연한 자금을 투입하는 정책으로는, 지방의 건설회사만 윤택하게 할 뿐, 국민의 채무가 눈덩어리와 같이 증가해 간다는 비판이 분출하고 있다(세도나이가이를 건너기 위하여 거대한 교량이 세 개나 필요할까). 이 이상의 재정지출은 국채잔고의 제한 없는 팽창에 의한 재정파탄을 초래, 오히려 일본경제의 몰락을 가져오게 하는 것은 아닐까. 그들이 요구하는 것은 재정자금을 지방에 분배함으로써 선거의 지지기반을 굳힌다는 자민당형 시스템의 종언이다.

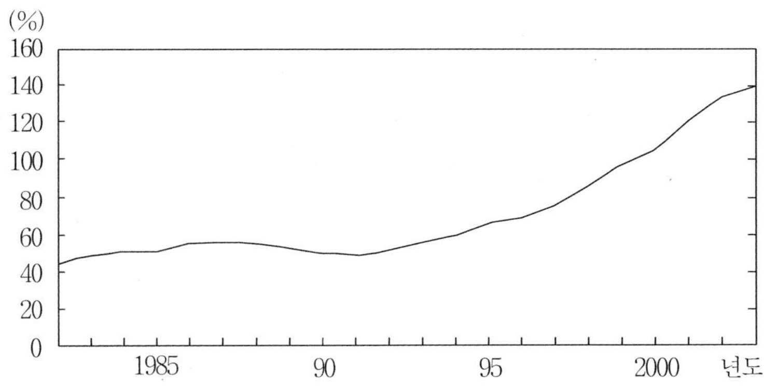

자료: 日本銀行, 内閣府。

<그림 13-6> 국채잔고(연도말, GDP대비)

만약 일본의 경제정책이 국제통화기금(IMF)의 관리 아래에 있다면, IMF의 정책권고는 일본이 대담한 재정긴축에 즉시 착수하여, 다소의 고통이 있어도 그것을 중장기적으로 관철하는 것을 강제함에 틀림없을 것이다. 그렇지만, 행이든 불행이든, 일본은 세계최대의 채권국이며, 세계최대의 외화준비를 가진 나라이다. 국제수지의 적자금융을 위하여 IMF의 정통적인(orthodox) 정책권고에 귀를 기울일 필요도 없다. 일본의 정치메커니즘의 내부로부터는 장기목표를 위하여 현재의 고통을 감수한다는 선택이 나오지 않는다. 아마 그것이 현대일본이 안고 있는 문제의 핵심인 것이다.

〈일본기업이 살아가는 길〉

1980년대는 미국경제의 부진으로, 일본경제가 비교적 호조였다. 일부의 기업가들은 "이제 미국으로부터 배울 것은 없다"라고 조차 호언하였다. 1990년대는 일본경제가 장기침체에 빠져, 미국경제는 IT붐으로 호황이었다. 이번은 "이제 일본은 틀렸다, 중국에 져, 산업의 공동화이다"라고 체념하는 일변도가 되었다. 한 나라의 경쟁력을 둘러싼 낙관과 비관의 빗나감은 일본에만 볼 수 있는 현상은 아니지만, 다른 사람의 평가를 특히 신경쓰는 일본인은 방만과 비굴의 양극단으로 달리기 쉬운 것인지도 모른다. 메이지(明治) 이래 꾸준히 쌓아온 제조업의 실력이 몇 해마다 격심하게 변동할 이유가 없기 때문에, 일본경제의 참된 모습은 흔들리는 평가보다는 훨씬 안정적인 것이다.

현장의 '물건만들기 전략론'을 표방하는 후지모도(藤本隆宏)는 이러한 과잉반응의 원인을 산업마다 기업마다 상이한 상황을 무시하여 일본의 산업을 논하는 악폐에서 찾는다. 은행, 건설, 통신, 전자, 자동차―이들의 본질적인 차이를 보지 않고, 일본과 중국과 어느 쪽이 강한가 라는 난폭한 논의를 하는 것은 비생산적이라는 것이다.

산업경쟁력을 고찰할 때의 관점으로서, 후지모도교수는 'business archite-cture'의 개념을 제시한다(藤本, 2004). 여기에서 말하는 'architecture'란, 간단히 말하면, "각 부품을 어떻게 연결할까", 보다 자세히 말하면 "어느 인공물시스템을 잘 기능시키기 위하여, 그것을 어떤 구성요소로 세분하여, 각각의 구성요소로 어떤 기능을 나누어, 구성요소간의 상호의존관계가 발생하는 'inter-fase'부분을 어떻게 설계할까 라는 것에 관한 기본적인 구상"(藤本 外, 2001)이라는 것이 된다.

다수의 구성요소가 상호 관계를 가질 때, 시스템설계에는 기본적으로 두 가지의 방향이 있을 것이다.

첫째로, 관계의 복잡성을 정면으로부터 받아들이는 요소간 조정을 반복하면서 완성도가 높은 제품을 만들어내는 integral(통합)형.

둘째로, 요소간의 유혹방법을 가능한 한 표준화하여 조정의 귀찮음을 생략하는 modura(조합)형.

일반적으로 전자는 단기·저코스트로 일정한 퍼포먼스를 달성할 수 있고, 후자는 시간과 고코스트의 끝없는 고품질을 추구하는 것에 적합하다. 예를 들면, 컴퓨터는 호환성이 높은 부품을 자유로이 조합시킬 수 있는 modura형이며, 자동차는 모델마다 각 부품의 상관성을 고려하여 창작하지 않으면 성능, 연비, 안전성 등을 실현할 수 없는 integral형 제품이다. 그리고 modura형에 관해서는 그 inter-face가 일반공개되고 있는가 기업 내에 폐쇄되어 있는가에 따라 open model과 closed model로 나눌 수가 있다.

단, 제품과 architecture의 대응은 고정적인 것이 아니라, 각 나라·각 기업이 선택하는 비즈니스전략, 혹은 기술과 수요의 변화에 따라 다이내믹하게 변모해 가는 것이다. 또 architecture에는 계층이 있고, 마지막 조립에서는 모듈화가 진전됨과 동시에 각 modura 내에서는 오히려 integral화가 심화한다는 것도 있을 수 있다.

<표> 'architectur'의 기본유형

	integral(통합)	modura(조합)
closed(폐쇄)	closed integral형 자동차, 오토바이, 경박단 소형가전, 게임소프트 등	closed modura형 메인프레임, 공작기계, 레고, 등
open(개방)	—	open-modura형 컴퓨터시스템, 컴퓨터본체, 인터네트제 품, 자전거, 어던 wdfb의 신금융상품 등

<자료> 藤本隆広, 日本のもの造り哲学, 日本経済新聞社, 2004, p.132.

일본은 우직하기까지 생산현장에 구애되어, 제품의 완벽을 목표로 하는 integral형의 나라이다. 한편, 미국은 비즈니스를 훌륭하게 나누어 표준화하고, 그 조합의 묘(妙)로 이익을 올리는 modura형이 장기이다. 중국도 modura지향의 나라이지만, 미국이 지식집약적 modura제품에서 강세를 갖는 것에 대하여 중국은 노동집약적인 modura제품이 중심이다. 후지모도 교수에 의하면, 이것은 각 나라, 기업의 조직능력의 차이에서 오는 것이고, 조직능력 자체는 각각의 역사적 경험에 기인한다고 한다.

일본에 관하여 말하면, 전후의 "사람도, 상품도, 돈도 없는"시대에 경쟁하며 성장시키지 않을 수 없었던 기업이 장기고용과 하청관계를 중시하게 되어, 그것이 통합형 상품만들기 능력의 원천이 되었다고 하는 것이다－일본시스템의 발생을 전후로 하는 사고방식은 그것을 전쟁기 혹은 그 이전에서 찾는 견해와 상이하다는 데에 유의하고 싶다(제9장 박스참조).

일본기업에 있어서 중요한 것은 그 때 그때의 무드에 흐르지 않고, 자사의 조직능력과 제품의 설계사상을 매치시키는 것이다. 또 지속적 발전을 위해서는 장기(長技)인 통합형 제품으로 강점을 유지하여 이익을 늘려, 동시에 형편없는 기술을 극복하기 위하여 다른 나라·다른 회사로부터 배워, 그 방면의 조직능력을 단련한다는 양면전략이 중요하다. 세상에 모쥬라형 비즈니스가 대두하고 있기 때문이라고 해서, 지금까지 쌓아온 통합능력을 버리고 modura의 모방으로 달려가면, 일본다움을 상실할 뿐으로 비약하는 데로 연결되지 않았다. 중국에로의 투자도 경쟁회사가 가기 때문에 우리 회사도 간다, 혹은 임금이 저렴하기 때문에 간다, 그러면 일본의 공장도 중국의 공장도 필요 없게 돼버릴 가능성이 높다. 찾고 있는 것은 일본과 중국의 기술특성을 숙지한 위에서의 최적한 위치이다.

나가사끼(長崎)의 하우스텐포스(Huis Ten Bosch)

1. 靑木健·馬田啓, 日本通商政策, 東洋經濟新報社, 2002
2. 阿部武司, 綿工業, 西川·阿部 編著, 1990.
3. 岡崎哲二·奧野正寬, 現代日本經濟源流, 日本經濟新聞社, 1993
4. 有澤廣已監修, 日本産業百年史, 日本經濟新聞社, 1967.
5. 有澤廣已, 有澤廣已戰後經濟を語る－昭和史への證言, 東京大學出版會, 1989.
6. 有澤廣已監修, 日本産業史1, 日經文庫, 1994.
7. 有澤廣已監修, 昭和經濟史 上, 日經文庫, 1994.
8. 石井寬治·原朗·武田晴人編, 日本經濟史 1－幕末維新期, 東京大學出版會, 2000.
9. 石井寬治·原朗·武田晴人編, 日本經濟史 1－産業革命期, 東京大學出版會, 2000.
10. 伊藤元重 淸野一治·奧野正寬·鈴村奧太朗, 産業政策の經濟分析, 東京大學出版會, 2000.
11. 色川大吉, 明治の文化, 岩波書店, 1970.
12. 梅棹忠夫, 文明の生態史觀, 中央公論社, 1974.

13. 梅棹忠夫, 日本とは何か－近代日本文明の形成と發展, NHKブックス, 1986.

14. 梅村又次·山本有造編, 日本經濟史3－開港と維新, 岩波書店, 1989.

15. 大石愼三朗, 江戸時代, 中公新書, 1977.

16. 大野健一, 經濟, ミクロから再生, 日本經濟新聞, 2002年12月31日.

17. 岡崎哲二, 工業化の軌跡－經濟大國前史, 讀賣新聞社, 1997.

18. 岡崎哲二, 江戸の市場經濟－歷史制度分析からみた株仲間, 講談社選書メチエ, 1999.

19. 岡崎哲二·奧野正寬編, 現代日本經濟システムの源流, 日本經濟新聞, 1993.

20. 渡邊敏譯, 通産省とハイテク産業－日本の競爭力を生むメカニズム, サイマル出版會, 1991.

21. 尾高煌之助, 産業の担い手, 1990

22. 尾高煌之助, 職人の世界·工場の世界, NTT出版, 2000.

23. 外務省調査局, 日本經濟再建の基本問題, 1946.

24. 金田辰夫, キルギスタン經濟再生の道－知的支援の試み, 日本國際問題研究所, 1992.

25. 神山恒雄, 財政政策と金融構造, 石井·原·武田編, 2000.

26. 川勝平太, 日本文明と近代西洋－'鎖國'再考, NHKブックス, 1991.

27. 淸澤列(山本義彦編), 淸澤列評論集, 岩波文庫, 2002.

28. 香西泰, 円の戰後史, 日本放送出版會, 1995.

30. 香西泰·寺西重朗編, 戰後日本の經濟改革－市場と政府, 東京大學出版會, 1993.

31. 小宮隆太朗, 貿易黑子·赤字の經濟學－日米摩擦の愚かさ, 東洋經濟新報社, 1994.

32. 小宮隆太朗·奧野正寬·鈴村興太朗, 日本の産業政策, 東京大學出版會, 1984.

33. 齊藤修, プロト工業化の時代－西歐と日本の比較史, 日本評論社, 1985.

34. 齊藤修·谷本雅之, 在來産業の再編成, 梅村·山本編, 1989.

35. 澤井實 機械工業, 西川·阿部編, 1989.

36. 涉澤榮一, 雨夜譚－涉澤榮一自傳, 岩波文庫, 1984.

37. ジョンソン, チャーマーズ, 通産省と日本の奇蹟－産業政策の發展, TBSプリタニカ, 1982.

38. 新保博·齊藤修, 日本經濟史2－近代成長の胎動, 岩波書店, 1989.

39. 杉原薫, アジア間貿易の形成と構造, ミネラル書房, 1996.

40. 高橋龜吉·森垣淑, 昭和金融恐慌史, 講談社學術文庫, 1993.

41. 田中圭一, 百姓の江戸時代, ちくま新書, 2000.

42. 寺西重朗, 金融の近代化と産業化, 西川·山本編第7章, 1990.

43. ドーア, ロラルド(松居弘道譯), 江戸時代の教育, 岩波書店, 1970.

44. 富永健一, 日本の近代化と社會變遷－テユビンゲン講義, 講談社學術文庫, 1990.

46. 鳥海淸一, 日本の近代－國民國家の形成·發展と挫折, 放送大學敎育振興會, 1996.

47. 中村隆英, 昭和 恐慌と經濟政策, 講談社學術文庫, 1994.

48. 中村隆英編, 日本の經濟發展と在來産業, 山川出版社, 1997.

49. 中村隆英編, 日本經濟史7－計劃化と民主化, 岩波書店, 1989.

50. 中村隆英·尾高煌之助, 日本經濟史6－二重構造, 岩波書店, 1989.

51. 中村正則, 昭和の恐慌－大不況と忍びよるファシズム, 小學館, 1982.

52. 西川俊作·阿部武司編, 日本經濟史4－産業化の時代(上), 岩波書店, 1990.

53. 西川俊作·天野雅敏, 諸藩の産業と經濟政策, 1989.

54. 西川俊作·山本有助編, 日本經濟史5－産業化の時代(下), 岩波書店, 1990.

55. 野口悠紀雄, 1940年體制－さらば'戰時經濟', 東洋經濟新報社, 1995.

56. 速水融·宮本又助編, 日本經濟史1－經濟社會の成立17－18世紀, 岩波書店, 1988.
　　　松永嘉夫, 日本貿易論, 有斐閣, 1993

57. 原朗, 日本經濟史, 放送大學敎育振興會, 1994.

58. 原洋之介, アジアダイナミズム－資本主義のネットワクと發展の地域性, NTT出
　　　版, 1996.

59. 坂野潤治, 日本政治史－明治·大正·戰前昭和, 放送大學敎育振興會, 1997.

60. 坂野潤治, 兵口雄幸と小泉純一朗－共通する'痛みを伴う改革, 論座, 2001.

61. 坂野潤治, 昭和史の決定的瞬間, ちくま新書, 2004.

62. 藤本隆廣, 日本のもの造り哲學, 日本經濟新聞社, 2004.

63. 藤本隆廣 等編, ビジネス·アーキテクチャ, 有斐閣, 2001.

64. 前川啓治, 文化と文明の連續性－飜譯的適應序說, 比較文明, 1994.

65. 前川啓治, グローカリゼションの人類學－國際文化·開發·移民, 新曜社, 2004.

66. マッキノン, ロラルド＝大野健一, ドルと円－日米通商摩擦と爲替レートの 政治
　　　經濟學, 日本經濟新聞社, 1998.

67. 松本貴典·奧田都子, 戰前期日本における在來産業の全國展開－営業稅データに
　　　よる數量的分析, 1997.

68. 丸山貴男, 日本の思想, 岩波書店, 1961.

69. 南亭秦, 日本の經濟發展, 東洋經濟新報社, 2002.

70. 宮本又朗, 日本の近代 11－企業家たちた挑戰, 中央公論新社, 1999.

71. 宮本又朗・上村雅洋, 德川經濟の循環構造, 1988

72. 宮本又朗ほか, 日本經營史－日本型企業經營の發展・江戶から平成へ, 有斐閣, 1995.

73. 三好行雄編, *石文明論集, 岩波文庫, 1986.

74. 村上勝彦, 貿易の擴大と資本の輸出入, 2000.

75. 村上泰亭, 新中間大衆の時代－戰後日本の解剖學, 中央公論新社, 1984.

76. 吉川洋, 高度成長－日本を變えて6000日, 讀賣新聞社, 1997.

77. 吉*勝, 日本經濟の眞實－通說を超えて, 東洋經濟新報社, 1998.

78. 吉野作造, 憲政の本義を說いしその有終の濟すの途を論ず, 中央公論, 1916.

이 균(李均)

현직 : 홍익대학교 경영대학 무역학과 교수
　　　경제학박사·무역사·상사중재인

학력 : 부산대학교 상과대학 무역학과 졸업
　　　고려대·早稻田大·성균관대 각 대학원(석사·박사과정) 졸업

경력 : 홍익대학교 경영연구소소장
　　　경영대학학장·세무대학원원장·교수협의회회장
　　　한국무역학회회장
　　　무역학대사전 편찬위원회 위원장
　　　한국무역포럼회장
　　　早稻田大學校招聘教授, 橫浜商科大學客員研究員

저서 : 국제경제(일본어판, 공저)
　　　국민경제형성과 보호무역(한국무역학회 제2회 학술상 수상 저서)
　　　관세이론(일본무역장려회 1993년도 학술상 수상 저서)
　　　국제무역의 정치경제학, 국제무역론, 관세론, 무역학원론(공저)
　　　자원과 무역, 국제무역의 역사

역서 : 결혼경제학, 세계를 움직인 경제학 명저 88 등 다수

논문 : 전략적 관리무역과 한국무역정책, 무역불균형과 공정무역전략 등 60
　　　여편

일본 경제 근대화의 발자취

• 초판 인쇄   2007년 7월 2일
• 초판 발행   2007년 7월 2일

• 지 은 이   이균
• 펴 낸 이   채종준
• 펴 낸 곳   한국학술정보㈜
            경기도 파주시 교하읍 문발리 526-2
            파주출판문화정보산업단지
            전화 031) 908-3181(대표)·팩스 031) 908-3189
            홈페이지 http://www.kstudy.com
            e-mail(출판사업부) publish@kstudy.com
• 등   록   제일산-115호(2000. 6. 19)
• 가   격   29,000원

ISBN   978-89-534-7011-8 93320 (Paper Book)
            978-89-534-7012-5 98320 (e-Book)